上海助力打赢脱贫攻坚战口述系列丛书

青浦的责任

中共上海市青浦区委党史研究室 编

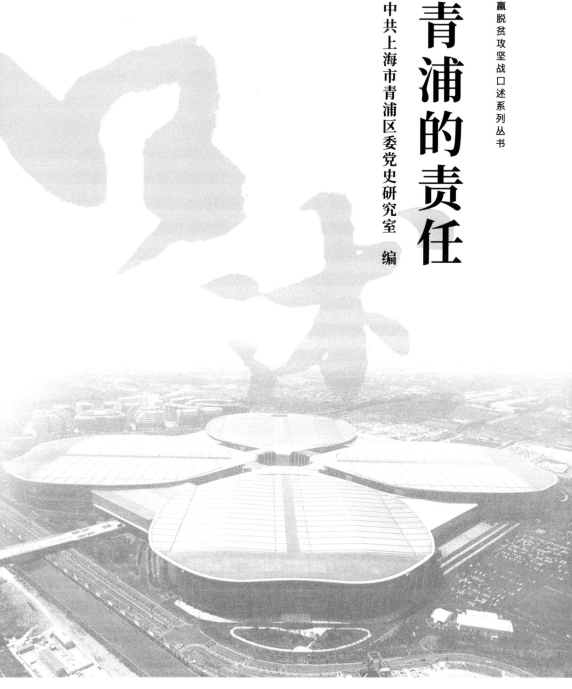

上海人民出版社　　学林出版社

编委会

前　言

20 世纪 90 年代以来，青浦区（县）积极贯彻中央决策部署，按照上海市委、市政府关于对口支援工作的要求，先后承担了西藏、云南、新疆、青海等地区的对口帮扶工作，援建干部与当地干部群众手拉手、肩并肩，为促进受援地区经济发展、提高当地人民生活水平，保持社会稳定和巩固边疆安全，作出了卓有成效的贡献。

2015 年 11 月，中共中央、国务院印发了《关于打赢脱贫攻坚战的决定》，提出"到 2020 年，稳定实现农村贫困人口不愁吃、不愁穿，义务教育、基本医疗和住房安全有保障"。青浦区按照"中央要求、当地所需、青浦所能"的原则，对照"两不愁三保障"的基本要求和核心指标，在农村建设、产业发展、社会事业、劳务协作、人才支持等方面推出了一系列帮扶新举措，为受援地取得脱贫攻坚决战的胜利提供了强有力的支持。截至目前，青浦对口帮扶的 5 个县（市）——云南省德宏傣族景颇族自治州芒市、梁河县、盈江县、陇川县以及青海省果洛藏族自治州班玛县，已经全部顺利脱贫摘帽。

青浦的援建干部把受援地区当作"第二故乡"，动真情、办实事、求实效，勇于在艰苦条件下和复杂环境中建功立业、历练人生，在为促进当地经济社会发展作出积极贡献的过程中也增强了党性，提高了综合素质。青浦对藏、滇、疆、青等地区的无私援助，既是落实党中央脱贫攻坚战略的积极实践，也体现了青浦广大干部、群众的大局意识和责任担当。值此全面建成小康社会之际，中共上海市青浦区委党史研究室、青浦区地方志办公室携手全区各镇、街道及有关部门，共同编纂《青浦的责任》一书。

《青浦的责任》以对口支援为主题，采用口述史的形式，通过对主管部门同志、援建干部、受援地干部群众的采访，记录了青浦对口支援工作的历程。以此激励全区干部群众在区委、区政府的领导下，以史为鉴，继承光荣传统，弘扬优良作风，围绕服务国家战略、建设上海之门，紧扣"一体化"和"高质量"两大关键,大力发扬"抢拼实善"新时代青浦奋斗精神,继续深入持久做好对口支援等各项工作,提供参考和借鉴。

编　者

2020 年 8 月

目录

CONTENTS

在急难险重岗位锻炼培养干部

　　陆志斌，1972年11月生。2012年至今，担任中共上海市青浦区委组织部副部长，目前分管干部、人才工作。

口述：陆志斌
采访：毛雪明　赵冬英　吴言荻
整理：赵冬英
时间：2020 年 5 月 6 日

青浦按照中共中央和上海市委的部署，自 20 世纪 90 年代中期开始对口援助工作。从我接手这项工作以后，我们基本上是对口支援三个地方：第一个是云南德宏州，第二个是新疆克拉玛依市，第三个是青海果洛州。当然这中间也是有变动的，譬如说，云南红河州是我们最早帮扶的地区，时间最长，而且红河州我们派过去的干部也是最多的，德宏州是我们近几年才援助的。

这三个地方，我们的侧重点也是有所不同的。云南德宏州是一个边境城市，因为有个瑞丽口岸，在德宏州最主要是扶贫。然后藏区我们一开始援助的是西藏的亚东，后来全部覆盖以后，我们就调整到青海的藏区了。在果洛州，扶贫是一个方面，主要还是因为是少数民族地区，又是个高原。新疆克拉玛依是干部人才援助，因为克拉玛依不是贫困地区。中央对新疆要求全覆盖，当时新疆就两个地方没有全覆盖，一个是乌鲁木齐市，一个是克拉玛依市，他们的经济还是可以的，绝对不是什么贫困地区。克拉玛依是石油产地，所以要求我们从人才的角度进行援助，因为不管是管理人才也好，还是专业技术人才也好，他们可能有所或缺。所以我们青浦当时第一批一共去了 5 个人，包括一位工程师以及教育系统的几位老师，是作为人才去的。从第二批开始，就覆盖了

◀ 陆志斌（右四）迎接第九批援疆干部人才返青

干部、人才。

坚持标准　选优配强援建干部

　　关于选派干部的标准，从干部工作的角度来说，第一要考虑的是政治标准，这也是一直强调的。原来我们一直讲的是政治工作、思想工作、政治素质，从十八大以后，特别是十九大以后，明确强调"政治"是第一标准，是贯彻始终的标准。因为我们选派干部到德宏也好，果洛也好，克拉玛依也好，都是少数民族或边疆地区，不少是贫困地方，他要代表我们整个上海干部的形象，而且他过去是做领导干部的，那他的政治标准肯定是比较重要的，或者说是第一位的。从我们把握的角度讲，是以平时我们组织部掌握的情况作为标准。

　　第二，我觉得还是要考虑到岗位的适配性。譬如说有些干部要安排到下面县里面做县委常委、副县长，那就是县里的四套班子领导，会有具体的分工，就像我们这儿的领导一样，可能就是对口帮扶的工作多一些，但其他的业务方面肯定是有分工的，那么我们就要考虑到这个综合因素，尽量做到人岗相匹配。

　　第三是考虑干部的经历问题。有的干部经历比较简单，他可能一直在区级机关工作，从科员、副科到正科、副处，履历比较单一，需要到急难险重岗位去锻炼，尤其是年纪轻的干部。援建干部肯定是属于急难险重岗位，从我们干部培养的角度来说，他需要有这么一个多岗位、多经历的磨炼，因此我们也会优先从这方面去考虑。当然，还有一些其他方面的要求，比如敢于担当、开拓进取、清正廉洁，等等。

　　从我们选派干部的程序来说，第一是面上进行一个发动，干部自己要先报名；第二是组织推荐，有两个层面，一个是所在单位的党委推荐，一个是我们组织部推荐，或者说合作交流办推荐。综合各方面因素，然后我们组织部内部进行遴选，遴选出一方案、二方案、三方案。一般来说，按照上海市委组织部要求，一个岗位基本上要3个人，也可以适当放宽到4个人选，甚至5个人选，然后由区组出面，跟干部进行谈心谈话，了解具体情况。因为有的干部在报名的时候，没想到援建岗位的实际困难，也不了解相关情况；有的干部报名，实际上更多的是响应组织的号召，所以我们要跟他们谈心，了解实际情况，最重要的是告诉他们，到那边去要做哪些事情，让他们深入了解，再进行征求意见。这样一个一个谈心交流，再报我们区委审议。然后上海市委组织部还要进行面试，最后确定最终的人选。

　　受援地区有时也会提出一些具体要求。譬如，克拉玛依市委组织部提出，要求派干部去支援当地建设。他们当时是第一个要求派干部的地区，原来一直是派人才。他们提出来，下面有个高新区，叫白碱滩区，需要一位干部任区委常委、副区长，同时提出很多具体的要求，比如今后要分管招商工作、科技工作，所以希望一个是年纪轻的干部，第二最好有这方面的经验、经历，对基层也比较熟悉。这些要求他们提出来以后，经过上海市委组织部的确认，然后发给我们青浦区委组织部，所以当时我们在选择干部时，就从这些方面考虑了。受援地会提出这方面的要求，实际上更多的是要求人岗匹配，干部最好要有相关经历或在相关部门工作。再比如果洛州提出，州里面需要一个旅游局的副局长，那么他们肯定希望派来的干部最好是熟悉旅游工作的，第二是年纪比较轻、身体比较好的。我们就根据他们提出的这些要求，再进行遴选。

完善机制　做好干部管理与服务工作

对援建干部的管理与服务，我觉得最主要是两个部门，一个是组织部，一个是合作交流办，这两个部门，实际上内部还是有分工的。我们组织部负责干部的选派，还有管理方面，如对干部的年度考核、日常的请销假制度以及回来以后的工作安排，此外干部个人在工作中有什么想法，或者援建期间家属有什么想法，基本上都是我们组织部负责跟他们进行对接，他们也会主动找我们组织部。援建业务性的工作则由合作交流办负责。举个例子，我们在克拉玛依的援建干部提出，当地要举办一个招商会，希望我们青浦，或者是通过我们青浦这个平台，组织一些客商到克拉玛依去，或者他们可能将招商会放在我们青浦或放在上海市哪个地方举办，需要我们来进行对接，那么这个事情就是合作交流办负责的。又譬如说，德宏州提出一个解决老百姓吃水问题的扶贫帮困项目，下面某一个乡需要一些资金，这个资金可能不在我们上海市和德宏州的合作项目里面，需要我们另外支援一些资金、人才、技术，这个也需要援建干部出面与合作交流办进行对接。

我们会选拔工作经验丰富、年纪较轻、善于解决实际问题的干部出任三个地方联络小组的组长，加强与细化三地的联络机制。关于选取组长的原则，首先政治上肯定是要没问题的，其次注重经历，相较而言，领导的能力、综合管理的能力、协调的能力，这些是很重要的。因为这个组长是要代表我们青浦小组，跟上海市的领队和我们地方上的各个部门打交道的，要把我们青浦派出去的这些干部管理好、服务好。

每年年底的时候，我们会召开援建干部联络会议，听听他们工作当中有什么想法或建议，让他们对一年来的工作情况做个简单汇报，有什么困难需要我们组织部协调的可以提出来，同时会安排书记或区长跟大家见见面，提提要求，鼓舞干劲。平时，我知道，合作交流办会从业务分管的角度定期召开项目工作会议，我们组织部一般就是一年开一次会，每个援建干部都要参加。我们还要求各个派出单位一年至少开展一次走访慰问，必须是要到干部的家里面去走访，了解家里的具体情况，而不是到单位。平时我们跟他们的联络，就是依

◀ 陆志斌（前排左二）
赴云南省德宏州考察
援滇干部工作情况

靠微信等方式，我们专门有一个干部的微信群，由我们青浦小组的组长来具体负责。碰到什么问题，组长会跟我们沟通，我们有什么问题也是通过组长转达给每个干部。当然我们还有经费使用制度、体检制度、安全管理制度等，这些都有明确规定的。

实地调研　感受干部的担当与奉献

青浦现在对口支援的三个地方我都去过，一方面是上海市委有明确的要求，党政主要领导必须每年带队去一次；另一方面我们市委组织部也有明确规定，组织部门一定要每年去一次，看望他们一下，跟他们交流交流，了解干部在当地的表现。每年到年底的时候，市里面还会组织一个考核组，去考核这些干部。等三年援建期到了，他们也会组织一个三年任职的考核组去考核，这些都是有量化指标的。每次去看望我们的援建干部，都会给我很深的感触。

第一，我觉得在我们上海，或者说在我们青浦，与云南、青海、西藏感觉上是完全不一样的，人文因素、人文环境不一样。云南德宏州是少数民族地区，其中人口最多的少数民族是傣族。青海果洛州是藏区，以藏族人为主。新疆克拉玛依市是一个石油城市，属于北疆，大部分都是汉族人。城市建设属

◀ 召开云南省来青挂
职干部报到会

克拉玛依最好。自然环境当然也有差异，条件较为艰苦的可能是青海果洛州。我去过三次，到海拔3000多米就感觉呼吸急促、心跳加速，我们的干部能够坚持三年，最后回到青浦，我觉得真是不容易。而且他们不单单要坚持工作，还要卓有成效地开展工作，要把这些扶贫帮困项目一一落实，还要协调各方力量。

第二，当地工作的环境、工作的思路、工作的方式方法，和我们上海有很大差别，我跟他们交流的时候，确实有这个感觉。譬如说，云南德宏州也派干部到我们这里来挂职，我们每年都会接收，也接收果洛州的，明显感觉到他们的工作方式跟我们不一样。所以就需要我们这些干部转变思路，适应当地的工作环境。

第三，对干部来说，他们离开上海，离开个人的家庭，在心理上或者说日常生活当中、学习当中，还是会受到影响的。我们区委组织部对援建干部也很关心，每年组织家属去探望他们，对此他们都是热切盼望的。另外每个地方给我们这些干部配备的日常学习、生活的设施条件都不一样。我去过这三个地方，条件最好的是克拉玛依，他们有整个一幢楼给挂职干部住，当然住的不仅仅是我们青浦、上海的，全国各地的在那边挂职的干部都住在里面，就类似于我们青浦的人才公寓一样，里面的配备也比较齐全。相较而言，果洛州的条件比较艰苦。我听第一批过去的干部说，那里基本上不能保证热水，后来慢慢好一点了。

经受考验　干部能力得到锻炼与提升

通过对口帮扶工作，我们所有的援建干部的工作能力都有了很大的提升。因为我们干部到当地工作，基本上都是担任领导职务的，所以他考虑的事情、做的工作就会更加全面。我印象当中，我们派过一个老师，出去前是教育系统的一个普通干部，到了那边后，被派到一个区里面做教育局的副局长，他马上就成了一个教育局的班子成员，对他来说跨度是很大的。但是经过一段时间，我听说他做得很好，所以回来就做校长了。他做过一个区里面的教育局副局长，做一个校长就简单了。对他来说，这一段的经历是非常丰富的，对他个人的能力、素质的提高也是很有帮助的。所以说，我们干部经过这一段急难险重的岗位经历，对他们的帮助非常大，他们成长得很快。我觉得最突出的是金红，他是军转干部，应该说对地方上很不熟悉。但是他到梁河县做县委常委、副县长，工作做得十分出色，从州里面到县里面，都对他的工作非常肯定。他做了自己的分内事，县委常委可能分管其他的工作，还做了自己的分外事，通过自己的战友、老乡的关系，引进了适合当地的几个项目，做得都非常好。当然，像金红这样受当地干部群众欢迎的援建干部还有许多。

参与对口支援工作，对我们组织部门来说，一方面是完成中央和上海市委要求的工作任务。中央提出扶贫援助全覆盖，所以我们从红河州调整到了德宏州，从西藏调整到了青海果洛州，还覆盖了新疆克拉玛依市，不管是精准扶贫也好，还是干部人才的援助，或者其他的工作，都是有明确要求的。另一方面，对我们干部条线来说，对口帮扶实际上是一个急难险重的岗位，把干部放在这个岗位上锻炼，肯定是一个非常重要的培养方式。我们现在组织部对干部的培养有很多种方式，譬如说"进博""五违四必""三项整治"，包括现在的乡村振兴、示范区执委会，这些都是很好的锻炼，但是我觉得再怎么样的急和难，肯定是对口帮扶工作更能体现。因为不管是自然环境也好，还是工作的方式也好，远离亲人、家庭也好，都对干部提出了很高的要求，都是很大的挑战，需要我们干部改变原来的思路，改变原来的工作方式方法。那么我想，对我们组织部来说，没有比这个更加适合的培养方式了。我们这次派到云南去的干部中，80 后就有两个。让年轻同志多岗位锻炼，而且这个岗位还不一样，是急难险重岗位，我觉得这对他们的成长、成才，包括综合素质、综合能力的提升，都是非常有帮助的。

对口连接的桥梁　互联互通的纽带

　　王滨，1975年10月生。2012年12月至2015年12月，担任上海市人民政府驻武汉办事处业务处处长、中共上海在汉单位委员会委员。现任青浦区人民政府办公室副主任，分管对口支援与合作交流工作。

口述：王　滨
采访：毛雪明　赵冬英　吴言荻
整理：周　轶　吴言荻
时间：2020 年 4 月 13 日

　　2015 年底，我开始接触合作交流办的工作，现在一晃也有五六年了。以前我有驻外办事处工作的经验，所以对合作交流与对口支援这一块，从个人角度出发还是比较有感情的。合作交流办在对口支援工作中主要起到的是桥梁纽带的作用，我们派干部去支援地，除了对口支援的工作以外，更重要的意义是建立起受援地和上海交流的渠道，让两地可以发展相融，互联互通。

心系德宏情谊深

　　从历史沿革来讲，青浦区先后对口帮扶过西藏、云南、青海、新疆等地方，目前主要承担的任务是对口帮扶青海、云南、新疆三个地方。从自然条件来说，青海帮扶地区比较艰苦些；从脱贫的工作量来说，云南帮扶地区任务相对重一些。2016 年 11 月，青浦和云南的结对关系有了重大调整。接到通知后，我立马就和区里其他同志一起到昆明去开会。青浦区从 1996 年到 2016 年的整整二十年里，一直是对口云南的红河州，从 2016 年 11 月的那次会议开始，结对关系被调整到了德宏州。我们刚开始只是明确了对德宏州梁河县的帮扶，到当年底，又加上了陇川县、盈江县和芒市。

▲ 王滨（右一）考察
德宏州梁河县葫芦
丝产业原材料示范
种植基地

怀着对红河州依依不舍的情感，我们在那次会议结束后马上开始了与德宏州的结对工作，并且第一时间前往德宏州了解情况。有意思的是，当时我们青浦区正好还有一位干部在红河州担任州里扶贫办的副主任，才去了半年，就因为结对关系的调整到德宏州去工作了。

在这次行程之前，我从来没有去过德宏州。当地领导陪我们到几个地方去转了一圈，并大致给我们介绍了当地情况后，我们对德宏有了大致的了解，比如当地有 5 个世居少数民族等。德宏是云南边境的口岸城市，主要和缅甸接壤，边境线比较长，有 500 多公里。因为是口岸，德宏州的条件相对其他地方好一点，但大部分的山区还是很贫穷的。

完成 2016 年底的这次对接以后，我们做了很多的准备工作。2017 年 4 月，由时任青浦区区长夏科家同志带队，我们一行去了德宏州并正式签署了两地帮扶的合作协议，从书面上确定了结对关系。之后，我们区的党政代表团每年都要去德宏，一是推进扶贫协作工作落实，二是慰问青浦区援建干部人才。

德宏州与我们结对的时间短，目前只有四年，但在具体工作中还是有一些亮点的，比如我们在基础设施建设上有了一些成效。2018 年，赵惠琴书记一行到景颇族村寨考察，发现那里交通闭塞，只有一条泥巴路进出。当时我们就

◀ 王滨（右三）考察
德宏州梁河县生态
畜牧园项目建设

决定这里的扶贫工作要聚焦在一个点上——基础设施建设，如危房改造、饮用水改造等。经过一系列的设施建设，家家户户门口都铺上了水泥路，面貌焕然一新。特别是到了夜里，灯火通明。这件事《解放日报》也报道过，标题就叫《3000公里外有条致富"青浦路"》。青浦路建造完毕以后，当地居民做了一个很大的像广告牌一样的牌子，上面写着"青浦路"。我们看了很感动，但我们要的不是这些嘉奖，而是希望他们能真正脱贫，走向致富之路。

除了基础设施建设外，我们还给他们家家户户种了长坚果的果树。果树大概两三年就能挂果，一年能卖几百块钱。对他们的基本生活条件起到了改善作用。

这几年脱贫攻坚战的成效在德宏很明显。在我们结对德宏之前，很多其他的单位如大型的央企和中央的部委办，都对德宏有过支援，有时候同时挂职的副县长能有十几个。大家都在为助力德宏州早日脱贫做出努力。

政策落实做到位

2016年银川会议之后，总书记将东西部扶贫协作提升到了一个战略高度。国家扶贫开发领导小组落实总书记的要求，要求东部沿海发达省份加大对西部

◀ 青浦援建的班玛县
多贡麻寄宿制学校

对口帮扶省份的支持力度，扩大帮扶的覆盖面，具体到上海，基本思路是由上海的一个区对口规模适度的一个州的扶贫工作。基于这些概念，目前，青浦区与各个地区的结对关系在工作性质上还是有所不同的。

我们青浦和云南省德宏州的帮扶关系在口径上属于东西部扶贫协作，和青海省果洛州属于传统的对口支援概念，和新疆的克拉玛依属于中组部条线上人才援疆的范畴，主要在干部人才方面给予帮扶。在内容方面，东西部扶贫协作更侧重于扶贫，主要从帮助贫困人口、贫困家庭、贫困村、贫困县怎么摘掉"贫困帽"这个角度出发的，而对口支援的范围比东西部扶贫协作更广泛一些。举个例子来说，对于东西部扶贫协作，总书记一再强调既要精准扶贫，但也不能拔高标准，所有实施的工作和项目都要围绕"两不愁三保障"和"饮水安全"几个方面来做。但对口支援针对的是当地的所有薄弱环节，主要依据是五年规划，很多事情都可以干。有些地区也许不只是贫困，也缺少基础设施的建设，能实施的范围更广一些。

在这些支援工作中，我们合作办主要发挥两方面的作用：一是在协调工作方面。2016 年、2017 年，青浦区援建干部派遣人数明显上升。这几年我刚好碰到三轮派遣，这三轮派遣的干部和之前二十年派遣的干部总量都要相当了。

所以从选派干部的人数上，也足以说明青浦区对对口支援工作的重视程度。合作交流办一方面主要是在纵向上和市里对接工作重点和具体要求，另一方面在横向上发挥统筹协调的作用，也承担起区领导小组办公室的职责。横向的协调是三个方面，主要是协调区里的相关部门去落实具体工作，并且和对口地区保持日常联络和事宜协调，以及与各个派驻在外的援建工作小组沟通联系和服务保障。

二是在支援资金方面。青浦区主要是分为两块，一块是财政帮扶资金，一块是社会力量的帮扶资金。这些资金主要用于项目建设和智力支持。建设类项目主要包括建学校、修路、村里危房修缮等。智力支持类主要包括我们给支援地当地干部人才培训，帮助贫困户提升就业技能等。这些资金，我们都严格按照"两不愁三保障"以及"饮水安全"几个方面来使用。现在中央提倡"精准扶贫"，我们进行的所有项目都是在筛选后能体现"精准"两个字的。

中央当时对于扶贫还有一项政策，就是从 2016 年开始所有贫困县的党政主要领导不得做调整，如果已经做了调整，就要重新调回来。这样可以让脱贫工作首先从干部上稳定下来。青浦区也有案例，比如我们对口的班玛县的县委书记，州委常委都已经任命了，还是回去兼县委书记；还有是现在对口的盈江县的县委书记，已经调到瑞丽市当市长并且兼瑞丽开发区的管委会副主任了，依然重新调回盈江县当县委书记。

对于这些政策，我们都落实好、安排好，争取最大限度地规范好帮扶工作。

扶贫扶志两不误

通过这两三年的建设，很多贫困地区的面貌改变很大，基础设施更加完备。"一人就业，全家脱贫"。基础设施做好以后，就业问题成为扶贫工作的重点，通过促进产业落地来带动就业是解决问题最好的方式。

虽然两地市场的匹配度、物流成本、当地市场环境等因素对产业落地产生很多限制，但我们目前还是找到了一些有可行性的项目，其中做得最好的是农业产业项目在德宏推广我们的练塘茭白。

在德宏种茭白是一个少见的"共赢"项目。青浦区练塘镇的农产品茭白是有地理品牌标志的，受到上海乃至全国食客的欢迎。但是很多时候，茭白种植户的利益是否能获得保障是要打个问号的。一方面，气候条件不好了，收成有问题；病虫害多了，农药打多了也不行；茭白市场大了，价格又上不去，存在着各种制约茭白产业发展的因素。另一方面，青浦区的特色农业这块受土地、劳动力等因素制约，成本逐年增加，规模上也无法再扩大，这些茭白合作社的压力越来越大，也需要寻求一些发展的机会。

对于云南来说，当地有一个土地肥沃的优势，就像俗语说的："插根筷子都能长出东西。"另外还有气候优势，常年温度较高，所以云南茭白可以和青浦茭白错季上市。比如我们青浦本地茭白可能是从每年四月中下旬开始上市，一直卖到七八月，而云南德宏茭白最早在三月初就可以收成了。当地老百姓种茭白，一亩地的产量不少于 4000 斤。到三月份茭白上市以后，他拉到上海菜市场上去卖，零售价可以到 8 元一斤。如果拿到上海西郊国际农产品交易中心、上海江桥蔬菜批发市场上去卖，批发价大约能有 5 元，高的时候能有 6 元，低的时候是 4 元。当地种植户告诉我们，把德宏茭白运到上海来卖的所有成本也只是 2 元左右，所以如果他能卖到 6 元的话，利润是很高的。如果卖到 4 元，那也不错了。

在茭白产业上，我们和云南当地的龙头农业合作社也进行合作。合作社里，有一些土地是属于贫困户的，所以他们在土地流转费里可以有一笔收入。同时，聘请贫困户去干活，就又能有一些务工的收入。除此之外，合作社还能有分红的一笔收入，这就可以从多种渠道增加收入。

茭白是青浦当地的龙头产品，从发展第一产业的角度，需要保证这个品牌的发展。但是青浦本地的条件对于进一步发展茭白品牌也并不是很好，所以德宏茭白产业既可以与青浦错季上市，又可以带动当地合作社发展，还可以带动贫困户从中受益，同时也促进了青浦区茭白产业的发展。

除了第一产业外，第二产业如果要落到德宏，面临没有人才、消费市场不行、物流成本过高的种种问题。所以要找到合适的工业产业项目落地来带动长期长久的发展，可寻找的结合点是比较窄的。我们一直尽力寻找合适的企业招

◀ 芒市茭白基地

商，目前有几个项目前景不错。一是生物产业项目，主营生物素提炼，需要大量收购当地的甘蔗渣。二是服装产业项目。我们考虑能不能鼓励一些青浦本地企业在当地建扶贫车间。三是中药产业项目。青浦有一个中药饮片企业需要采购大量的中药材，可以请他们到德宏当地去收购及初加工。四是畜牧产业，目前在梁河投资建设了一个规模较大的生猪养殖基地，带贫成效也很明显。五是桑蚕养殖产业。我们帮他们建了两三百个蚕棚，并帮助当地形成了养蚕—种桑树—抽丝—制成真丝原料再出口的完整产业链。

在支援过程中，我们不仅在产业发展促进就业上有成效，也通过交流帮助当地人树立更好的经营理念。德宏当地有一个种植大户，手头有好几千亩的土地，是当地扶贫方面的龙头合作社，但他老是种土豆、玉米、小番茄这些销路不好的农作物。一到气候不好的时候，番茄就成吨成吨烂在地里，土豆也是挖出来放着。我们后来和他说，上海人喜欢吃蚕豆，但蚕豆的季节很短，你可以试试种一些，如果春节时可以到上海，那销路肯定好。

在提供思路后，我们还帮他去联系销路，在上海西郊国际农产品交易中心给他免费提供了一个经销铺位。但是第一次收成后，他们连续送往上海的两车东西加在一起亏了八万块钱。经我们分析，发现亏损的关键因素是品种不对。海南西瓜在上海大量上市的时候，他也来送西瓜，山东土豆大量上市的时候，他也送土豆过来，那肯定是没有竞争力的。于是我们和他一起把送来的20个品种分析了一下，发现这20种农产品里，有8种是挣钱的，有12种是亏钱的。于是这个老板回去调整了种植结构，也取得了很大成效。经过了这一两年与上海蔬菜市场的磨合，成了最大的受益者，也挂上了"上海市市外蔬菜基地"的牌子。今年疫情期间，他还组织了一些货源送进来保证上海市的蔬菜供应。

二十多年来，干部派遣和两地交流对受援地和我们都产生了很大影响。看着受援地蒸蒸日上的建设和发展，我在心里感到由衷的欣慰和自豪。合作交流，重在联通融合。虽然有时在发展理念和生活习惯上，我们和受援地的居民一直到今天还是存在差异，但这是一个"求同存异"的过程，我们和这些地方也在磨合的过程中更了解彼此的习惯，更懂得沟通的方式，更明确发展的方向。

衷心祝愿这些受援地都能拥有一个广阔的前景！

青浦德宏情缘深

罗宏建，1970年11月生。现任云南省德宏傣族景颇族自治州扶贫办社会扶贫科科长。

口述：罗宏建

采访：毛雪明　陈松青　赵冬英　吴言荻

整理：吴言荻

时间：2020 年 5 月 20 日

　　在我们德宏人民的印象里，上海青浦是国际化大都市的富庶地区之一，云南德宏州是西南少数民族贫困地州，是脱贫攻坚成就了两地跨越千里的帮扶情，也让青浦和德宏在这几年里携手共进。

　　德宏州属于傣族景颇族自治州，全州下辖芒市、瑞丽、梁河、盈江、陇川两市三县，辖区面积有 11500 多平方公里，其中三面与缅甸接壤，国境线有 500 多公里，占了中缅边境线的四分之一。我们全州有 4 个贫困县，除了瑞丽以外，芒市、梁河县、盈江县和陇川县都是。上海青浦区与我们德宏州这 4 个县市结对，签订了携手奔小康的协议。全州共有建档立卡户接近 4 万户，超过 15 万人，2014 年德宏州的贫困发生率是 16% 左右，经过近四年的艰苦奋斗，到 2019 年末，我们的贫困发生率已经下降到了 0.3% 左右。青浦区在这几年里不但给了项目、给了资金，还派来了人才和挂职干部，在这些强有力的支持下，现在我们 4 个县市都已经脱贫摘帽了。

建立跨越千里的交流

　　我们的对口支援工作在这些年里形成了一些机制，让扶贫工作更加完善。

德宏州和青浦区双方的党政领导每年都要率团进行互访，既为了解情况，又能增进共识。另外，4个县市的党政领导每年都要率团去青浦汇报对接交流。近年来，光是州一级层面已经进行互访了6次，召开了6次联席会议，确定青浦区11个镇、街道与我们德宏州4个县市的11个乡镇进行对口帮扶。

在完善组织协调后，人才交流也很重要。青浦区从扶贫协作开始以来，前后派了十名干部到德宏州，分别在州政府、梁河县、芒市、盈江县、陇川县挂职。除了干部以外，青浦区也派来了一批老师、医生、农业专家等技术人员来帮助指导，到目前为止还有十名老师以及一批医生在我们的各个县市。这些干部、医生、老师，对我们观念和软实力的提高起了很大的作用，效果虽然不是立竿见影，但带来的影响是长远的，民众的受益是长期的。举个例子，中山医院有一名医生，每年都要到德宏来查房，并参加病案讨论。有一项手术是只有他来了才能开展的，所以病人在他们来的时期里就能直接在德宏当地看这个病，不用跑到昆明和上海了。另外，我们德宏和上海海洋大学签订了协作协议，他们在技术上的鼎力支持保证了我们虾蟹养殖的成功。软实力的提高让两地的交流从沟通到融入引领，帮助我们逐步跟上发达地区的步伐。我们非常欢迎，并且迫切希望能有更多的老师和医生以及其他专业技术人才到德宏交流。

在"请进来"的同时，我们也"走出去"。德宏州选派了16个干部分别到青浦区的区府办、宣传部、华新镇这些地方去挂职，也派了老师、医生到上海去顶岗实习，帮助提升了德宏当地医生和老师的业务能力，让他们开阔了眼界，拓展了思维。这项"双向交流"的工作是需要长期坚持的，今年我们也计划派出8名干部到青浦区去挂职，让他们去相应部门学习新的本领，了解新的理念。

产业与就业双管齐下

沪滇帮扶最为直观明显的作用，就是强化了产业合作。遮放的芒市宏聚农业科技开发有限公司属于产业合作的一个典型。通过这些年的帮扶，企业打开了上海市场，并且不断壮大。这样的帮扶坚定了企业主发展的信心，更强化了

◀ 上海联九农业发展
有限公司（梁河县
畜牧生态园区建设
项目）

他的质量意识，提升了企业在农产品检测和种植等方面的技术。就像他说的，上海市场是很难进的，如果我们公司出品的蔬菜质量符合了上海市场的标准，那其他任何一个地方的市场都能进。最重要的是，通过沪滇扶贫干部们的协调，本地企业在农产品销售上的信息更加畅通对称，为后续的发展奠定了坚实的基础。

另一个比较典型的项目是梁河的畜牧生态园，主要是经营生猪养殖。它是由原来在梁河挂职的县委常委副县长金红，通过积极的招商引资和牵线搭桥，顺利与上海联九农业发展有限公司达成合作，在梁河设立了黑毛猪养殖，我们称它畜牧生态园。目前，生态园的第一期项目已经建成。畜牧生态园的辐射带动作用很大，既辐射带动了周边16个村寨村民收入的提高，又提升了养殖的技术，还让政府得到了税收。它现在是梁河县最大规模的生猪养殖场，甚至在全州也是最大的。这个项目可以说是成功的典范，有着很深远的影响。

还有一个是陇川县的德宏正信实业股份有限公司，它是当地发展蚕桑、丝绸的龙头企业，主要业务是栽桑和养蚕。上海青浦区就依托这个企业进行投资帮扶，通过企业的销路来发动我们德宏州广大建档立卡户去栽桑养蚕，把养蚕后产出的丝再去交给这个龙头企业。通过农户养蚕抽丝、企业收丝加工，形成

▶ 农户在芒市蔬菜基地收割茭白

了完整的产业链，使这些农户在养蚕的过程中增加了收入。

通过这几年的帮扶，我们把产业作为一个重要的脱贫支撑。除了刚刚提到的蔬菜、生猪、桑蚕企业，我们虾蟹的养殖示范也得到了点成功，争取在下一步继续推广，让农户得到实惠。

"一人就业，全家脱贫"，除了产业落地以外，就业也是农户脱贫致富的重要手段。在上海市和德宏州积极的协作配合下，以及在青浦区人社部门的牵线搭桥下，我们前前后后输送了几百名建档立卡户到上海的企业里去打工。主要企业有临港的汽车装配、松下的微波炉，还有郁金香酒店等就业点。

这些就业岗位让农户有了在大城市就业的机会，使他们的收入得到了提升，也提高了他们的生活水平。这几年，双方在就业扶贫上的合作交流是比较多的，青浦区人社部门每年都会带着这些相关企业到德宏州开招聘会，并且提供相关的岗位。这是我们脱贫的重要支撑，也是农户脱贫致富的重要抓手。

虽然这几年总的来说，输送人员的规模还不算大，但这是一个逐步推进的过程，沪滇协作也是一个长时期的任务，是我们下一步着力的重点。针对很多建档立卡户因为种种顾虑不愿去上海就业的情况，我们开设了青浦班，帮助建档立卡户了解青浦、熟悉青浦。目前，4 个县市的职业中学都在开始招生的第一年开设了青浦班，有意向到青浦就业的建档立卡户可以优先入学。目前看来，这里的年轻人报名还是很踊跃的。相对于老年人来说，年轻人可以较快适应新环境，融入新地方。

在办班过程中，我们也会和上海的学校加强沟通交流，请上海的老师过来授课。同时，我们会请上海提供缺乏岗位的目录，比如酒店服务员和汽车修理工等，根据这些岗位来开班。这样做的话，针对性比较强，下一步的成效也能更加明显。遇到青浦有实习岗位的时候，我们就全部把他们派到青浦，通过实习期让他们对青浦更加熟悉。青浦班对学生来说，既能提升本领，又能帮助他们更快速地融入上海。

通过这几年在产业和就业上的精准帮扶，脱贫攻坚战取得的成效很明显，我们的贫困发生率已经下降到了0.3%。按照国家规定，西部的贫困发生率只要在3%以下，就可以算是脱贫摘帽了。目前，我们的4个县市都已经摘帽。

支持援滇干部施展才华

青浦区目前在德宏州挂职的干部有8个，从德宏州政府到下面的县、市政府都有援建干部。这些干部从上海跨越几千里来到我们德宏州是相当不容易的。他们来了以后，为了让他们能尽快适应这里的生活，在工作上有所作为，我们州的组织部门出台了一些规定。

首先是确保这些援建干部可以在德宏有责任，有职位，有作为。根据规定，他们来了以后不论是在德宏州政府任职的，还是在下属的县或者市政府挂任副县长的，都必须要分管沪滇扶贫协作工作。一是要了解沪滇扶贫资金是如何使用的；二是要充分发挥这些援滇挂职干部的特长，比如王维维副秘书长在这边也发挥着他在水利方面的专长，得到了我们州委、州政府一致的高度肯定。

从青浦区农委到这边来的怀向军，在陇川县挂任扶贫办副主任。他在这里除了分管沪滇扶贫协作，也发挥起农科人员的专长。他先是去西郊牵线，帮宏聚农业科技开发有限公司去沟通西郊国际农产品交易中心的摊位，又引进了虾蟹项目，在我们这里进行了成功的示范，下一步会逐步推广。还有已经回到

▶ 吕良村青浦路

青浦的金红副县长，他也通过自己的努力引进了上海联九公司的黑毛猪项目。目前，这个项目依然在持续发挥效益，我们当地的建档立卡户也会长期从中受益。

其次是做好服务，确保他们能安心融入德宏州的工作体系。每一位来我们这边的援滇干部，包括三峡集团等来挂职的干部都是为了我们州的发展，我们尊重这些挂职干部的生活习惯，尽全力去落实保障相关待遇。德宏州这边有一项政策规定是关于边远艰苦地方的津贴，我们都会为每一个援建干部落实到位。另外，每年我们州都会至少召开一次挂职干部的座谈会，让他们在会上畅所欲言，了解他们的困难和需要，对他们进行慰问，使他们能真正融入德宏州的建设和发展。

还有是落实责任，确保干部的作用能得到最大的发挥。我们鼓励并支持他们通过发挥自己的特长，积极为当地发展出主意、想办法。很多援建干部会通过自己的个人资源去牵线搭桥，引来各种各样的企业落户到我们德宏州。就在前两天，还有上海来的企业家考察团到德宏来，深入我们4个县市进行实地考察。除此之外，我们努力去结合他们的专业特长，给这些援建干部安排相应的岗位。比如王副秘书长是从水务局出来的，他对水利比较熟，我们的副州长就请他协助分管水利方面的工作。王副秘书长在水利工作中带来的新观念和新想法对我们这边的启发是比较大的。

最后是加强与援建干部的沟通交流，做好对干部们的日常管理。主要是对挂职干部进行严格的管理，做到工作上支持，生活上关心，要求上严格，坚持严格管理与发挥作用相统一。今年初，我们的援滇干部协调了上海相关的部门，竭尽全力为德宏筹措了2.1万个口罩以及防护服等急需的防疫物资，对我们当时的疫情防控起到了很大的推进作用。

通过四年的帮扶，德宏州的每个县都有了有亮点、反响大的项目。芒市有宏聚农业科技开发有限公司，现在已经是上海市市外蔬菜主供应基地的项目。梁河县有了畜牧业养殖生态园，黑毛猪产业目前蒸蒸日上。陇川县的农户如今在大力推进栽桑养蚕，发展了几千亩的桑园，农户从中得到了增收和实惠。盈江县边境线上有大小浪速两个村寨，对面就是缅甸。这几年，通过沪滇帮扶，那里完成了村容村貌改造，也建立了很多经济发展的项目。曾经脏乱差的村寨，现在变成了百花寨、百鸟寨，成了社会主义新农村。这个项目很震撼，和原来的对比非常明显。还有类似的是中缅边境线上的曼崩村，我们通过沪滇帮扶对村寨也进行了改造，现在新建的村寨错落有致，居民生活也很大程度上得到了改善。还有吕良村，那里把一条青浦出资建设的路命名为"青浦路"。

不论是宏聚农业科技开发有限公司、梁河畜牧业的黑毛猪还是陇川农户的栽桑养蚕，这些产业在德宏的落地都要感谢我们援滇干部的牵线搭桥和艰苦付出。他们为德宏的产业发展投入了时间和精力，使那些边境村寨旧貌换新颜，成为社会主义的新农村。那些来德宏交流的老师和医生们则开拓了孩子们的眼界，守护着居民们的健康，他们的到来为德宏民众注入了精神上的新活力。

青浦和德宏的情缘深远绵长，印在每一个德宏人民的心里。

感谢沪滇帮扶

　　杨宏俊，1962 年 5 月生。现任云南省德宏傣族景颇族自治州芒市宏聚农业科技开发有限公司董事长。

口述：杨宏俊

采访：毛雪明　陈松青　赵冬英　吴言荻

整理：赵冬英

时间：2020 年 5 月 19 日

　　我们宏聚农业科技开发有限公司是 2016 年 8 月 1 日成立的，实际运行、建设好，开始出产品是 2017 年 1 月 1 日。我们以"公司＋基地＋合作社＋农户"的经营模式，带动 2000 多户农户参与发展蔬菜种植，其中扶持带动建档

◀芒市宏聚农业科技
开发有限公司

立卡贫困户 150 户。公司目前是云南省和德宏州农业产业化重点龙头企业，2018 年被云南省扶贫开发领导小组评为"扶贫明星企业"，2020 年 3 月被芒市人民政府扶贫开发办公室评为"芒市扶贫龙头企业"。

德宏蔬菜进了上海市场

刚开始的时候，公司在各方面都遇到些困难，第一年就亏了 496 万，因为不知道卖到哪里去，西葫芦、散花等很多产品一个礼拜就堆满了货仓。当时我们的产品最远运到了新疆的乌鲁木齐，车子开了 4 天 4 夜，又去了北京、郑州、广东、西安。那个时候也是没办法，货不能丢在这里，农户都种出来了，不能让他们失去信心。也准备进上海的，但进不去，因为我们对上海农产品的品种需求、质量要求都不懂，也没有什么思路。我第一次到上海市场去考察，看到江桥市场那么多的蚕豆，就想怎么会卖不掉呢？结果德宏的蚕豆实在不适销，因为市场要的品种是日本大白豆。那次是血本无归，我一车货运到上海要 2 万块钱运费，连运费都没卖出来。到了 2018 年 4 月份，州（市）政府、州（市）扶贫办跟上海青浦对接以后，实地带我们到当地企业去考察、去参观，多方面对接了四五次，使我们对上海市场农产品的质量、品种增强了认识，成为上海市的蔬菜主供应基地。

成为主供应基地后，相对的配套设施就完善了。在资金、政策上，我们得到了大力的帮助，第一次给了我们 300 万。我们利用这 300 万资金，一是建成了一个可视系统，这个可视系统是在 2019 年 7 月 1 日正式运行的。上海的整个西郊国际，我们所有的蔬菜基地都可以收看到，包括我们州、市农业局也可以看得到。第二个是溯源系统，我们的产品进入上海后，都可以追溯。比方说玉米是什么地方收的、种植的，品种是什么，用的是哪些技术、化肥等，都有一个详细的记录，在上海市场扫码就能看到。第三个是快速检测系统，所有产品在这个机器上进行检测，检测了以后上海要抽检的，合格了才让进去销售。第四个是田间建设，建成了 500 亩的蔬菜主供应基地。此外还用于整修道路以及购买种子、开发技术、聘用人员等。这 300 万资金起了很大的作用，其中还带动了村集体经济，共带了 5 个村委会，每年不管我们公司的经营情况怎

么样，都要给他们壮大村集体经济。

当时对接以后，青浦还派了两名技术人员到我们基地，住了一个礼拜，到田间地头帮我们选地，看我们的经营情况，能不能种植，能不能搞，帮我们解决了很多问题。刚开始建设这个基地的时候，我们什么都不懂，什么追溯系统、可视系统、快速检测，我们都不知道的。如果没有青浦的技术人员给我们选地址、选品种，对我来说，可能要通过一年、两年、三年，甚至十年的努力都难说。援滇干部也都到实地去看了，给我们技术支撑，帮助解决实际问题。有些时候都下班了，天黑了，他们还在地里跟农户沟通，了解地质、水质、种植量。他们还利用休息时间，帮我们去考察上海市场，领我们到超市去对接。其中一次我印象很深的是，当时天下着雨，我们的援滇干部冒着雨，白天晚上带我们一家一家地去跟上海的那些大型市场还有企业去对接。只要我们碰到困难，就第一时间帮我们处理，比如说合作种植茭白，连一颗种苗都是从青浦拉过来的，还派技术人员积极地帮我们协调组织。

青浦还给我们解决了很大的后顾之忧，我们所有的农产品进入西郊国际等市场，都是全免费，对接"绿色通道"。比如说，蚕豆要进市场，正常情况下货多要排队等候，但我们有优惠政策，享受"绿色通道"进场，这是第一点。

第二点，所有进去的费用全免，包括手续费、检疫费等，去年就给我们免了几十万。如果没有这些指导和帮助，我们这个蔬菜基地是不可能在这么短时间内成功的，还能顺利地进入上海市场。

扶持带动建档立卡户

青浦在技术上、品种上给了我们很多的优惠政策，我们就把这些政策用到了带动贫困的建档立卡户上面，让利让惠。我们在青浦投入的 300 万资金中，抽出 3% 出来，用在全芒市的建档立卡户上面，去年原计划用 6 万，实际上用了 10.98 万。比方说种子，我们提供给建档立卡户的价格，要比给一般农户的低 20%—30%，在收购上也会有一个保护价。像去年的小米椒，当时的市场价格是两块一市斤，我们的保护价是四块一市斤，收购时建档立卡户比一般农户的价格要高。

我们这里信息相对不够，去了上海对接以后，对品种、质量基本就有了了解，回来后就大力发展。现在我们有几个建档立卡户，上海的帮扶资金到位后，在种苗上给他们优惠，他们的信心也更大了。这些农户都是靠土地吃饭的，一年的收入就靠这块土地，公司得到了青浦的大力支持，就让他们放心种。建档立卡户跟一般农户还是有区别的，我们主要是带动建档立卡户。

德宏是全中国鲜食玉米、土豆的最大生产基地，但现有的这些品种是进不了上海的。当时我去上海对接的时候，也发现了这个问题，德宏的蔬菜上海人接受不了，卖不出去。后来就针对适合上海的土豆品种"希森 3 号"，从 2018 年开始发动种植到现在，今年算是最好的一年，一是市场价格好，二是我们的品种绝对可以。品种选对了，质量、技术提高了，最多的一亩收购价达到 1.8 万，就是说农户至少有 1 万的纯收入。当时种的时候，青浦派了两位技术人员来给我们指导，待了二十天左右，全程跟踪我们这个产品。口感好、颜色好、产销对路，所以今年上海的媒体直接到我们摊位上去采访，现在才刚结束，很多建档立卡户就已经跟我们对接了，明年要继续大量合作这个品种。这些都是通过帮扶带来的效益，我们的品种选对路了，得到了技术支撑，还有"绿色通道"，所以包括我们公司，包括德宏这些建档立卡户都得到了实惠。

把水乡茭白引进德宏

2018 年，我们公司和青浦练塘的上海佳欣茭白专业合作社合作，在基地试种茭白。刚开始试验了 6 个品种 60 多亩，有成功的，也有失败的，失败的那些主要是水源、地块没有考察好。后来通过州、市政府给我们对接，援滇干部又带我们到练塘去实地看，让技术员带着手把手地教，后来效益就出来了。试种成功后我们就扩大规模，利用德宏的气候，做早冬蔬菜。我们这边种的茭白生长期短，3 个月就能吃了，采摘期长，有近 80 天，而且我们不是暖棚的，是陆地的，这是最大的优势。青浦茭白的生长期要四五个月，有个时差，价格就保证了。

现在我们有的地方整个村子都不种别的了，都喜欢种茭白，因为农户都知道了怎么种、怎么管理才能卖到好价格，有了好的收益，胆子也大了。有一次州（市）的领导到我们基地来考察，这些建档立卡户听说后都自发过来，他们跟领导说："我们明年还要种茭白，我们整个村就种了 300 多亩地，我们是不是能种了？"如果他们这一季种稻谷，一亩有两三百元的收入就不错了，但是几个能有这个收入，一般是不会赚钱的，甚至会亏。现在这些农户包括建档立

◀ 位于芒市弄么村的
  茭白基地

卡户给我们种植，帮我们打工，他们就知道了，在这里上班，每天用多少工、用多少钱，能够产生多少效益，收入多少？他们现在比我还清楚。他说："我去种豆子干吗，明年就不种了，我把整个土地全部给你，一亩都不留了。"前两天有青浦的领导来基地，他们也都是自己来的，不是安排的。这些都是带动的效益，假如没有青浦的帮助，我连茭白长什么样子都不知道，我做了二十四年的餐饮，真的是不知道。

保供市场实现双赢

今年疫情期间，1月25日年初一那天，我们接到上海江桥市场的电话，说市场蔬菜紧张，我们是蔬菜主供应基地，能不能积极地组织一下。我们是初一中午11点多接到电话的，下午就开始复工了。初三，我们的第一车货就发往上海了。从我们积极组织收购到现在为止，已经发了2000多吨货到西郊国际等市场。上海为此还感谢了我们。说实话，你们来支持、来帮助我们，这是我们应该做的，也给我们解决了很大的问题。因为当时外地的客商来不了，但我们这个农产品是不能等的，它每天都在生长。当时我们州、市领导也到基地去看了，特别是建档立卡户这一块，不能让他们种的菜烂在地里面。像那个豆

◀ 鲜食玉米挑拣现场

类，今天不采收，明天就变次品，后天就是废品了，就进不了市场。青浦帮我们解决了农产品烂在地上的问题，是双赢，一方面满足了上海市场，另一方面也让我们当地的农产品走出去了。

当时我们州、市政府还成立了应急办，帮助协调车辆，因为疫情期间不能随意进出。我们的援滇干部也都在上海，积极帮我们对接、处理，还不能面对面，就电话沟通。就这样干了几天，应急办又帮助解决了很多问题，再后来运输这块就恢复正常了。当时我很着急，因为对于建档立卡户我有个保底价在那里，即使菜都烂在地上，我也要收购。我们全体员工也很积极。当看到第一车货顺利出去时，我也宽心了。在此期间，云南省财政扶贫支援武汉的蔬菜，由德宏州农业局和芒市农业局牵头，协调组织货源，我们也参与做了，所以这一次我们被评为"国家级保供单位"。

主攻上海探索长效发展

公司目前的框架逐步完善，生产种植部、项目部、深加工、财务部等基本都健全了，还有基地建设、人才引进、市场开拓等，都逐步走入良性的发展，如果没有沪滇帮扶，我们要走很多弯路。比如说像许多大城市都喜欢双色玉米，上海人就喜欢单色的，双色的没有人买，送也送不掉。当时我也在市场里卖，准备了 700 多箱，就是卖不掉。后来通过青浦的技术人员帮我们选效益好的、种植成本低的、市场价格好的产品，就像茭白、荷兰十五（土豆）、日本大白豆，这 3 个品种是对我们帮助最大的。去年开始我们就调整思路了，主攻上海。因为上海市场虽然要求高，但是价格好，市场大，也稳定。

今年我们还是要种植效益好的、能够有带动效应的，想再到青浦去看看。青浦已经给我们组织过两三次技术培训了，我们公司去了 3 批人，还是要抓紧学习技术，到上海去学习经验、去实地考察，学习一些先进的管理方式，要向精品化发展。比如说玉米，要提升规格、抽真空，然后价钱就不是翻一倍、两倍了。今年政府又给我们公司投了 200 万帮扶资金，主要用于真空包装和南瓜泥的加工。所以下阶段，我们准备搞蔬菜的深加工，跟上海的早阳公司合作，这也是通过政府给我们对接联系上的。早阳公司需要我的南瓜泥、鲜食玉米，量还很大，我们就依托下面的合作社，再带动建档立卡户。像这次在芒市中山乡小水井村，针对南瓜泥，让他们去种植，我也需要原材料。我们山区、半山区的那些农户脱贫，要选合适的产品给他们，就是技术含量低一点的，能够保证有效益的。像南瓜，我们分析过，一亩地的成本，包括人工、地费不会超过300元。而玉米这些，它的生产成本不会低于1000—1300元，成本高。但是产生的效益，南瓜要比玉米高。最重要的一点是，像玉米或者土豆是不能在山区、半山区种植的，它们要求的技术含量高，但是南瓜我们农户祖祖辈辈没有一个不会种的。就是在选品种的时候，我们当地种的是圆形的南瓜，早阳公司要的品种是日本南瓜，是长形的，所以这次先在中山试种，种子、技术都及时跟进了。这些都是通过帮扶带来的信息，要不然我们怎么敢干，到时生产出来卖给谁。

我们对深加工最大的想法是，随时适应市场变化，比如说前两天我们这里下冰雹，这一季生产出来的部分玉米被打坏了，我赶快收购来，对那些没有打坏的进行加工，不能牺牲它的价值，而且我现在收购的话，农户也能得到高点的价格，这是第一点。第二点是给我们当地产生税收，现在农产品的税收不高，假如我深加工出来，一方面我们的产品价值就提高了，另一方面对我们当地税收也有贡献。

通过这两年青浦的帮扶，我们公司发展得很快，包括建档立卡户也得到了实惠，有了稳定的收入，生活也越来越好。说句心里话，我是真心感谢上海，感谢青浦，感谢沪滇帮扶政策。

沪藏一家亲　情谊似海深

　　潘栋梁，1952年10月生。原中共青浦县
卫生局（现青浦区卫生健康委员会）党委书记、
局长，现已退休。1995年至1998年，为上海市
第一批援藏干部，先后担任中共西藏自治区日
喀则地区亚东县委办公室副主任、副县长。

口述：潘栋梁
采访：田青华
整理：田青华
时间：2020 年 4 月 13 日

　　1995 年 3 月，中共中央组织部下达选派干部进藏任务后，上海市积极响应。我瞒着妻子向组织报了名，在确认成为上海市第一批 49 名援藏干部其中的一员后，我又苦口婆心地劝说，终于做通她的思想工作。当年 5 月 17 日，我们 49 名援藏干部从上海到成都转机去拉萨，短暂休整后，我们乘着汽车从西藏拉萨向日喀则驶去。在车上，我不时地往车窗外观看，这里与江南不同，是另外一番苍茫辽阔的高原景象，白雪皑皑的珠穆朗玛峰直插云天，清澈的雅鲁藏布江日夜奔流，在与年楚河大拐弯处显得格外壮美，而我的心也跟着汽车飞驰，飞向自己热爱的这片新土地——亚东，这里是我满怀一腔深情的第二故乡。

　　我们脚下的公路就是与上海相连的 318 国道，它是在中国华东、华中、西南地区的一条国道，起点为上海市青浦区，终点为日喀则市聂拉木县中尼友谊桥，全程 5476 千米。318 国道横跨中国东中西部，囊括了平原、丘陵、盆地、山地、高原景观，包含了江浙水乡文化、天府盆地文化、西藏人文景观，拥有从成都平原到青藏高原的高山峡谷一路的惊、险、绝、美、雄、壮的景观，被称为"中国人的景观大道"。

此刻，我想，318国道就是一条致富之路、希望之路，青浦人民正是从这里起步，从这里腾飞。几天前，我也是从这里出发，告别家乡父老，奔赴西藏高原。在这国道最西段，我将和西藏人民一起，共同脱贫致富，共同建设西藏。汽车在国道上继续奔驰，我暗下决心：绝不辜负家乡人民的期望，为这块壮美神圣的土地奉献自己所有的才智，为青浦人民争光。

初尝环境苦

亚东县位于西藏西南，与不丹、印度锡金邦接壤，平均海拔3500米，面积4212平方公里，相当于7个青浦，但当时人口却只有12000人，县城所在地下司马镇的人口不到5000人。初到亚东，严重的高原反应让我倍感难受，强烈的头痛、恶心、呕吐，晚上还经常失眠，白天昏昏沉沉，吃饭也没胃口，不到一个月，我的体重下降了好几公斤。有人曾计算过，在西藏，一个赤手空拳的人的心肺活动，相当于在内地负重30公斤。等我的高原反应缓和一点后，我便开始着手和同在亚东的其他三区县的援藏干部一起投入调查研究工作。我们走草原、入森林、串藏房，行程3000多公里，为时3个多月，熟悉了解情况，思考发展之路。

◀1995年，潘栋梁（右）教藏族工作人员学习使用电脑

　　1995 年 8 月，我感到右腿行动不便，但因工作繁重，没当回事儿，但到当年 12 月，我的右腿完全不能动弹了，这极大影响了我的工作，后来经过检查，医生诊断说是腰椎间盘突出压迫神经所致。我回沪经瑞金医院专家两个多月的治疗，病情有所好转，医院开出了不宜去寒冷地区工作的证明。是留在上海还是返回西藏，我内心经历了激烈的心理斗争：事情还没做多少，自己今后怎么向青浦人民交代，而且这是第一批援藏，我们 49 人是一个整体，不能因为我一个人而有所缺损，留下遗憾。我就是躺着也要重返西藏，一定要善始善终，我最终还是决定继续到西藏工作，支援那里的发展。

　　在西藏出差，常有险情发生。由于高原缺氧，人体代谢功能不足，会引起心脏、血压、大脑等的生理反应，影响驾驶员操作和瞬间反应，有时甚至会使驾驶员产生幻觉，再加上道路不平、路途遥远，驾驶员容易开快车和疲劳车，所以事故较多。1995 年底，我第一次回沪探亲，汽车行走在前往拉萨的峭壁公路上，一边是陡峭山壁，另一边是悬崖和雅鲁藏布江。车至拐角处，对面忽然出现一辆军车，没有鸣笛，双方驾驶员谁也没料到，两车相差仅 10 多厘米，军车再进那么一点，我们的小车就会被掀入悬崖下的江中。在一片惊叫声中，军车驾驶员本能地硬拉方向盘，将车撞向了山壁。事故避免了，我们在庆幸的同时也对解放军战士肃然起敬。

发展惠民生

　　在海拔 4350 米的帕里镇小学破烂不堪的教室里，我看到冻得发抖的孩子们坐在地上，用石头当桌子在写字，我立即掏出钱让孩子们买几件御寒衣服。再穷不能穷孩子，发展经济，要从教育抓起，我和时任县长俞凯丰与县教育局做了全盘规划，通过向家乡人民求援，首次援款总额达到 53.8 万元。我们用这些款项建起一所海拔最高的希望小学——帕里上海青浦小学。接着，我俩又组织幼、小教师到青浦培训，提高师资业务水平。在自治区、上海市商委以及南汇、青浦、宝山、杨浦、金山等区县的支持下，我俩和亚东援藏干部一起，完成了堆纳乡、上亚东乡、下亚东乡小学及县中学等 6 个希望工程，并对另外 5 所学校进行修缮。我本人是恢复高考后第一届师范专业考生，曾在青浦实验

▲1995 年，潘栋梁（左二）与援藏干部俞凯丰县长一起下乡调研

小学当过骨干教师和六年校长，后调任青浦县教育局党委委员、纪委书记，在此期间去支援亚东，所以，我把在上海从教期间的一些好的教学管理方法和思路，积极在亚东的学校进行试验和创新，为提升当地教育水平尽绵薄之力。

当时，亚东全县仅有的一家胶合板厂连年亏损。县财政收入只有 150 万元，农副产品奇缺，鸡 120 元一只，番茄 12 元一斤。为让亚东人民吃上当地生产的农副产品，我们建立了亚东第一个集体养鸡场。第一批由成都空运过来的 5000 只鸡苗到亚东的时候，事情不凑巧，当晚突然断电，虽然马上烧起了炭火，但小鸡苗稚嫩娇贵，5000 只鸡苗所剩无几。俞凯丰和金山的徐建国不气馁，大家再次筹款，运来了第二批鸡苗。在援藏干部的关心下，在养鸡师傅的精心照料下，小鸡成活了，鸡场成功了。小小鸡场虽然年产鸡只有 2000 余只，但对亚东县城来说，已是不小的数目，鸡价迅速由 120 元一只降到 50 元一只。接着，在内地支援孵化设备的基础上，我们又办成了一个自行产蛋、自行孵化的一体化养鸡场，还在场边开挖鱼塘，引来内地草鱼、鲤鱼等鱼苗，办起养鱼场、养鸭场，并开垦菜园，用塘泥种菜，菜喂鸡鸭，粪便养鱼肥田，形成了一条生态农业链。

为了挖掘亚东当地的药材资源和手工艺品，俞凯丰、我与青浦卫生局及当时的工业局合作，创办了"神峰贸易公司""青浦卓穆药材公司"。从申办执照到开张，一次次地去拉萨，一个来回就得颠簸 1000 公里。新办的公司，职员们不怎么熟悉做生意，我兼任亚东公司第一任总经理，亲自带藏族职员进货、定价、销售，手把手地一道道工序教，一件件商品指点。当地的虫草、贝母等名贵药材运到青浦卖出了好价钱，上海的商品进入了亚东，也受到了当地同胞的欢迎。公司越办越红火，1997 年创利 12 万元，这对西藏的小县城来说是一笔可观收入。用市场观念看，山山美丽，水水值钱。不久，我被任命为副县长，负责教育、卫生和"三产"。亚东的基础教育和卫生工作被评为自治区先进县，亚东县医院被评为西藏达标医院。

风雪夜救人

"拉亚公路突遭大雪袭击，发生十几处雪崩，最高达 7 米，道路中断 4 天，堆纳、帕里两乡镇羔羊冻死两千余只，请速救援。""海拔 4500 多米的堆纳乡政府院落里被困军民已超 60 人，大小车辆 15 辆，3 名病号、1 名小孩儿危在旦夕……十万火急！"一封封加急电报飞向地委、行署。此时是 1997 年 4 月 1 日凌晨。听到这些消息时，上海援藏干部亚东县县长俞凯丰、常务副书记钟杰和我三人，正在参加地区会议。当时通讯中断、音讯全无，情况十分紧急，我们未等天亮就踏上归途，马上回去组织群众救灾，解救围困人员。天色将明，我们一行 4 人坐着越野车，顺着年楚河急速南下。这段路途长 200 余公里，但还算顺利，下午两点到达堆纳乡。我们迅速主持召开了会议，了解灾情，研究解困方案，并逐个看望被困群众。

早晨 6 点，从唐古拉山口传来消息，三部推土机正向我们这边艰难推进，如无特殊情况，堵塞的 5 公里路段 3 小时内能通车。考虑到这么多人留在小村庄，有的已第三天，取暖的柴火和粮食供应已很困难，部分病号高原反应严重，如今温度再下降至零下二十度，很有可能出现人员伤亡，现在趁天色未暗，时间尚早，大家齐心协力，在推土机的开道掩护下闯过唐古拉山口还是有希望的，于是我们组织 15 辆车，编着号，秩序井然地向山口驶去。唐古拉山口位于喜马拉雅山脊背，最高处海拔 5000 米，远远望去，广袤无垠的山口，

◀ 当时的亚东县城下司马镇

银装素裹，数十公里的山顶平均积雪 70 厘米，好似一幅天然屏障，拦腰截断拉亚公路。此时要越过山顶实属不易。

几十号人，齐心协力，历尽艰辛，汽车只缓缓向山顶挪动几十米。一个多小时后，终于抵达山顶，此时，天色已经暗下来了，前方推土机踪迹全无。由于是风口，前面积雪已经一米多厚，车队进退不得，车外温度骤降，已达零下二十多度，风雪越来越大，路面险情越来越多。风雪之中，60 号人面面相觑，心急如焚。我们 3 名援藏干部和 2 名当地县级干部紧急商议，派几名身强力壮的藏族小伙子步行去前面探路找寻推土机。3 个小伙子在藏族副县长普琼带领下前去探路。一小时过去了，前方未见动静，两小时过去了，还未见动静，我们有些坐立不安，饥饿、寒冷、高原反应、恐惧一齐向我们袭来。又过了一个多小时，藏族边巴同志忽然发现远处隐隐约约有手电光亮，并晃动了几下，根据事先约定的暗号，我们都明白，他们看到了前方的推土机，我们有救了。下面的一段险情更多，车队每前进十米，都要付出极大努力，几十人步行跟在第一辆探路车的后面，有的打手电，有的铲雪，轮子陷进去了，几十个人连拉带扛硬是把车子抬起来。我们 3 个在上海长大的援藏干部，许多次一用力就眼冒金星，头晕目眩，人趴在雪地上，好久才能起来。

车队艰难地向前行进，这支队伍中，无论是藏族农牧民、回族商人，还是解放军战士，大家都咬紧牙关，互相鼓励，互相帮助，服从命令听指挥，用自己的热血身躯，谱写了民族团结、军民团结的抗灾抢险之歌。当东方发白时，我们终于把唐古拉山口甩在了身后，成功把群众解救了出来。迎着黎明的霞光，车队向县城驶去。

父女情缘深

1997 年 4 月 20 日，我到亚东县中学调研，在与校长交谈中，听他说起有一个女学生，成绩还不错，但可能快要辍学了。我让他把孩子带来给我见见，那时候的德庆卓嘎一直低着头，一句话也不说，即使老师让她叫人也是张张嘴叫不出来。我看她不爱说话，就主动跟她说话，了解她的基本情况。1984 年，在她还不满两岁时，妈妈就离开了这个世界，留下了她和年仅一岁的弟弟。后来，爸爸又娶了一个新妈妈，再后来爸爸和外婆分了家，从此德庆卓嘎就只能与外婆相依为命。在外婆的培养下，德庆卓嘎考上了亚东县中学，但听力不济几近失明的外婆再也供不起她读书了。我当时知道这些后，心里一阵酸楚，当即决定要帮助这个孩子，不能让她因为贫困辍学，我要帮她继续完成自己的学业。

其实，在我们第一批 49 名援藏干部来到日喀则时，整个西藏的教育发展相对滞后。日喀则地区 18 个县市中，4 个县没有中学，60 多个乡没有完全小学，1008 个村没有初级小学，适龄儿童入学率 60%，农牧区文盲半文盲占 80% 左右。在定日，学生在濒临倒塌的教室里，盘腿坐在冰冷的泥巴地上听课，用木炭在木板上做功课。即使这样的条件，学生一般也只能读到三年级。江孜是西藏教育基础最好、教育水准最高的县之一，有 85 所小学，但也只有 1 所中学，上千名小学生即使读得起书也进不了中学。所以，我们的领队徐麟书记经常要求大家，援藏初紧紧抓住经济立项与捐资助学两条线，让当地同胞对全国支援西藏有实实在在的感受。

来到亚东县援藏后，俞凯丰和我以及其他援藏干部就已经受青浦县法院团组织的委托，资助了两个藏族小姑娘蓬珠和琼吉。而在遇到德庆卓嘎后，我决定以援藏干部个人的名义来资助。"路再长也有终点,夜再黑也有尽头。"我鼓励她,"只要你努力学习,将来肯定有出息的。"

1997年冬天,大雪覆盖在亚东的大地,有一天,我在调研途中遇到了德庆卓嘎,看到孩子在寒冬腊月里只罩着一件单衣,手上生满了冻疮,我下午就带她到亚东最好的商场里,买了一件羽绒服给她穿上,我希望孩子在寒冷的冬天也能得到一些关爱和温暖。

1998年6月,我们第一批援藏干部结束了三年多的援藏工作。离开西藏那一天,德庆卓嘎哭着将一条洁白的哈达献给了我。

走之前,我想,回到上海以后,我可以继续给她寄钱和东西,可是我没办法亲自来关心她。既然承诺帮助她,就希望做到有始有终。当时,第二批援藏干部已经到了亚东,我便把自己的心事说了出来,来自宝山区的援藏干部李明马上对我说:"你放心。"回沪后,我还是经常来电来信询问德庆卓嘎的学习生活情况,从上海给她寄去衣服、学习用具和生活费,而李明则担负起了在身边关心和帮助德庆卓嘎的责任。1999年8月,德庆卓嘎收到了日喀则地区高级中学的录取通知书。在后续几批援藏干部的接力帮助下,三年后德庆卓嘎收到湖北职业技术学院的录取通知书,顺利考入大学。时任第三批领队尹弘书记带头捐款,让她顺利完成了大学学业。大学第一学期的寒假到了,其他同学都回家了,校园里只剩下德庆卓嘎等几名藏族同学,因为假期短路费贵,她不舍得回家。这时,我给她打电话,让她到上海过年。我家里没有多余的房间,就把卓嘎安排在了我父母家里。当时全家人为了迎接德庆卓嘎的到来,将房间重新布置了一番,买了全新的床上用品,我希望她能在这里感受到家的温暖和关爱。我带她游览上海,好好放松一下身心,跟她说:"在这里不要拘谨,这边也是你的家,有什么需要或困难,就跟我说。"

2004年7月,德庆卓嘎的大学生活结束了,将要面临实习,她希望借这次实习机会,多学点东西回西藏。她把想法告诉了我,我把她接到了上海,安排在自己工作的青浦区卫生局实习。

她在上海待了一年,我和妻子精心照顾这个乖巧懂事的女儿,她也叫我们爸爸妈妈。团聚时间很短暂,实习结束时,我问卓嘎,要不要在上海找一份工作，她舍不下外婆和家乡，在她看来，援藏干部为了给西藏人民造福而吃了那么多苦，付出那么多代价，自己应该向他们学习，把自己所学到的东西带回西藏。在第四批援藏干部的关心下，德庆卓嘎毕业回到西藏后，到了亚东县财政局工作，与第四批援藏干部成了同事。工作第二年，她认识了现在的丈夫江翔，在她结婚怀孕后，第五批援藏干部继续给予了她关心。

虽然回到了西藏，但我和德庆卓嘎经常电话、微信联系。我对她说："你一路奋斗，如今生活幸福，我很为你开心。希望你牢记这些年曾经帮助你的人，好好工作，在自己力所能及的范围内，多帮助一些生活困难的人，回报和感恩社会，让爱的接力棒在西藏继续传递。"我们的这份沪藏父女亲情一直持续着。

1998 年我回沪后，一直关注着亚东的发展。之后我又去过几次，给当地的学校带去一些生活和学习用品，帮助他们解决一些生活上的困难。如今，距我援藏已经过去二十五年了，在一批批援藏干部的接续帮扶下，亚东的面貌发生了天翻地覆的变化，经济社会发展蒸蒸日上，沪藏两地的情谊也不断加深。

齐聚西藏　共育格桑

　　张小弟，1958 年 7 月生。原青浦区人大常委会副主任，现已退休。1998 年至 2001 年，为上海市第二批援藏干部，先后担任中共西藏自治区日喀则地区亚东县委常务副书记、县长，县委书记等职。

口述：张小弟
采访：孙　盈　刘天韵　魏怡然
整理：孙　盈　刘天韵　魏怡然
时间：2020 年 5 月 15 日

　　1998 年 5 月 17 日，我们上海第二批对口支援西藏日喀则地区的 50 名援藏干部，从虹桥国际机场乘坐上海航空公司专机飞往四川成都。在成都经过三天的短暂休整后，5 月 20 日又离开成都飞往拉萨。当飞机在拉萨贡嘎机场降落，我们走下飞机，机场的景象令我十分难忘。当地群众载歌载舞，献上洁白的哈达，捧上酥油茶，欢迎从祖国各地汇聚而来的援藏干部。仪式过后，我们对口支援日喀则地区的 50 位援藏干部，乘上专车直接驶向日喀则地委所在地。从贡嘎机场出发，一路向西，道路崎岖，车队艰难前行。五个多小时后，也就是 5 月 20 日下午 3 点，我们才到达日喀则地委所在地。一行人员被安排在地委第二招待所入住。我们在日喀则边休整，边交接，边学习，六天的时间很快就过去了。

　　5 月 26 日，我们来自青浦、杨浦、宝山、金山四县区的 7 名援藏干部，离开日喀则前往亚东县。到亚东后，我担任亚东县委常务副书记、县长，并担任第二批对口支援亚东小组的组长。亚东的情况与青浦不尽相同，面临的挑战有很多。我尽快做好了工作交接，便投入了繁杂的工作。

　　在熟悉亚东情况的同时，我也一直在思考，对口援助的这三年，怎么尽快

◀ 当地干部群众热烈
欢迎张小弟（左
二）初到亚东

适应高原环境以便开展工作？怎么将藏族干部的作用发挥好？怎么处理好工作与生活的关系？怎么巩固和扩大对口支援的成果？这都是摆在我面前的一道道考题。我从群众中来，也要往群众中去。我想，调研无疑是最快了解实情、确定工作方向的好方法。于是，初到亚东的半个月，我虚心向当地干部群众学习请教，深入了解了当地的风土人情，同他们打成一片、同甘共苦。同时，深入学习中央西藏工作座谈会议的精神，以此来增强我的责任感、使命感，努力做好三年对口支援的各项工作，不辜负上海市委、全市人民的重托。我也学习借鉴第一批援藏干部留下的好经验、好作风，把接好棒、跑好棒、传好棒作为我的目标与任务。

经过三年的努力工作，我们这一批援藏干部在支援西藏建设、增强民族团结、维护社会稳定、推动经济社会发展、文化健康进步方面做出了应有的贡献。

难忘六一节

1998 年 6 月 1 日是我到亚东县后的第一个节日。西藏重视教育，将六一儿童节当作全民活动节开展庆祝活动。亚东县又是西藏的教育先进县，当地的

◀ 第二批援藏干部与
总领队林湘（左
五）合影（右四为
张小弟）

干部和群众都非常重视教育工作，小学的入学率、中学的升学率均名列全地区前列。这种全民重视教育的现象深深地感染着我。按照惯例，县四套班子全体领导人员、各机关单位工作人员、企业代表、学生家长都会在这一天集中到全县各中小学，与师生们共同庆贺。

那一年的六一儿童节，各学校也准备了丰富的活动。我们7位援藏同志都来到了下司马镇中心小学。活动从上午10点开始，一直要进行到下午4点。人们穿戴整洁，像过年一样。大家还纷纷为学校捐款捐物，给孩子们创造更好的学习条件，场面十分热闹。

在孩子们的欢声笑语中，不知不觉就到了下午3点。这时我突然注意到县委书记快步走到了我身边，轻声说："张县长，我们刚接到地委的明码电报，地委要你即时赶赴，有重要事情要与你当面说。"我怀着疑惑的心情，抬眼看到司机小赵已经把车开到学校的操场上等着我了，就跟其他几位援藏干部打了个招呼，随即上车赶往日喀则地区。

从亚东县城开车到日喀则路程300公里，地形崎岖，路不好走，一般需五个小时才能赶到。一路上我一直在想，5月26日我们才离开日喀则，到亚东县才五天时间，到底发生了什么事，着急要我赶回？当时亚东的通信条件比较落后，还没有通光缆，极不方便，与地区的联系主要还是靠电报。我不想占用太多资源，到亚东后一直没有与地区援藏干部联络组联系过，也没有和家里联系过。左思右想，猜测着，是不是地区的援藏干部出了什么事？还是家里出了什么突发之事？我的心里七上八下，各种不好的猜测涌上心头，心情难以平静。

五个小时匆匆赶路，晚上8点左右，我终于赶到了地委所在地。地委办的同志先在食堂安排了我和驾驶员用餐，随后又领我们去住宿的房间，但什么也没有多说。直到晚上9点多，上海负责联系我们第二批援藏干部代表团的青浦县委副书记沈善良、第二批援藏干部总领队林湘同志来到我的房间，告诉我："您的母亲今天上午在上海华山医院医治无效，不幸去世了。"听到这个消息，我的心里咯噔一下恍如雷击，我怎么也想不到，5月17日离开上海时，母亲还是好好的，怎么才过了半个月她老人家就走了呢？我一时之间无法接受这个事实，脑海里无法控制地浮现出跟母亲相处的一幕幕场景，再也无法保持冷静，慌神地问两位领导我该怎么办。两位领导告诉我："上海市委组织部已经同意你马上回沪处理令堂的后事。今晚就由沈善良副书记陪你一起赶往机场，乘坐明天一早的飞机回沪，机票也都帮你办好了，可以立刻动身。"我说："我是从六一儿童节活动的现场直接上车来到了日喀则，走得急，身份证都没有带。"于是地委又通过自治区有关部门与贡嘎机场、成都双流机场方面取得联系，给我出具了相关证明，我凭该证明直接办理了登机手续。在沈善良副书记的陪同下，我们连夜坐车，几番周折，终于在6月2日凌晨3点钟赶到机场，并乘坐当天上午8点45分的飞机经成都双流机场转机后飞往上海。

下午4点多钟，经过整整一天的奔波，我终于回到了家。按照农村的习惯，6月3日就是家母的出殡仪式。我强忍着心中的悲痛，抓紧处理母亲的后事，那几天几乎没有时间合眼。在办妥后事后，我才有时间去了解母亲突然患病又辞世的种种细节，感受到了组织对于援藏干部及家属的关怀。当时我远在西藏，都是市、区两级党组织替母亲联系医院、悉心照顾，又在母亲病故后帮忙善后，我真的很感谢党组织对援藏干部和援藏干部家属的后援支持，让我心中对做好对口支援工作的信心和动力又足了一些。

在母亲"二七"过后，我就再次踏上了援藏的征程，那里还有许多工作等着我去做呢。

驻守边境 坚持双拥

亚东地处祖国的西南边境，与印度、不丹接壤。全县共有对外道路 56 条，是西藏反分裂斗争的前沿阵地。亚东双拥工作也是军地双方工作的主要内容。

到亚东工作后，我们援藏干部也十分重视与当地驻军的关系。每年的八一建军节军地双方都会组织开展一些双拥活动，地方上也会专门组织县乡领导到边境一线高海拔哨所走访慰问部队官兵。边境线上哨所遍布，其中则里拉哨所是亚东县城海拔最高、自然条件最艰苦的哨所，有"天下第一哨"的称号。三年中，我亲自带队，两次到该哨所慰问驻军部队，深感部队官兵的艰辛。每一次去看望他们，都为他们甘守寂寞、为国奉献的伟大精神所动容。

亚东县城距则里拉哨所 30 公里，但开车要近两小时才能赶到。山路险、弯道多，又是土石路，非当地熟手司机不能胜任。路边皆是灰土，山石裸露，几乎没有树木。恶劣的自然环境，导致这里每年 9 月份就要开始封山，到来年 5 月份才能继续通行。封山期间，官兵们主要以罐头为食，蔬菜十分短缺。则

◀张小弟（左二）在则里拉哨所慰问

里拉哨所海拔 4500 多米，山风大，天气反复无常，一会儿下雨，一会儿下雪，一会儿又下冰雹是常有的事。高原之上，紫外线特别强烈。山上的官兵都被晒得皮肤黝黑，但他们的精神面貌都很好，从不叫苦叫累。在这样的环境中生活、战斗，靠的是军人顽强的毅力，靠的是军人坚定的信念，靠的是军人对祖国、对人民深厚的情感。我很敬重这些边疆斗士，也很感激他们的奉献。每次到哨所去慰问，我都自己出钱，再多买一些蔬菜、猪肉，尽量让他们生活得更好一些。

亚东县辖区面积为 4200 多平方公里，相当于 7 个青浦那么大，各方面的建设和发展都与祖国其他地区有较大的差距。当时全县境内村村通路、通电、通水都没有做到。因此，每年都要组织全县机关、企事业单位的职工为没有通路的村义务劳动、修建通村的道路。三年中，我们援藏干部也参加了帮助 4 个村修建通路的义务劳动。

在这方面，驻军部队对地方的支持也是很大的。每次都主动安排部队官兵一起参与地方义务劳动。为了帮助地方建设，还曾有年轻官兵献出了宝贵的生命，每每想起都令人扼腕叹息。

那是 2000 年 5 月，在帮助下亚东乡仁青岗村修路的过程中，由于施工现场突发流石事故，造成驻军边防中队的一位 19 岁新兵死于事故。通往仁青岗村本就只有一条小道，只能人行，不能通车。为了改善该村道路条件，县里拉起了一支 500 多人的修路队伍（包括部队 80 名官兵），原打算用三天时间为该村修好这条路。可就在第三天，眼看着修路工作即将结束，整条路面都要修通之时，突然从路边山坡上传来"隆隆"的响声。大家听到这声响，都抬头向山坡望去。只见一块大滚石迅速滚下。滚石太大，有近千斤重，一眨眼就要滚到人眼前。边上的树木瘦弱，肯定遮挡不住。小战士条件反射般地将他身旁的战友推远了，自己却不幸被滚石击中胸部。

大家赶紧把他送到县中心医院，经过三个多小时的抢救，仍未能挽回这一年轻的生命。这名小战士年仅 19 岁，当兵还不满一年，就离开了自己热爱的军营，离开了他守护的世界。大家站在手术室外，听到这个消息后都没有说话，有几个年轻的干部还偷偷抹了抹眼泪。

部队和地方党委、政府都十分重视这件事，特别是我们全体援藏干部，很心痛这位小战士。当晚我们几个援藏干部就在一起商量，一方面我们配合部队一起处理好后事，另一方面我们要为这位小战士争取烈士称号。于是我们着手准备为小战士申报烈士的事迹材料，并与边防中队进行沟通联系，再按程序由县民政局将材料逐级上报。半年多时间里，我从未忘记过这个年轻的身影。2001 年初，上级民政部门确认了这名小战士的烈士身份。这也算是我们对英灵的一种告慰。

是你们带来了光明

实地调研之后，我们第二批援助亚东小组决定把三年对口支援的重点放在民生领域。目标明确之后，我们很快制订了对口支援亚东的三年工作计划，又征求了当地干部、群众的意见，使这份计划更接地气，更具可实施性。

吉汝乡是亚东县最偏远的一个乡，也是亚东唯一一个纯牧业乡。这里海拔4670 米，自然条件恶劣，距县城 180 公里，来回一次，光路上就得花费七个小时。三年中，我 6 次前往吉汝开展工作调研和走访慰问。当时吉汝乡还没有通上电，百姓的生活和生产条件都比较差，由于自然和历史等因素，他们日常以牛粪为主要燃料。全乡三分之二以上为游牧民，入夜之后，家家户户只能点上酥油灯和蜡烛照明，孩子们也只能借着微弱的灯光写作业。针对吉汝乡的实际，我准备把重点放在保障百姓日常照明用电和提高百姓医疗卫生水平上。

1999 年，援藏干部们计划在吉汝乡投资 18.6 万元，帮助该乡新建一所卫生院。建卫生院，说起来容易做起来难，特别是吉汝的海拔和冻土给工程施工带来了很大困难，一年之中有效施工期仅有 5 个月。除此之外，从工程设计、物资组织运输，到施工、监理都必须适应高原客观情况，施工期短、任务重的困难摆在我的面前。我多次与施工单位取得联系，努力协商，制定该工程"5月开工，9 月完工，工程不跨年"的计划。时间紧、任务重，在保证施工进度的前提下，工程质量也不能打马虎。当时，我们把任务层层分解、责任件件明确，终于按时完成了卫生院的施工任务。该卫生院的建成较大改善了当地居民的就医条件，当地的干部群众很是高兴。

▶ 张小弟在吉汝乡走访慰问牧民

　　通电问题怎么解决，当时也做了几个方案，经过多次的考察、研究、对比，最后还是决定购买适合家庭使用的太阳能发电器。因为西藏海拔高，光能丰富，发电机一次充电可连续供电 24 个小时，每台机器可供三个灯泡的使用。机器轻便，更适应游牧民随草场迁移的实际需要。当时吉汝乡共有 650 户牧民，加上学校、卫生院，乡镇村共需设备 660 台。于是我们就从援藏资金中安排了 84 万元，从青海省订购了太阳能发电器。吉汝乡每家每户发放一台，从根本上解决了当地百姓千百年来没有用上电灯的困难。当老百姓每家每户都使用上电灯时，他们激动地要求乡政府领导一定要好好谢谢援藏干部，好好谢谢上海人民。他们说："用上电灯，太开心，太感动了！是他们带来了光明。"

　　无论是建卫生院还是通电网，困难很多，压力很大。对于我们援藏干部来说，全力以赴，不辱使命，帮助改善当地百姓的生产生活条件，推进西藏的跨越式发展，让我们也很有成就感，自身也得到了成长。

爱的传承

　　德庆小姑娘家境贫寒。第一批对口支援小组中的俞凯丰、潘栋梁两位领导主动援助了她。三年后，当我和浦国荣接过他们的工作时，也接过了援助德庆姑娘的爱心接力棒。

三年来，我和浦国荣全额资助了德庆的学习、生活费用，也时刻关心着她的学习和生活。德庆姑娘聪明善良，第一次见到她时，她很害羞，也不愿意和我们多说什么。或许是因为缺少父母的陪伴，她不像其他孩子那么开朗、健谈。于是我们就像普通家长一样，抽空陪她吃饭，给她购买学习和生活用品，也时常去学校了解她的学习情况，解决她生活上的困难。每当我们去看德庆姑娘，她的笑容都会多一些。所以即使工作时常要加班，我们仍不忘关心她，希望她也能感受到家的温暖。

在援藏干部的悉心关怀下，她愿意把我们当成自己的亲人了，话也渐渐多了起来，经常主动跟我们讲讲她的学习和生活。小姑娘学习很是努力，从小学一年级开始，她的学习成绩就比较稳定。这也离不开当地老师的辛苦付出，他们总是为了孩子倾尽全力。

当我们完成三年的对口支援工作时，德庆姑娘也进入了初中阶段的学习生活。2001年6月，青浦的第三批援藏干部韦明、庄惠元到亚东来接手工作时，我们又把援助德庆姑娘的接力棒交给了他们。爱心接力棒就这样一棒一棒传承下去，德庆姑娘在青浦援藏干部的关怀下茁壮成长，民族团结、友爱之花也长盛不衰。

回想我和其他援藏干部在西藏的过往，那段努力、拼搏、付出的日子，也是我们生命中极富色彩的日子。大家都说我们为西藏付出很多，但我觉得西藏给予了我们更多。如今，虽然西藏的群山已经远去，但是我和西藏的情缘、青浦和西藏的情缘依然萦绕心头。

雪域高原铸佳绩

浦国荣，1958年10月生。原中共上海市青浦区农业委员会（现区农业农村委员会）党委书记，现已退休。1998年5月至2001年8月，为上海市第二批援藏干部，先后担任中共西藏自治区日喀则地区亚东县委办公室主任、县委常委。

口述：浦国荣
采访：范晴艺　沈怡婷　杨　洋
整理：沈怡婷
时间：2020 年 3 月 4 日

就算再当三年"兵"

　　1998 年 5 月，上海市第一批援藏干部即将返回上海，结束他们三年的援藏工作。同月，上海市第二批援藏干部志愿报名活动开始了，要求是科级及以上干部主动报名参加，并在一个月后立刻启程赶往西藏。

　　众所周知，当时西藏的条件十分艰苦，第一批援藏干部去了西藏后给我们带来的反馈也是和我预想中的一样，生活条件、工作条件差，高原缺氧，天气干燥，紫外线强烈等，特别是高原缺氧，那里稀薄的空气让呼吸变得非常困难，万一身体扛不住，那后果可是不堪设想的。可能是巧合，也可能是命中注定，在我的军营生活中，有一次我跟随部队去了青海的导弹基地，执行通信保障任务，当时在戈壁沙漠，青海本身的海拔就有 3000 多米，而西藏的海拔就更高了，幸运的是当时的我适应这样的环境还算是不错。所以，有了这次的经历，我认为缺氧这个问题是可以克服的，正好报名的各项条件（职级、年龄等）我也都符合。因此，我就成了青浦县建委里唯一一名报名参加第二批援藏的干部。报名之后，我很顺利地通过了各项身体检查、政审和市委组织部的面试等，被成功"录用"了，成为第二批上海援藏干部中的一员。

▲ 1998 年 5 月，时任中共青浦县委书记李金生（前排左四）、县长巢卫林（前排左五）等领导欢送青浦第二批援藏干部启程

　　5 月底，一场由上海市举办的欢送会在上海展览中心召开，场面十分盛大。在欢送会上，我看到了一双双对我们充满了敬佩和信心的眼神，一种不确定感油然而生。作为第二批援藏干部的我，是否能真正为西藏人民做点贡献，内心变得复杂了起来。三年的时间说短不短，说长不长，西藏当地的生活条件和环境从始至终都是听别人说是如何艰苦，但没有切身经历过，虽做足了准备，仍不知自己是否能坚持得下去。并且援藏干部奔赴西藏是肩负着责任和使命的，我当兵转业回来工作经验还不到半年，业务熟悉度也较低，而作为援藏干部，不仅要去帮助西藏做好维稳工作，还要去帮忙搞建设、拉经济，逐步改变当地老百姓落后的思想观念，这样才能让西藏地区加快脱贫致富的步伐，这对于我来说无疑是一个巨大的挑战。

　　回想这段时间，周围很多人都向我投来疑惑的目光，问我："不是刚从部队转业回家吗？好不容易和家人团圆了，如今怎么又要走了？"确实，当时离我从部队转业到担任县建委党委委员，陪伴家人的日子才不到一年的时间。这整整二十一年里，可以说我的整个青春都是奉献给了"大家"，却忽视了我自己那个小小的家。之所以要转业，也是为了承担家庭里应尽的义务，想弥补这些年来一直缺失的"丈夫"和"父亲"的角色。但是，很幸运的是我有一位一直在背后默默支持我、理解我的妻子。她知道作为一位"当兵人"，国家哪里需要，就要去往哪里，这是"当兵人"一生都改不了的"习惯"，我想那就当作再当三年兵吧！

备足"粮草" 厉兵秣马

初入亚东县，我就被任命为亚东县委常委、办公室主任。初步了解了亚东县办公室的情况后，我就发现这里的情况和青浦县的情况存在着较大的差异。首先办公条件十分简陋，没有电脑，打字只能通过打字机，通信条件也非常艰苦，亚东县对日喀则的电话只有三路，只能同时承受三人对外进行联系，虽然当地邮电局也有电话，但是需要排很长的队伍。因此，亚东县的日常工作往往通过信件往来，这样一来时效性就过了大半。其次是无人写材料的问题。县政府办公室干的活大多都是后勤保障工作，负责人员接待等，办公室里并没有配备一位专职人员来撰写材料，材料几乎都是由县委办人员负责的。再次是沟通不畅和文字的问题。办公室人员紧缺，而且大部分人员都是藏族人，一般只说藏语，如果让他们说普通话也是磕磕巴巴的，文字方面大部分人员写的是藏语，这样一来我们工作上的沟通交流会有很大的障碍。

面对这样的状况，我决定最先也是最迫切需要解决的还是沟通交流问题，得找一把"钥匙"——翻译官，但是到哪儿才能找到一位"合格的翻译官"呢？当地这样紧俏的人才可不好找！我一想，有了，学校！于是，就去当地的学校开始寻找。在当地学校老师、领导的举荐下，一位老师吸引了我，他既会藏语又会普通话，而且普通话水平还不赖，平时在学校里工作也是兢兢业业、尽心尽力，为人也非常宽厚老实，是当地一位不可多得的人才。在征求他的意愿后，他表示愿意随我到亚东县办公室工作，正式任命他为办公室副主任，主要负责平时材料的撰写、整理与翻译工作。

"翻译官"的问题总算是解决了，但是平常工作没有"硬件设施"——电脑，可不行啊！由于当时的援藏工作是没有专项资金的，亚东县虽然在当地已经算是个税收大县了，但是仍然不能承担起这一大笔费用，所以电脑的难题只能靠我们援藏干部自己去想办法解决。但是如果靠我们援藏干部自己掏钱购

▲ 1998 年，日喀则地委召开欢迎上海第二批援藏干部大会时，浦国荣（右二）与藏族同胞合影

买，一方面当时的电脑价格对于我们的工资来说算是一笔较大的支出，另一方面就算我们自己掏钱去买，需要的量也不是三台、四台就可以解决得了的，我们心有余而力不足。究竟该怎么办呢？就在我为这件事情头疼的时候，办公室副主任的出现给了我提示，还是学校呀！作为教育水平处于全国比较前端的上海，计算机课程当时都是被安排进学校的必修课中，青浦的朱家角中学也不例外。据我了解，朱家角中学每年都会淘汰一些老的电脑或者替换一些坏掉的电脑，来满足学生学习的需求。坏掉的电脑虽然可以修，但是修理的价格普遍很高，还不一定能修得好，我想或许我们可以从淘汰掉的老电脑下手，与其放在学校的仓库堆积灰尘，还不如让它有所价值体现。因此，我写了一封信给朱家角中学，把我们这里的情况跟学校里的领导进行了说明，并希望学校能提供给我们一些淘汰掉的电脑来解决目前的燃眉之急。很庆幸的是校方知道了我的想法后，表示十分乐意帮助我们，于是前前后后帮我们整理出了 20 台老电脑，仅仅用了 20 天的时间，就把 20 台电脑送到了亚东县。拿到电脑后，我们商量着把一大部分的电脑分给了亚东县中学，在中学里开办了一个计算机培训班，希望能让当地的孩子学习到他们从未接触过的"新玩意儿"，也可以开阔他们的视野。剩下的一小半电脑，就搬到了县委办公室，用于日常办公。

就这样，两大难题得以解决，我心里那口气儿也总算是舒坦了许多。

笔尖上的亚东梦

在亚东工作的这段时间，我发现文字工作远没有想象中那么简单，要写出一篇好的文字材料，不但需要详细的前期调研，还要足够了解各个条线的工作，因此文字工作者不是一朝一夕就能培养而成，需要日常时时刻刻的积累与学习。刚开始接触亚东县的材料，令我有些"哭笑不得"，材料里面都是简单地写着做了哪些活，干了哪些事儿，这根本称不上是一篇完整的材料。因此在前期调研上我也是下了很大的功夫，常常去实地考察情况。差不多过了几个月，我开始慢慢从了解到熟悉，到最后亚东县所有别的局的材料上交前都会给我一份，让我先把把关，常常都是看着看着，抬头一瞧，早已过了晚饭时间，然后就带着材料匆匆忙忙赶到宿舍，给自己下一碗面条，填饱肚子继续看。到了亚东县的夏天，那就更忙了，因为亚东县的夏天比较凉爽，很多单位都愿意夏天来亚东县调研。我常常睡到半夜，一阵刺耳的电话铃声响起，把我惊醒了，拿起电话一听："浦主任，又要麻烦您赶一下汇报稿件啦，明天早上就要用。谢谢您，辛苦啦！"这是次仁塔杰书记的电话，不能有半点含糊。就这

◀ 1999 年 8 月，浦国荣（左一）和同事在中锡边境乃堆拉山口考察

样，我穿起衣服，揉了揉疲惫的双眼，打起精神走到书桌前，开始了奋笔疾书的一夜……

除了要干亚东县办公室的活，我还经常要陪着县委书记出去开会、做记录、写材料，工作任务十分繁重，有时还会陪同县委书记一同外出调研。记忆最深的那一次是我同县委书记一起翻山越岭，途经海拔4700米的唐古拉山来到中锡边境乃堆拉山口，考察当地经济情况和中印边界贸易通道，并在当地慰问了坚守边防的战士们。看到他们因为日日曝光在强烈紫外线下蜕皮红肿的脸颊和双手，我心疼不已，从心底里对他们表示出深深的敬意。我觉得同他们相比，自己就是平时写写、弄弄材料，再苦再累也比不上他们，身为援藏干部的我，就应该担起这份责任与担当，为亚东的发展作出应有的贡献。

那时亚东县要参评"全国精神文明先进县"，如果有一篇好的材料，在这么多参评县中就能脱颖而出，县委书记第一反应就是想到了我。虽然平时的工作就已经很繁忙了，恨不得一天有48个小时，但我还是义不容辞地接下了重担，我想："现在的亚东就好比我第二个家乡，如果能为家乡出一份力，那我何乐而不为呢？"怀揣着这样一份心，我也得到了回报，亚东县被成功评为"全国精神文明先进县"，这对于亚东县来说是个荣誉，对我来说也是我亚东梦的启程。

三年来，高强度的工作、缺氧的高原环境和简陋的医疗条件，让我本身就不怎么好的牙齿更是难受，牙周炎经常反复发作，往往都是去部队医院挂完盐水，然后就马不停蹄地回办公室写材料、整理档案。依稀记得，第一年春节回到家，我就赶去医院看了牙医，那个春节我拔掉了4颗牙齿。后来陆陆续续，一共拔掉了8颗牙齿。每次在亚东县打长途给我的家人报平安，家人总是说："你要注意身体，可千万别再那么拼命了！"我笑着跟他们说："放心！我有分寸，我现在所做的也算是为了圆我自己的梦。"

情之所系　心之所希

三年的援藏时光，在离开时觉得如此短暂。这三年，我们总共投入了1000多万的资金，在每个乡都建起了卫生所、造起了城建大楼、建起了两所希望小学、开发了林下资源、搭起了蔬菜大棚、援助了200台的太阳能、建成了电信大楼，移动电话通了、电视能看了，这是跨越式的发展，当地百姓脸上的笑容也愈发灿烂了。亚东县的财政税收也从刚开始的 50 万变成了 350 万。可以说，这些都饱含着我们援藏干部的泪水与汗水。还记得，我们回来时，当地同胞都过来欢送我们，一双双眼睛里充满着对我们的感激之情，我的泪水也不禁湿润了眼眶，是不舍，是感动，还是一种期盼……

援藏结束后，我陆陆续续又去了几次亚东。在 2003 年，我作为第二批援藏干部代表赴西藏慰问第三批援藏干部。到达西藏时，我感觉虽然只过了两年，但很多地方都开始有了明显的变化。2017 年，我带着全家人，包括我的孙女，一起去了亚东县。那是我感触到亚东变化最大的一次，简直翻天覆地，我差点没认出来。以前那么贫苦的一个小县城，如今家家户户都建成了一幢幢小洋楼，随着贸易口岸的重新开放，又给这个县城注入了新一轮的活力。走在亚东街上，有一些商铺的藏民还认出了我，他们握着我的双手说："没有你们，就没有亚东县的今天啊……"其实，对于曾经参与过援藏工作的我来说，最吸引眼球的不是自然风光，而是近几年建成的新农村集中居住地。在西藏，气候的差异性很大，当地百姓在长期的生产生活实践中，营造了各具风格的特色民居，如高海拔的"干打垒"，林区的"铁皮顶"。近年来，随着新农村建设的推进，西藏开展了"居民改建"工程，将分散的村宅集中，建成了宽敞、明亮、保温、牢固的藏式院落，并配以卫生室、文化室、事务受理室等，使农村社区风貌焕然一新。藏式院落石木结构，水泥勾缝，屋檐描绘有五彩吉祥的图案，红色的铁皮顶在日照下映出别样的光彩。特别是家家户户的房顶上那面五星红旗，使人感受到祖国母亲胸怀的博大和温馨。街道干净整洁，人们脸上充满着自信和善意。沿街开设了许多商店，有达娃茶室、顿珠家电、多吉饭馆、扎西超市。回想起 20 世纪 90 年代后期，除了藏茶馆之外，其他商店鲜有藏族同胞经营，如今，藏族同胞也把握市场，参与竞争，令人欣喜。

三年的援藏之路，虽然万分艰辛，但却也是硕果累累，甜在心扉。援藏三年期间，让我感觉很亲的是，组织上派我们去援藏，不是在"单兵作战"，而是代表着上海服务全国，担当重任的整体形象活跃在西藏的舞台上。因而只要"开口"，上海派出干部的地区和部门以及社会各界都能给予亲切的关怀和大力支持。让我们感觉很暖的是，受援地区及县党委政府在生活上给予的热忱关心和工作上的放手信任。更值得一提的是，藏族同胞豪爽好客，能歌善舞，那种浓浓的如"一个妈妈的女儿"般的民族情谊深深打动了我们。这些都是支撑我们不畏艰难做好援藏工作的力量源泉。如今，我们第二批援藏干部当中不少同志已经退休或面临着退休，但每当回想起这段援藏岁月都不无感慨。援藏经历带给我们的人生体味是永久的，让我们终生难忘、受益和享用。

为了雪域高原美好的明天

庄惠元，1966 年 10 月生。现任中共上海市青浦区科学技术委员会党委委员、青浦区科学技术协会副主席。2001 年至 2004 年，为上海市第三批援藏干部，担任中共西藏自治区日喀则地区亚东县委办公室主任。

口述：庄惠元
采访：张　峰
整理：张　峰
时间：2020 年 4 月 15 日

2001 年 6 月，我被选派到西藏日喀则地区亚东县委，进行为期三年的援建工作。援藏三年，让我体验到了恶劣自然环境下生命之顽强与崇高，感受到了付出的成就与甘甜，是我人生道路上浓墨重彩的一笔。

舍"小家"顾"大家"

回顾从上海青浦到西藏亚东生活、工作的经历，确实有忧、有愁。忧的是，在即将来亚东前夕，"环境""角色"的变化。所谓"环境"，就是自然环境和工作环境。从海拔 4 米左右的东海之滨到海拔几千米、高度缺氧的雪域高原参加工作，这一变化，身体状况是我最担忧的；从原有周围熟悉的人、物，一下子到万里之遥的人生地不熟的新环境，这一变化也是我很担忧的。所谓"角色"，就是身份的转变。在这之前，我是上海青浦区委统战部办公室的一名普通干部，直接调任亚东县委办公室工作，工作能否胜任，也是我非常之担忧的。

正当我有所忧、有所愁的时候，更为措手不及的事情发生了。记得 2001 年 6 月初，当我刚刚听从组织召唤，离开黄浦江畔——上海，来到雪域高原——西藏日喀则地区亚东县工作的时候，家里却传来一个令我十分震惊的消息：我12岁的儿子被查出身患重病。消息传来，如同晴天霹雳……当时，一同进藏的其他弟兄也为我家中发生的不幸而感到难过，为我家中发生这样的情况而表示同情。为此，他们有的积极帮我出点子、想办法，也有的劝我回上海，回家里看看情况。实话讲，当时一开始我的确有点纠结，但是经过一番思想斗争后，我还是做出了一个艰难的决定。至今，我还对当时那个场面记忆犹新，我记得我当时心情沉重地说："回去固然需要，但如果现在回去，一方面，我也帮不了儿子其他忙，只能尽一些父亲之亲情；另一方面，我到亚东才几天，屁股还没有坐热，如果回家，不但影响自己，更会对整个联络小组的工作开展带来影响。"在考虑利弊关系的基础上，最后我决定不向组织上提出回家的请求。

不久，组织上也知悉了我儿子生病的情况，并在第一时间给予了我们家和我儿子很大的关心和帮助。记得当时市、区两级领导亲自帮忙联系中西医方面的专家，半年之后，好消息终于传来，在医院的精心治疗下，我儿子的病情终于得到了控制，并在不久的时间内顺利治愈。现在回想起来，在刚到亚东之时，部门工作的现状，对口支援的要求，"小家"不幸的发生，一连串的困难和问题，真逼得人喘不过气来。但是，我更庆幸的是自己做出了舍"小家"、顾"大家"的决定，组织上的大力关心和帮助不但帮我解决了家里的问题，更给我日后援建工作的开展给予了更大的信心和决心。

既当"管理员"又当"指导员、修理员"

到岗以后，我要求自己要迅速进入角色。当时的亚东县委办办公条件差、人员文化素质低，用我当时自己的话说："真愁三年内怎么开展工作。"不过在之后的两年内，工作程序逐步理顺，工作质量逐步改善，工作效率逐步提高。

科室如同一个"小社会"，没有明确分工当然不行，但若要做到从整体上像一部机器那样不停地运转，并能保持机体经常处于最佳状态，光有明确分工还不行，更要注重内部的协调配合。为此，我注重抓好部门之间、同志之间的相互配合和团结协作，积极调动广大干部职工的主观能动性，更好地发挥了县委办公室的助手和参谋作用。在办公室全体干部职工的共同努力下，县委办公室连续两年被亚东县委、亚东县人民政府授予"先进集体"称号；保密工作、档案管理工作被地区推荐评选全国先进集体。用时任领导当时对我们亚东县委办公室的评价来说，就是"效率高、质量好"。这一"环境"的变化，这一"角色"的成功改变，也让我们大家快乐无比。

回想当时的点点滴滴，刚从办公自动化程度较高、工作节奏较快、工作效率较高的工作环境，一下子来到办公条件落后、工作节奏慢、工作质量差、工作效率低的工作环境，一时间真的让我有点一筹莫展。面对现状，我们决定在亚东县委办公室实施一个信息化项目，利用该项目的实施采购置换必要的办公设备，来改善我们的办公室条件。项目实施后，2001年9月，我奔波近600公里，克服高原反应（记得当时我高原反应还是比较大的），到拉萨采购电脑。同时，2001年底至2002年初，我利用在上海述职、请款之机，采购数字印刷机。为了能够买到价廉物美的办公设备，我几乎走遍了上海的各种办公设备商店。往返上海、西藏的过程中，还是遇到了不少困难，十多年前的交通条件和现在比还是有比较大的差距，一个是路途遥远，另外一个是西藏境内的道路条件不是很理想，许多途经的道路都比较颠簸。道路的颠簸造成了部分机器在运输的过程中许多零件都散架了。现在想想，还好当时我未雨绸缪。由于不熟悉数字印刷机等装备的安装和维修使用，我专门抽出时间，请教专家、技术员，自己先学习各种设备的运作原理，确保设备添置到位后能够正常运作使用。

同时，为了保证办公室人员能够正常操作和使用新添置的办公设备，我专门对办公室人员进行计算机、数字印刷机的使用、操作指导。2002年4月，为全县信息员及分管信息工作的基层领导作了一次信息业务知识讲座。由于新添置的办公设备比较先进，短时期内操作人员难以适应机器设备使用要求，经常因误操作造成设备故障。记得我们当时添置的几台设备中有一台是有打印、装订功能的一体机，这在当时的亚东县委办公室是很少见的。刚开始的使用过程中，出现了很多的状况，几次都是凭着我在部队所学机电专业的一技之长，通过电话与设备销售商技术人员联系，进行故障排除。后来，我们办公室的同志都称我为办公设备专职"指导员""修理员"。

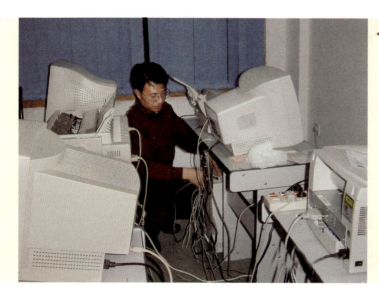

◀ 庄惠元在安装、修理电脑打印机

"安康工程"给老百姓带来实惠

援建支援重心向基层倾斜、向农牧区农牧民倾斜，着力解决人民群众最关心、最直接、最现实的困难，改善农牧民的生产生活、教育、医疗卫生条件，是上海开展对口支援工作的指导思想。当时，我们相应的规划要在援建的三年时间内实施完毕，包括 35 个项目，援助资金大概为 1000 多万元。我们在解决硬件条件的时候，也积极地扑下身子，深入基层开展调查研究。经过调研，我们发现在亚东这里想做、要做的事情实在是太多太多了。缺钱，也是摆在我们面前的令人发愁的问题。

西藏自治区面积有 120 万平方公里，约占全国总面积的八分之一。亚东县当时下辖下司马镇、上亚东乡、下亚东乡、吉汝乡等 2 镇 5 乡，是西藏自治区边境县之一。它位于喜马拉雅山脉中段（北段在北麓，南段在南麓），中部是卓木拉日雪山，地势是北低—中高—南低。全县总面积有 4200 多平方公里，其中耕地面积 1.2 万亩，森林面积 24 万亩，平均海拔有 3400 米。亚东县气候高寒干旱，年平均气温 0℃，1 月和 7 月平均气温分别为 − 9℃和 8℃，生长期约 150 天，年平均降水量 410 毫米。原来有些干部在 4000 多米的乡镇工作，

◀ 吉汝乡自然环境实貌

一干就是十几年。可以说恶劣的气候环境的确给当地老百姓的生活生产带来了很大的不便。记得当时我们去吉汝乡调研时，他们的时任党委书记说了这么一段话："吉汝乡目前还没有一幢办公大楼，能不能帮我们建一栋办公楼？我们这里有土地。"后来，我们在和当地干部群众交谈中得知，吉汝乡政府一直以来被称为"马背上的乡政府"，牛羊跑到哪儿，五星红旗就到哪儿。吉汝乡是亚东县自然条件最恶劣、生活条件最艰苦的一个边境乡。群众收入来源少，增收渠道窄，人均收入低，主要收入来源是畜牧业和季节性采挖虫草，生产生活条件十分艰苦。当地老百姓最基本的吃菜问题也是相当困难的。面对棘手的现状，我们想到的是"安康工程"，"安康工程"是由中国农商委国际健康农业管理中心发起的，是一个为人类安全、健康生存量身打造的公益性项目。我们要在吉汝乡架起"暖棚"，让老百姓吃上更多的蔬菜。

在工作推进过程中，我们遇到了许许多多的问题，最大的问题就是交通。由于客观地理条件的原因，当地的道路多为山路，上下起伏很大，公路都是建在半山腰，加上比较恶劣的气候环境，我们经常会遇到"去时不下雨，回来下大雨"的情况。记得有一次，我陪同时任亚东县委常委、副书记许峰同志去走访调研，车子经过了山路一个很窄的地方，遇上了大雨，稍微打滑了一下，我

▶ 庄惠元在山区垦荒
作业

　　们当时是很警觉的，立马觉得有些不大对劲。我马上和驾驶员说停车，下车去前面查看了一下，发现前方的道路已不适合车子前行。现在回想起来，还有点心有余悸，如果当时我们没有采取有效的行动的话，后果不堪设想，幸好下车查看，才避免了事故的发生，在西藏援建的这几年的确在很大程度上增强了我们学会自我保护的意识。面对种种困难，其实，我们援建人员不是不知道苦，谁不知道高原自然环境的恶劣，多少人天天怀里揣着药，走基层、下乡村、跑工地；不是不知道难，从东部沿海地区来到西部高原，生活习惯、工作习惯、语言文化有很大差异；但说起这些，我们习惯了轻描淡写：谁又掉了牙，谁又对着电脑屏幕落泪，谁又被紫外线晒红了脸颊……点点滴滴的描述中，更多的是满怀着对那片雪域高原的眷恋、不舍与深情。

　　在项目推进的过程中，我们前往日喀则、拉萨采购各类援藏物资 5 次，行程五千多公里……在援藏项目、"安康工程"实施过程中，虽然较苦、较累，但看到一座座援建的房屋、"暖棚"正在崛起，一件件陈旧的设备正在改善，一个个援藏项目相继竣工，内心还是万分喜悦的。一方面，确实为当地农牧民解决了许多实际困难和问题；另一方面，我们已很快地朝着三年援藏规划节点目标推进。这几年，我也继续关心着亚东县的发展。我很欣喜地看到，在上海援建下，亚东县亚东鱼养殖示范基地、拉孜县特色瓜果种植示范基地、定日县藏鸡养殖示范基地等一批特色种养业基地陆续建立，一批具有当地特色的农牧产品品牌逐步形成。2017 年 10 月，亚东县通过国家专项评估检查，由西藏自治区人民政府正式批准退出贫困县。2018 年 12 月，亚东县荣获"第二批国家生态文明建设示范市县"称号。一系列的实践证明，这么多年来我们的援藏项目真正实现了"带不走""可延续"。

回忆起那三年的点点滴滴，我有时还会思索思索自己做了什么、带来了什么、将会留下什么。援藏，不仅是人才、科技、资金的投入，更是真情的付出。当我们回忆起来时，不仅是总结上的项目与工程，还有那份沪藏间永续的情谊。祝福我们的雪域高原明天越来越美好！扎西德勒！

为了高原美好的明天

梁海虹，1964年4月生。原任中共上海市青浦区委统战部副部长、青浦区民族宗教事务办公室主任。2004年至2007年，为上海市第四批援藏干部，担任中共西藏自治区日喀则地区亚东县委书记。

口述：梁海虹

采访：毛雪明　胡浩川　张景琦

整理：毛雪明　张景琦

时间：2014 年 4 月 15 日

2004 年 6 月，我有幸成为上海市第四批援藏干部中的一员，从青浦来到西藏亚东工作。后来想想，我这次援藏，可能与我有过一次在西藏工作的经历有关。

拿着两证　一次进藏干十年

我是 1986 年在山西大学读书的时候，加入中国共产党的。1987 年毕业分配，我和我女朋友都愿意去西藏工作。我们拿了毕业证，领了结婚证就去西藏了。

有人问，你为什么去西藏？用他们的话说，这个地方很艰苦，还不如待在山西老家。还有人讲，你读了大学还跑到西藏去，图什么？首先，因为我出生在新疆，人说祖国边疆赛江南，我对边疆没有畏惧感，对少数民族同胞也有着与生俱来的感情。其次，当时我们接受的教育是"一颗红心，两种准备"，"到边疆去，到祖国最需要的地方去"的号召也深深地激励着我。作为一名热血青年，特别是作为一名党员，还是有使命感的。还有，当时我们这种年龄的人，真有点初生牛犊不怕虎的劲头，不是说西藏艰苦吗，那就去挑战一下。读万卷书，不如行万里路。

我们从太原坐火车到了成都，等西藏教育厅的人过来给我们分配工作。我们是 1987 年 8 月 12 日进藏的，8 月份成都天气很热。上飞机前，我们就把所有的行李，包括夹克全部打包托运了。我是学文科的，也知道高原性气候，但还是忽视了高寒、缺氧、干燥、紫外线等东西。在飞机上，我就听到地面温度是 8 度；透过舷窗往下看，山上白雪皑皑。想到就要在这片土地上工作了，我心情很激动，真是思绪万千……

下了飞机上大巴到民航局，因为行李车慢，我们坐了两个多小时的车，到了民航局还要等，我们十个学生都蹲在墙脚底下冷得发抖。因为缺氧，人也有点轻飘飘的。但西藏那边的人不在乎，这点我很佩服。当时的通信也很不便，我们在成都已经分配了，西藏这边还不知道。下了飞机也没人来接，这和我们离开山西的时候，山西省委、省政府领导到山西大学开欢送会，敲锣打鼓、戴红花、记者采访，整个太原火车站人山人海，全部是欢送学生的壮观场面形成了鲜明的对比。我们在民航局借了电话打到旅游局。旅游局还不知道，他们又去问教育厅，证实了是有学生分来，这才急忙派了一辆大巴过来。来接我们的是旅游局政治部主任兼人事处处长，一看分来的是英语本科生，很高兴。因为当时西藏旅游局主要是做欧美国家旅游的，涉外性质很明显，召开一些大型会议，领导讲完以后都是要翻译的。就这样，我第一次进藏一干就是十年。

二次进藏　雪域高原经风雨

2004 年，我作为上海第四批援藏干部第二次进藏。在援藏的三年里，我接触过的各族同胞都是那样可爱、可敬，令人难忘。在他们身上，我总觉得有学不完的东西。

亚东县的边境线有 290 公里，有 43 条对外通道，有人把守的只有 20 条。但是这几十年里，我们没有人跑到印度那边去，这是亚东最突出的地方。另外，在边境争议地段，中印双方的边防哨所是犬牙交错的。我们有一些牧民，世世代代在那里放牧，虽然是季节性的，但是也起到了宣示我们中国主权的作用。边疆的同胞很有觉悟，政治立场很坚定，他们在艰苦的环境下坚守我们的边境，一旦遇到有异样的事情，就会翻山越岭，冒着生命危险跑到县城给我们汇报，所以我很佩服他们。

有时看到边境线上的边防武警，我就想到那些设在五六千米地方的雷达站的官兵。这些边防战士，包括那些在西藏一干就是三四十年的、"特别能吃苦，特别能奉献"的人员，我觉得真是"献了青春献终身，献了终身献子孙"，如果没有坚定的信念是坚持不下来的。

我还有一个很强烈的感受，就是西藏的干部特别能吃苦。这样的干部实在是太多，也说不过来，就讲讲我见到的几位高级干部的情况。当时的西藏自治区党委书记杨传堂，有一次到我们这个地区来调研，三天时间走了4个县。到亚东县的第一个晚上，工作到凌晨2点才休息，第二天早上不到8点就起床了。西藏一般9点左右天亮。这是我亲眼看到的，我也接待过他们。因为到了晚上2点钟，地委书记还埋怨过一位同志怎么跟杨书记谈得这么晚。其实，领导来调研，还没有睡觉，我们也是要候着的；他们休息了，我们才能回自己的地方去休息。他们在亚东夜以继日地工作，中午也不休息，而是找当地的一些干部谈话，听工作汇报了解情况。后来还有一位自治区党委书记张庆黎也是这样，他曾经讲过："中央不召唤，我就不下山。"再说西藏自治区的党委副书记、政府副主席郝鹏，当时分管商贸、商务这一块。那次他到乃堆拉山口调研，了解乃堆拉贸易通道建设情况的时候，正好大雪纷飞。"乃堆拉"，藏语意思是"风雪最大的地方"，山口海拔4545米。亚东一下雪，一般是半年不化，半年不通路。我们请部队的推土机帮助推雪，推到最后，推土机都不敢推了。因为上乃堆拉山口的路，海拔从2000多米爬升到4500米，不少地方就贴在悬崖峭壁上，弯道又多。我们县里的干部都劝他改天再过来，他说："那不行，我这次不能白来一趟，这次什么工作都不了解的话，下一步工作很紧张的。不行，我一定要上去。"后来是我们县里的几个干部陪着他，深一脚浅一脚地上去，每一脚踩下去，雪就到大腿根。这段路平时开车上去只要三四十分钟，那天走了三四个小时。风夹着雪打在脸上生疼生疼的。西藏干部真是太感人了！

我们上海的援藏干部，刚去的时候可能会考虑，高原反应对我的身体伤得厉害不厉害，我这三年怎么度过？但只要经过几个月的锻炼和熏陶，援藏干部

▲ 梁海虹（挂哈达者）在调研寺庙教育情况

们就会全部进入状态，忘我工作。到了西藏你会发现，当地的农牧民、干部，包括援藏干部，绝对都是好样的。

刚去的时候，我从原来委办局的一个副职转变为地方上的一把手，角色转变以后，担子陡然加重，工作不适应，确实感到压力很大。当时正逢乃堆拉贸易通道建设时期，许多方面的部门、领导来调研考察，接待量大，加上事情还没有头绪，我的情绪出现了问题，有一段时间态度很坏。后来其他干部给地区领导和总领队反映，组织上也很操心，领导过来找我谈话。这当然也与我本人的涵养有关，说明我们的确需要在改造客观世界的同时，要积极改造主观世界。后来，有些领导跟我讲："当时发现你对工作太投入了，真担心你是不是还能撑下去。"以后自己平心静气地想想，大家都是为了工作，别以为自己什么都好。不过说心里话，我对做过的工作从来没有后悔过，有人说上高原对身体有影响，我也从来没有后悔。

双向培养 用好政策育新人

当时，党建工作有一个叫作"双培双带"的政策。我们按照这个要求，让各乡镇党委挖掘一批想干事、会干事、能干成事的致富能手，把他们培养成党员；同时把党员同志也培养成致富能手。给我留下很深印象的是一个藏族干部边巴罗杰。他40岁左右，平时就带着一批民工干干建筑之类的事。我们要在康布乡造一个政府办公场所，乡政府就推荐了他。我们想造的是二层楼房，有点担心他能不能干好。没想到工程交给他以后，事情做得特别好，而且完工以后，边巴罗杰从自己的利润里面拿出5000元钱捐给了学校。我们估算一下，这个工程的纯利润也就是两万元左右，他能主动拿出5000元捐资助学，我们是很意外的。这笔钱相当于当时亚东农牧民人均年纯收入的两倍。根据边巴罗杰的表现，我们就建议康布乡党委、政府把他列入培养对象。后来，边巴罗杰就当了三年的村主任，带领村民们生产致富。现在，他凭借多年的施工技术经验，带领当地10余名群众，吸收了大量外来流动务工人员，组建起一支百余人的施工队伍，一年大概要有300万元的收入了。

亚东县下亚东乡仁青岗村，有个村民叫边巴，原来靠砍伐树木为生。国家实行封山育林政策后，边巴和村民们就失去了这份经济来源。为了生计，他在乡党委、政府的支持下，靠银行贷款建起了30亩苗圃，并购买了苗木栽培的科普书籍，吸纳了四户贫困户边学边干，获得了成功，事后又扩大了种植规模。2004年，他抓住国家基建项目多、边民新修住房热的时机，贷款购买了两台拖拉机，新建了沙石厂，获得了较好的经济效益。第二年起增添了小型挖掘机、碎石机和翻斗车等机械设备，扩大了沙石厂的规模，形成了产、供、销一条龙。富裕起来的边巴，没有忘记党的好政策和党组织的关心扶持，积极向党组织靠拢。村党支部结合"双向培养"活动，经过认真考察培养，于2005年上半年吸收他加入了中国共产党。入党后的边巴更加关心乡亲们的生活，热心帮扶弱势群体，先后无偿平整乡村公路，解决村民出行难的问题；出资兴建水磨坊，免费供乡亲们使用；长期资助四户贫困户，不断改善他们的生活，还帮助修缮了住房。

不忘嘱托　多为亚东办实事

西藏发展缓慢主要原因是交通不够发达，自然环境比较差，还有就是要在边境争议地段发展也的确不太容易。在援藏期间，我们援藏干部根据中央和上

海人民的嘱托，尽量当好学生，开展调研，多方征询意见，制定援藏项目建设
方案，要把上海人民对西藏人民的关心、支持化作具体的一项项工作和每一个
行动，争取多留点东西在西藏。

我们亚东县共有 20 个村委会、5 个居委会，但很多村委会的办公场所已
经破破烂烂，有些还是危房。我们认为，国家开放了，老百姓的生活水平在逐
步提高，我们的办事机构也要跟老百姓的形象同步，太破烂也不行。根据这个
情况，我们就搞了一个村委会建设的援藏项目，拿出一些钱来改善村委会的办
公场所，使村委会有了应有的形象。当然，我们也没有做过分。

说到干部队伍建设，我感觉选拔干部，不能光看他是不是做出了耀眼的成
绩，还要看他坚守的岗位是不是有难度。亚东县有 7 个乡镇，其中 4 个海拔在
4000 米以上，最高的 4700 米，高寒缺氧。原来有些干部在 4000 多米的乡镇
工作，一干就是十几年。我认为这样做有些欠公平，觉得对不起这些干部，所
以提出要改革原来的做法，进行干部定期交流。为了这件事情，我们召开了县
委全委会进行讨论。那天的会议讨论氛围是少有的激烈，从下午上班开到晚上
用餐。有人认为以前几十年都是这样，你这样一改，今后万一不能让他下来，
我们组织就落下把柄了。我力排众议，说能让他下来，就一定可以让他下来，
何必非要让那些干部常年坚持在一个地方？这是不公平的，也是用人导向、干
部政策的问题。后来我说服了大家，亚东县终于出台了一个干部定期交流的
政策。

为了进一步打开亚东的局面，我们搞了一个上海援藏建设项目，就是在县
城下司马镇建造亚东上海花园大酒店，按三星级标准设计，建筑面积 3000 平
方米。当时我们考虑，下一步中印边贸开通，扩大对外开放以后，亚东县会变
成西藏改革开放的一个前沿阵地，来来往往的人也需要有这样一个酒店。酒店
总投资 1200 万元，其中援藏项目资金 800 万元，援藏干部引进民间资本 400
万元，是亚东县当时最大的招商引资项目，这在西藏一个县里很不容易。但到
建设时，从组织到我个人碰到的压力和难度竟大得不得了。原来，选定的这个
位置是县里老干部活动的地方，在河边，还曾下过功夫搞了绿化。我们选来选
去，就是这个位置好。在多次沟通后，最后老干部也表示支持和理解。当时我

◀ 仁青岗边贸市场内
生意兴旺

的心理压力确实大，但是有一点，我们依靠组织。工程是 2006 年竣工的，是当时日喀则地区各县硬件条件最好的酒店。

工作有时肯定会碰到难度，但做好了会有成就感。比如说我在亚东期间，正好是落实 2003 年温家宝总理和印度瓦杰帕伊总理签署协议精神的时期，要重新开通中印边境贸易通道。亚东主要是落实两件事情。一是通道建设，把从亚东县城下司马镇到中印边境乃堆拉山口的道路进行拓展、拓宽和加固。这个工程很浩大，是在自治区、交通部支持下的一个项目。二是要在乃堆拉山口通道的中方一侧、海拔 3645 米的地方建造一个贸易市场（印方一侧，他们也建一个贸易市场，称昌古边贸市场），就是仁青岗边贸市场，占地 6400 平方米，包括室内外市场、停车场、仓库、办公区、招待所、餐厅、银行、电信、海关、商检等，投资 1000 多万元人民币。人的确是非常劳累，但最后做好了也有成就感。亚东的仁青岗边境贸易市场于 2006 年 2 月 18 日开工，7 月 6 日开放，建设速度快，质量也很好，因为我们用了很多新型材料。亚东的老百姓目睹了我们的建设过程，所以一直为祖国自豪。每当看到我茶杯上印的"中印乃堆拉山口边贸通道开通纪念"的字样，我就会想起我参与过、建设过这两个项目，它使中断了四十四年的中印边境贸易重新得到了恢复，并标志着中印两国的经贸合作进入了一个新的时期，值得纪念。2006 年恢复开通边贸的这一年，亚东的边境贸易额就达到 600 万美元。当然，我个人作的贡献是微小的。

情系高原　民族团结促和谐

当时国家有一个兴边富民计划，主要目的就是要让边境线上农牧民的生活水平有较大提高。兴边富民计划实施多年以后，亚东经过几十年的建设，成效很显著。

2002 年，我去西藏参加一个旅游工作会，在县城已经能够找到网吧了，这是过去不能想象的。这个兴边富民计划是带有资金支持的，像青藏铁路大概投入了 350 亿元，还有机场建设等。我们国家是举全国之力，西藏能发展多少就发展多少。改革开放以后，国家经济实力逐步壮大，中央每年支持西藏发展的专项资金就有三四百个亿；各省市的援藏资金，对比中央的数目不算多，那时上海三年援助 3 个亿，后来逐步增长。对西藏的建设和发展，对西藏人民的关心爱护，我觉得全世界再找不到另外一个中央政府，对少数民族、对边疆地区会有我们这样的政策。看到西藏这些年的发展，我的感觉是：没有共产党就没有新西藏。

离开西藏——我的第二故乡，已经六个多年头了。这六年多来，我还担任着上海援藏联谊会的副秘书长，关注着援藏工作的一举一动。西藏，特别是亚东的山山水水、老老少少都已经深深地印在了我的心里，难以忘怀。我深信，有党的好政策引领，包括亚东在内的新西藏一定会越来越繁荣富强，西藏人民的生活一定会越来越幸福美满。借此机会，我也祝愿在西藏的各族同胞万事如意！扎西德勒！

千山万水相追寻

杨嵘，1970年11月生。现任中共上海市青浦区重固镇党委副书记。2004年6月至2007年6月，为上海市第四批援藏干部，担任西藏自治区日喀则地区亚东县建设局局长。

口述：杨　嵘
采访：孙逸昀
整理：孙逸昀
时间：2020 年 4 月 20 日

"在每一天太阳升起的地方，银色的神鹰来到了古老村庄，雪域之外的人们，来自四面八方……"在一次参加援藏兄弟们聚会的路上，当车上播放到亚东唱的《向往神鹰》这首歌时，大家都不约而同地停止了交谈，仔细聆听，思绪都被带到了进藏的那一刻。

初进西藏　难忘高原红

记得那天是 2004 年的 6 月 4 日，我们上海第四批援藏干部带着上海市委、市政府的重托和家乡人民的深情厚谊，从美丽富饶的东海之滨——上海，来到了西藏雪域高原，开始了三年的援藏生涯。上海到西藏，是 5000 公里的跨越；沿海到高原，是 4000 米海拔的提升。在这片神奇的土地上，我们一批批上海援藏干部人才接力奉献，为雪域高原注入新的活力，为沪藏友谊谱写新的篇章。我们将青春、热血与汗水留在了雪域高原，用自己的真诚和奉献，与当地同胞结下了深厚的友情，也用自己的智慧与实干，真心实意地为藏区群众办实事。

一下飞机，踏上这块高原厚土，就看到天特别蓝，云彩特别漂亮，排列整

◀ 杨嵘（右二）在帕里希望小学考察调研

齐的越野车安静地停在机场停车场上，热情的当地干部群众顶着烈日，手捧哈达，早早地等候迎接我们的到来。当时还没有浇柏油路，车开的路全都是土路，我们一路上经过六个半小时的颠簸才来到了日喀则。经过几天短暂集训后，我们开始分组奔赴各援藏的目的地。我援助的是西藏日喀则地区亚东县，在去的路上，得到了西藏干部群众和社会各界的热烈欢迎。沿线的城镇和农牧民居住地彩旗飞扬，干部群众敲锣打鼓，当地同胞用他们特有的卓苏切玛（意为"装满"，是藏族隆重、庄严的迎宾场合必不可少的一种礼仪，寄托着藏族人民企盼五谷丰登的强烈愿望）和敬献哈达的礼仪迎接我们。看着西藏同胞善良期盼的目光和他们脸上的高原红，握着他们粗糙的双手，又看到他们因长时间等在沙石路上迎接，身上被藏地的风沙吹得满是尘土的衣服，我深刻地感受到西藏同胞在条件这么恶劣的环境中生存的不易，感受到农牧民群众生产、生活的艰苦，更感受到了此次三年援藏工作的重要意义及自己肩负的重任。西藏自治区深入贯彻党的治藏方略，经济加快发展，民生大幅改善，生态持续良好，社会稳定、民族团结，在高原缺氧、十分艰苦的条件下取得了令人钦佩的发展成就。西藏同志的好作风、好精神都是值得我们上海援建干部未来在这里三年的工作生活中认真学习的。

上山下乡　三年援建路

到了亚东，这里四面环山，而县城就坐落在大大的山沟里，像世外桃源一样美丽，有茂密的森林，白白的雪山，清澈的湖水，干净的蓝天白云。对于在大城市里待久了的人来说，这些都显得那么珍贵，也有人可能一生里看到的都是钢筋水泥的摩天大楼，很难想象这里的原始自然。

我到亚东担任的职务是建设局局长，负责全县的规划、建设、土地、环保、环卫和市政等工作。"援藏工作只有三年，我能为这里带来什么？"刚刚来到亚东，尚未克服高原反应，我就开始思考起了这个问题。为此我开始拜访干部和群众，上山下乡开始调研。记得到吉汝乡调研时，因那里的海拔达到5000米，空气氧气量60%都不到，温度为−5℃，当时全乡1000平方公里只有700多人口。当时正好是游牧季节，我们到了游牧区域一间办公房内听取乡里情况介绍，室内点着炉子在取暖，使仅有的氧气更加少了。当时我出现了高原反应，头疼得厉害，我几次缺氧喘不过气来，走到室外，虽然空气中氧气只多了一点点，但身体感觉好多了。听取了一个多小时的汇报，我出去吸氧了3次，那时我感受到西藏的干部是多么不容易，一辈子都待在高原，崇敬之情不禁油然而生。之后过了一个月，我的身体逐渐适应了西藏的气候，我也深深感受到了援藏前辈们总结出的"特别能吃苦、特别能战斗、特别能忍耐、特别能团结、特别能奉献"的老西藏精神的真谛。

在这三年中，我与亚东县上海第四批其他4名援藏干部一起制订了援藏三年工作规划，走遍了全县5乡2镇25个村居委会，累计下乡出差行程65000多公里，规划建设了一批援藏项目。记得到帕里镇（全世界海拔最高的镇，海拔4500米）调研，要选址建设帕里镇第二居委会。去了在那里抽了几根烟，回来时头疼得厉害，后来同伴告诉我，吸烟耗氧，在这么高海拔待的时间长了，再加上抽烟加快身体内氧气的消耗，最终出现了头疼、嘴唇发紫、心跳加快的高原反应，严重的会呕吐、腹泻甚至晕倒。从此，下乡时我尽量控制自己的烟瘾，以防止高原反应损害身体。调研结束，项目确定以后，开始了"上上下下"的享受。因亚东区域面积4200多平方公里，最高地方海拔5200米，最

◀ 杨嵘（右三）到工
地现场考察

低地方海拔 2750 米，南北落差相当大，我的居住地县城在海拔 3000 米，喜马拉雅山脉东西横穿登云县，独特的地理位置形成了十里不同天的地理气候，下乡时经常一次性可以遇到冰雹、下雪、下雨、阴天、晴天、泥石流，有时候也能见到彩虹，一天的劳累被回来时看到的一路美景驱散至尽……在亚东县下乡就是上山、上高原，从海拔 3000 米直接到了 4500—5000 米，所以亚东援藏干部经常苦中作乐，自嘲下乡就是"上上下下"的享受，其实这样在高原上上下折腾对身体是相当有害的，身体要不断适应海拔高度，就稳定不下来。

三年援藏期间，我们共建了亚东上海花园大酒店、10 多个村民委员会（强基固边项目）和近 10000 平方米的彩石板等，涉及全县经济、能源交通、教育文化卫生、广播电视和基层政权建设等 40 多个援建项目，共投入援藏资金 2300 多万元，另有捐赠汽车、拖拉机、电脑、棉被等援藏物质折合人民币 318 万元。全部项目完成验收、审计，达到了合格。

其中亚东上海花园大酒店是申报自治区"雪莲杯"优质工程奖的项目，该大酒店已成为亚东县标志性建筑，每年为县财政上缴税收 100 多万元。当初开展项目建设工作时我才明白进一个项目从开始到竣工有多不容易，中间有太多的波折。当初这个建设项目从选址、验收基础、圈梁、结构封顶、装修、竣工

◀ 杨嵘（最后排当中）在吉汝乡康布乡调研

到交付使用，至少看了7次，还不包括到日喀则、拉萨谈设计和项目招标等。

在工程准备阶段要对项目起主要作用的相关资料动态归档、科学使用，并组织主要管理人员认真学习、理解，还要组织技术人员进行图纸核对，将发现的问题及时与设计人员沟通，确保向有利于我方的方向沟通，做好设计优化策划工作，组织人员现场调查和测量，确定临建方案和平面布置及临建标准，组织人员进行危险源辨识、环境因素识别，列出危险源清单、环境因素清单。编制安全管理措施、环境保护措施，编写应急预案、重大环境因素管理方案。组织技术人员编制实施性施工组织设计及开工报告需要的各种资料，编写各种专项方案，需要专家评审的及早进行评审。

在工程实施中，工地上还不时会发生一些突发情况。在项目工地上待得久的人都知道，工程人干的最多的活就是处理突发情况。一点点小细节没有考虑到，都有可能导致突发情况的产生，还有可能导致更加麻烦的误工、返工等情况。因此要对施工实际进度与计划进度进行对比分析，至少每月明确进度滞后或超前的情况，并分析原因。加强与监理、设计等各方的沟通，确保形成畅通的沟通渠道，使项目管理得到各方的支持，使项目施工始终向最有利的方面转换。

在工程收尾阶段还不能就此松懈，要对剩余所有项目进行梳理，对每个单项排出计划，包括时间、资源计划。确保按时完成所有项目。确保项目资源分阶段合理释放。加大二次经营工作力度，争取将已报变更全部完善手续。同时对剩余工程是否仍有变更的可能做出评估，分阶段组织各方进行工程交验。

三年援藏期间，还筹建了西藏亚东县城管监察大队，解决帕里镇、下司马镇历史遗留的土地纠纷问题，清理并及时为牧民群众兑现占地补偿金，及时清理兑现拖欠的农民工工资等。

格桑花开　情结多庆湖

格桑花是藏地的一种植物，"格桑"在藏语中是幸福的意思，所以这种植物也叫幸福花，它是一种生长在高原上的普通花朵，杆细瓣小，看上去弱不禁风的样子，可风愈狂，它身愈挺；雨愈打，它叶愈翠；太阳愈暴，它开得愈灿烂。

每年6月亚东就开始盛开格桑花，多彩的格桑花在高原上向着阳光、迎着风雪傲然绽放。援藏三年，我与当地同胞的情谊也像格桑花一样，扎根高原，盛开绽放。记得2005年暑假期间，我爱人带着女儿来西藏探亲，建设局的职工都自发地从不多的工资里拿钱买了许多水果、牛奶到我宿舍来探望，并略带羞涩地对我爱人说："嫂子，局长为我们做了许多事，你一个人在上海带孩子很辛苦，我们来看看你。"朴素的语言深藏着对援藏干部的尊敬和感激之情。

我在援藏期间，主动向原单位募集了一些援藏物资及建设局的工作经费。我还争取到民营企业上海迈科机械设备有限公司和上海熊猫电子集团有限公司各投资30万元共计60万元扩建了亚东县康布乡赵巷学卿学聪希望小学，争取到青浦区赵巷环卫所为20名环卫职工添置了春冬各两套工作服，为亚东县建设局争取到了5万元办公经费等。日喀则地委授予我"地区民族团结进步先进个人"的光荣称号。

三年时间很快，三年援藏路，情长路更长。为尽量减少对群众的影响，在援藏结束离开时，我们选择在凌晨举办简短的送行仪式。让我特别感动的是，那天一大清早，局里的职工及所有环卫工人自发地早早等在举行仪式的地方，他们每个人向我献了哈达，拥抱着我流泪说道："局长，感谢您为我们做了那么多事。"朴实的话语，深情的目光，我从自己逐渐湿润的眼里看到了他们在流着眼泪，有的在扭头擦拭。亚东县内在喜马拉雅北侧有一条湖，名为多庆湖，也称为多情湖，是县里迎来送往的地方，县城出来到达多庆湖就正式告别了，县里送行的干部都泣不成声，想说许多话却无法开口，我终于忍耐不住，三年所有甜酸苦辣和离别眷恋之情，任由泪水喷涌而出。

亚东，我的第二故乡，我深爱亚东的各族同胞，深爱亚东的一草一木。格桑花开时，情结多庆湖。

以奋斗汗水灌溉美丽亚东

　　吴希铭，1968年12月生。现任上海市青浦区华新镇人大主席。2007年至2010年，为上海市第五批援藏干部，担任中共西藏自治区日喀则地区亚东县委书记、援助亚东联络组组长。

口述：吴希铭

采访：薛　涛

整理：薛　涛

时间：2020 年 4 月 29 日

2007 年，我有幸作为上海第五批援藏干部队伍的一员，支援边疆建设，联结沪藏情谊，与同行援藏的上海干部、与西藏亚东当地干部同甘共苦奋斗了三年，在亚东县这个西藏边陲的"小江南"留下了奋斗的足迹，留下了珍贵的回忆。

踏上征程　再续青浦亚东共建情谊

在我们之前，青浦区的援藏干部向来有对口援助亚东县的传统，青浦区一直作为上海市援藏团队援助亚东联络组的组长单位。在多年对口援建的过程中，青浦干部群众与亚东干部群众之间，已经建立起了深厚的情谊，在我们援藏干部心中，藏区百姓已如同家乡百姓。

本次第五批援藏亚东联络组一共由 5 人组成，2 人来自青浦，另有 1 人来自杨浦、2 人来自金山。到亚东后，组织委派我担任县委书记，青浦另一位干部担任县委常委县委办主任，另 3 位分别担任县委副书记、常务副县长、建设局局长。之后的第六批援藏干部改任到条件更为艰苦的萨迦县任县委副书记，到了第七批以后，青浦区干部就不再对口支援西藏了。

▲ 吴希铭（右二）慰
问亚东贫困户

　　亚东县为西藏自治区日喀则市下辖县，位于自治区南部，镶嵌在喜马拉雅山脉中段群山南麓。亚东风景优美，素有西藏"小江南"之称，县内地形海拔自 2000 多米至 4350 多米不等，落差达 2000 多米，境内雪山、神湖、高原草甸、原始森林等各种地貌景观浓缩在 4200 平方公里的土地上。亚东是边境县，与锡金（现在为印度锡金邦）和不丹两国接壤。亚东历史上边贸繁荣，是西藏和南亚地区之间重要的通商口岸，乃堆拉山口是主要陆路通道。

　　亚东地处三国交界，因边境贸易形成了比较有特色的人文风貌。县城所在地下司马镇，以前街、后街为代表的木结构建筑群色彩鲜艳，风格独特，极具人文古建筑的保护价值。随着边贸的开放重启，经济发展、边贸兴盛，拆旧楼造新楼一时成为风气，老街的特色古建筑群在当时亟待保护。

　　亚东地处边境一线，形势严峻复杂。但是来到亚东有个第一印象，让我深受鼓舞和感动，就是亚东边境居民的爱国意识非常强烈，守家卫国的思想已经融为行动自觉。平日里亚东群众家里家家户户升挂着鲜艳的五星红旗，感触最深的是，2007 年党的十七大召开期间，走在下司马镇前街、后街上，家家户户阳台上都增挂了国旗，但见红旗飘扬，整个县城沉浸在红色的海洋里。在反分裂、反蚕食过程中，边境牧民生产就是执勤、放牧就是巡逻，是守卫国门真正的前沿"哨兵",毫不夸张地说,有 80% 以上的蚕食情况,都是边民第一时间发现并报告上来的。

调研实情　为三年工作规划主线

2007 年 6 月我们一行人进藏,到达亚东上任后的首要任务是尽快熟悉工作情况,抓紧编制完成三年援藏项目建设规划,时间相当紧张。为了深入了解地区实情,掌握亚东百姓的实际需要,把准亚东发展的脉搏,精准定好援建项目,我们马上就开始了项目前期调研工作。我们走遍了亚东县 5 个镇和 2 个乡,走访当地部队、双管单位,深入实地开展调研,向干部群众了解真实情况。通过近两个月的走访调研,我们深切地感受到了高原牧区生产生活条件的艰苦。有些同志虽然白天坚持完成走访调研,一天下来体力还是出现了透支,晚上早早就休息了。累归累,第二天我们调研的队伍仍然要上路,因为这第一步的调研工作,关系到三年援藏建设成果的好与坏,容不得半点马虎,必须细而又细、实而又实。

除了下沉一线,全面开展调研,我们也注重从各方面加深调研的成果。一方面是认真听取前一批援建干部的意见和建议;另一方面是充分征求县里当地干部的意见和建议,形成初步方案后再次征求县四套班子领导的意见。我们在援建项目的确定上,牢牢把握西藏自治区党委向农牧区、农牧民"两个倾斜"的要求。主要突出三个重点方面,一是开展社会主义新农村建设,二是发展亚东的特色产业,三是开展对民俗特色街的保护。将工作的重心下沉到牧区最困难和牧民最需要的地方。我们在调研时也确实发现了一些突出的问题:

海拔高达 4700 米、最偏远的吉汝乡,因缺乏安全的水源,牧区的人畜饮水问题还没有得到解决,当地牧民肝病比例一直很高。人畜饮水主要靠就近打旱井取水,井水水质非常差,上面时常浮着一层油花。饮水事关牧民最基本的生活保障,当时我们就下决心一定要解决吉汝乡牧民的饮水问题。经过深入调研勘探,在 8 公里以外终于找到一口泉水,后来我们通过管道把泉水引到乡里,吉汝整乡结束了无安全饮用水的历史。通水的那一天,当地干部群众载

◀ 农牧民人畜饮水工程建设

歌载舞歌颂共产党好、援藏政策好。人畜饮水工程成为援藏优先安排的建设项目，至 2009 年 6 月，我们共解决了全县 17 个村 700 多户 3000 多人的基本饮水问题。至此，干净饮用水做到了全覆盖保障。

北部高寒牧区，经常会遭受自然灾害。牧民夏天在夏季牧场放牧，冬天迁移到冬季牧场过冬。牧民越冬草料储备少，而且缺乏暖棚圈和饲料库，一般用土石料、牛粪围个圈，牛羊露天产仔，冻死率较高，尤其是遇到灾害性天气，损失很大。为此，我们在北部高寒地区 4 个乡镇，根据牧民需求修建了 56 处用于接羔育幼的暖棚圈和饲料库，同时与自治区农科院对接，开展技术培训，鼓励牧民种草，开展饲料储备，做好冬季畜牧育肥，增加农牧民收入。

那边的农牧区生产生活环境比较差，走进村里我们发现，有些村委会没有像样的办公用房，还有些是危房，更不用说卫生室、村民活动场所了。我们来到一个叫珠居村的村庄，那天刚下过雨，但见村庄内部道路泥泞，牛粪随处可见，百姓出行很不方便，老百姓的危房也不时可见。当时珠居村的现状在全县还是比较普遍的，新农村建设任重道远。

实干兴业　为县域经济发展打好基础

援藏期间，我们将向牧区倾斜、向牧民倾斜的方针贯穿始终。为了进一步改善乡村面貌和牧民村民居住环境，我们以援藏投资引导，创建了 14 个新农村示范村。新农村建设的重点是改善农牧区基础设施和农牧民居住条件，我们开展了雨污水管道改建，泥泞的道路变成了石板路，石板下是排水暗沟；兴建了一批村民休闲广场，增加了农牧民开展文化生活的场所。同时，着力加强和巩固基层政权建设，按照"五室两点两栏"（指当时村委办公配置的标准，5 个活动室、2 个站点、2 个公示栏）的要求，新改建了十多个村委会活动用房，给村民增加了活动的场所，为村民议事创造了条件。

改善群众的基本生活条件是工作中侧重的一个方面。另一方面，我们大力探索，立足亚东丰富的特色物产资源，做大做强亚东的特色产业。比如，亚东鱼是一种名贵的高原冷水鲑鱼，亚东河里独有，肉质鲜美，食用价值很高，在当地乃至自治区是作为招待贵客的高级食材。再比如，野生亚东木耳生长在亚东原始森林中，市场价值 2000 多元一斤。还有西藏著名的帕里牦牛、各种珍贵中草药等珍贵物产。

2002 年的时候，县里投资建设亚东渔场，开始尝试亚东鱼人工养殖，由于当地缺乏养殖技术，刚开始渔场的养殖经营一直不太景气，后来从四川引进了专业养殖户林绍南，亚东渔场在他的经营下，亚东鱼成功地进行了人工繁殖，渔场逐渐发展起来了，渔场的亚东鱼宴在地方上小有名气，同时由他带动发展农户建立了合作社，带动周边老百姓致富。

援建过程中，我们始终把亚东鱼产业作为重点支持项目，但是这个过程却极为曲折。在我们援建期间，亚东渔场连续两年遭遇泥石流灾害，接连遭受毁灭性的打击。一次是 2008 年 "7·18" 泥石流灾害，泥沙几乎把亚东渔场掩埋了，大部分鱼池被埋在沙里，一大半亚东鱼被埋死亡，一部分逃到亚东河里去了，绍南的侄子也被洪水冲走溺水身亡，当时他心灰意冷准备放弃经营。在此紧要关头，县委、县政府紧急组织力量实施救援，我们援藏小组也立马安排救灾资金，帮助渔场灾后重建，恢复生产。说来也怪，被冲走的鱼就在渔场周

◀ 施工过程中的亚东
民族特色街保护与
开发工程

边游动，当地百姓也积极行动起来，纷纷伸出援助之手，将河里捕捞的亚东鱼主动送到渔场。为了增强抗灾能力，县里支持渔场重新选址，新建一处集亚东鱼育苗、养殖、休闲为一体的休闲鱼庄。另一次是 2009 年"5·26"泥石流灾害。这是一场比之前一年更加严重的自然灾害，造成县城下司马镇供水、供电中断，部分桥梁、道路被冲毁，群众生活保障出现困难。有 16 户农户房屋被彻底冲毁，所幸人员被提前疏散撤离。亚东渔场再度受到重大打击，在此危难时刻，县委、县政府继续给予其"硬核"支持，我本人也积极向上海市农委争取到 300 万扶持资金，全部用于亚东渔场再度灾后重建。时至今日，亚东鱼产业不断做大做强，已经是西藏自治区的特色品牌产品，成为亚东县的一张靓丽的名片。中央、西藏自治区近年投入亿元项目资金，开辟亚东鲑鱼健康养殖区，新建 5 座智能循环化亚东鲑鱼孵化鱼苗和养殖车间，推动亚东鲑鱼产业向健康、绿色生态方向发展。亚东鱼产业经历了曲折，走到今天实属不易。

另外一项特色产业是亚东木耳。野生的亚东木耳口感极佳，但是人工种植还属于探索阶段。我们初到亚东的时候，就发现有几个大学生在做亚东木耳的人工培育。为此，我们牵线上海农科院食用菌研究所，为野生亚东木耳的人工培育提供技术支持，亚东木耳人工种植获得成功。后来，碍于经营、销售等多方面因素，亚东木耳没有像亚东鱼那样发展起来，这对于我们也是一件憾事。

为了传承和保护亚东特有的民俗文化街，营造良好的投资发展环境，我们安排了具有挑战性的下司马镇前、后街特色民俗文化街保护与开发项目，这也是我们三年援藏最大的项目。没有老街保护建设的经验，我们就借力借脑。项目得到了青浦区原朱家角投资发展有限公司的大力支持，公司选派了有丰富老街规划、改造经验的专家帮助规划设计。专家"老王工"已年近七十，他不畏高原缺氧，两次带队到亚东实地考察，为亚东民族特色街改造保护规划及设计倾注了大量心血。项目规划建设和保护方案充分征求了县里和当地群众的意见，反复进行修改完善，项目建设过程中得到了下司马镇前、后街老百姓的积极配合和支持。为了使项目经得起历史检验，确保工程进度和质量，我们特别重视项目现场技术指导和工程施工监理工作，朱家角投资发展有限公司又给予了大力支持，选派了两位有丰富经验的技术员来亚东负责现场监督指导。技术员周永宏刚到亚东不久，妻子临产，他仍旧坚持在工地指挥，他说："我也是援藏人，为了援藏事业，个人牺牲一点算不了什么。"他现在是我区青发集团公司的副总，我们一起回忆起这段往事时仍然动容。下司马镇前、后街特色民俗文化街保护与开发项目如期完工，项目被自治区评为优良工程，亚东城市面貌焕然一新，昔日的小镇风貌依旧。

防控处突　为保边境安宁接受考验

援藏期间，我们经历了 2008 年 "3·14" 事件，西藏自治区及时成立了边境一线防控亚东方向分指挥部，由自治区党委常委、政协党组书记巴桑顿珠任分指挥长，指挥部设在亚东。亚东县委及时成立了党政军警民联防联控处置重特大事件指挥部，我担任总指挥。我在亚东方向分指挥部指挥下迅速组织亚东县国防动员力量，投入到边境一线的封控之中，拒敌于国门之外。

西藏，是一片神奇的土地。援藏，是一项神圣的工作。援藏三年，条件虽然艰苦，但在我们身边始终有那么一种精神，在深深感染、教育、激励着我。

◀ 吴希铭（左一）慰
问边境一线官兵

这种精神，就是"特别能吃苦、特别能战斗、特别能忍耐、特别能团结、特别能奉献"的老西藏精神！在这片圣洁的土地上我努力过、奋斗过，自己的心早已同西藏的土地和人民心血相连，援藏三年无怨无悔！离藏十年了，我的心从未离开过，情萦高原，我的牵挂将永远留在那里。

西藏"小江南"，我的第二故乡

沈纪国，1970 年 8 月生。现任中共上海市青浦区民政局党委委员、副局长。2007 年 6 月至 2010 年 6 月，为上海市第五批援藏干部，担任中共西藏自治区日喀则地区亚东县委常委、县委办公室主任。

口述：沈纪国
采访：何　婷
整理：何　婷
时间：2020 年 4 月 15 日

援藏格言

> 三年援藏，一生援藏；
> 历练人生，磨炼意志；
> 志同道合，奉献西藏；
> 铭刻在心，今生不忘。

我是第五批援藏干部中的一员。2007 年 6 月，怀揣对雪域高原的美好梦想，我从大都市上海来到了具有中国最美县城西藏"小江南"美称的边境小城——亚东。三年的援藏经历，是我今生最难以忘怀的日子，那段时间里，有着我很多记忆。

重新认识亚东

在得知自己将支援亚东后，我开始有意识地一边锻炼身体以适应西藏的高原反应，一边利用闲暇时间搜集西藏地区特别是亚东的相关资料，不断在硬件和软件上做准备，避免自己到了西藏后由于自身的某些原因拖组织后腿。通过

◀ 亚东县俯瞰图

不断的学习积累，我对亚东有了一个初步印象：一个雪域边陲小镇，一个美丽、自然资源丰富的县城，一个较为典型的农、牧、林三业综合的边境县。

2007年6月7日，临出发前，时任上海市委书记的习近平亲切接见了我们。他说到，在福建、浙江任职期间去过西藏几次，他对西藏的情况很了解，讲到援藏要注意什么问题、当地会提出什么要求等，后来我们果真都碰到了。他非常亲切，也很语重心长，最后对我们进藏后的工作提出了要求。同年底，我们回到上海，时任上海市委书记的俞正声同志看了我们的工作总结后，在批示里又提出了一个目标：要使上海的援藏工作走在全国的前列。

就这样，我们带着上海市委、市政府和全市人民的重托，从美丽富饶的东海之滨——上海，来到对口支援的雪域边陲重镇——亚东，进行为期三年的对口援藏工作。

上了高原，现实中亚东比想象中的更美，我很喜欢这片土地。工作上，始终以"援藏三问"（为什么援藏、援藏干什么、援藏留什么）来鞭策自己。进藏后，我努力克服高原反应带来身体上的种种不适，向第四批援藏干部"取经"，做到援藏工作的"无缝衔接"，也非常感谢他们给予我帮助和传授经验。

工作顺利交接后，我们小组成员信心满满。为了更加深入了解亚东县的实际情况，我们首先进行了走访慰问和工作调研。利用双休日和挤出的闲暇时间，到县四套班子成员家中进行了拜访。当时走访了20多位县级干部，他们对我们很热情，感谢我们对亚东的支援和帮助，还对我们以后的工作提出了一些建议。同时我们还走访了当地的老干部和贫困老干部的代表。为了增进与当地群众的感情，我们还深入各乡镇卫生院、学校赠送慰问物资，慰问生活困难的家庭。在走访过程中，我们听到了、看到了、体会到了许多。比如，羊羔牛犊被冻死的故事、水源性疾病患者的悲哀以及酥油灯下读书写字的无奈等。两个月的时间，先后深入全县7个乡镇、25个村（居）和县机关、企事业各单位及驻地部队共50多个单位，拜访了县四套班子在职和退休干部30多人，累计行程达5000多公里，切实掌握了第一手资料。经过深入调研，我上高原前所做的思想准备被完全颠覆了，因为看到的农牧区农牧民的实际困难和现实需求，对于一个土生土长的上海人来说，还是有点难以想象的。

前期的走访慰问和实地调研让我意识到，亚东虽然是一个有着丰富自然资源的县城，但是在实际生活中它却是落后的，是困难的，是亟须帮助的。看到亚东的落后和困难，我又重新审慎地思考了"援藏三问"，也愈加坚定了要通过新农村建设来改善农牧民生产生活条件的信心和决心。我们根据这次全面深入的调研中发现的问题，制订了三年支援工作计划，大致来说，就是在三年内，我们要新建19个项目，总投资达3000多万元。

做好"管家"工作

作为县委常委、办公室主任，既是县委的领导成员，也是县委"一班人"的参谋助手，要做好"管家"职务，就要当好参谋、出好主意、搞好服务等工作。进藏后首先面临的困难是办公室办公设备的缺乏给工作开展带来不便，我积极争取援藏资金为本单位添置了电脑、打印机、复印机等，改善了办公室的工作条件。我还想方设法积极取得与上海选派单位等多方面的联系，协调上级有关部门，对本办的人员采取"送出去"的办法，让他们到上海有关单位和区内有关单位去"充电"，进一步增长了办公室人员的业务知识和专业技能。在我援藏的三年时间里，我们办公室所有同志团结协作，共同努力，采写上报各

◀ 沈纪国（中）与时任两位县委办副主任一起研究工作

类信息及情况专报、大型汇报材料、完善规章制度等，事无巨细，扎实工作，他们的工作态度、业务能力、协作精神都让我铭记于心。援藏的三年，我们县委办公室连续三年荣获县先进集体，而我自己也在2008年被西藏日喀则地委评为优秀公务员。

在管好县委办公室这"一亩三分田"的同时，我还为亚东的援建项目积极奔走。亚东地理位置比较特殊，不但是祖国西南边疆的前哨和军事要塞，还与多国相邻，近年来为加强生态环境保护禁止砍伐森林，农牧民的收入相应减少，我们认为当务之急，就是要因地制宜地采取措施提高农牧民收入。

当时我们着手的第一个项目是下司马镇民族特色街的保护和开发，下司马镇前后老街保存着极富民族特色、地域特征的各式民居建筑。但是不少老的建筑正在拆除和改建，古镇的特色正逐步消失。面对这一问题，我当时想到了青浦朱家角古镇开发和保护的经验做法，便邀请上海朱家角投资开发有限公司的专家前来亚东实地勘察，并委托设计。专家小组不顾初到高原身体的不适，实地察看，上门拜访当地群众，并与当地建设部门座谈，广泛听取各方面的意见，全面了解下司马镇的现状，掌握了古镇改造的第一手资料，设计出符合具有西藏"小江南"美称的开发和保护方案。经过反复的研究讨论，我们决定从古镇的建筑文化保护着手，围绕地面、立面、门面和屋面进行改造，重点保护后街特色建筑，连点成线，形成一条民族特色风情街，这个项目当时投资了900万元，也是亚东县最大的援藏项目。

帕里小城镇改造也是我们当时比较大的项目。帕里素有世界高原第一镇的美称，它的基础设施建设在前四批援藏干部的努力下已初具规模，但配套设施还需要完善。针对这一情况，我们安排270万元资金着重对居委会、学校的道路进行全面的改造，按照"五通两排"（通路、通水、通电、通电视、通电话、排水、排污）的标准进行帕里镇第一、二、三、四居委会道路及排水排污、文化活动广场、老干部活动中心建设。该项目竣工后，帕里镇的环境、设施、道路更加具有高原特色，面貌焕然一新。

沉着应对突发事件

对于这段难忘的援藏经历，让我印象尤为深刻的是2008年发生在拉萨的"3·14"事件。那年的春节我们小组回上海过年，鉴于亚东冬天的昼夜温差比较大，回沪后便与相关部门积极沟通协调，争取到了各类防寒保暖物资。之后我们提前回了亚东。然而，年后不久，2008年3月14日，西藏发生了恶性打

◀ 沈纪国（左二）看望慰问边境部队官兵

砸抢事件。面临严峻形势，联络小组成员坚持与全县人民同甘苦、共命运，坚决服从县委和亚东县处置重特大突发事件指挥部的统一指挥。吴希铭同志作为县委书记，又是自治区边境防控一线亚东方向分指挥部成员和亚东县处置重特大突发事件指挥部指挥长，是亚东县维护稳定和边境防控工作第一责任人，小组其余三名县级干部都是指挥部成员，分别担负着宣传舆论引导、社会面查控和组织联络协调的职责；我们第一时间及时赶赴乡镇联系点，与乡镇领导一起研究制定边境防控工作预案，同群众促膝交谈，帮助群众认清事件真相，克服一切困难，全力以赴支援边境一线军民。

通过一段时间全县广大干部群众的共同努力，亚东边境重现安宁，社会局势稳定。

再苦再累也值得

2007 年 9 月，为了能早日启动项目建设，一方面让农牧民早日得到实惠，另一方面也希望借助项目的开展，尽早熟悉施工流程，积累建设经验，为日后的项目开展奠定基础。我们本着特事特办、急事先办的原则，率先启动了吉林村石板路及排水沟工程和汝丙岗村村委会及排水沟工程两个新农村建设项目，并在施工过程中积极动员群众参与，增加农牧民收入，及时参与协调解决施工中涉及群众利益的问题，使得工程进展得十分顺利。竣工验收当日，该村群众自发地准备了哈达等候在验收现场，为了表达感激之情，纷纷邀请我们到家里做客。吉林村的群众，虽然没有令人为之动容的言辞，但那一句句朴实的感谢，一碗碗饱含温情的酥油茶却足以让我们感动，也足以让我们坚定地实现诺言。

珠居村是一个有着 96 户人家的大村，由于该村地处山坡，常年多雨雪天气，排水不畅，道路泥泞，村民出行极为不便，邻里纠纷时有发生。解决道路排水问题成为镇村两级组织的最大困惑，也是村民最大的愿望。2008 年 5 月，当村民得知我们要前往实地查看现场时，纷纷带来家中的糖果糕点，自发聚集到村委会院落，排队为我们敬献哈达、分发糖果。回荡在我们耳边的是那经久不息的掌声和一声声饱含感激的"拉托基"。那一刻，我们切身体会到项目实施的必要性和现实性，也更加坚定了我们做好项目的决心和信心。现在，该项目已经全部竣工了，每当我们走进珠居村，虽然群众不一定能够分清谁是吴书记、谁是罗县长，但他们一定知道这一切的变化是我们带来的，一定知道我们就是援藏干部。

吉汝乡是亚东最为艰苦的乡镇之一，在二期饮水工程实施时，主要实施的是水压井供水模式，但由于施工及水质方面存在严重缺陷，该乡水源性疾病患者普遍。为了能尽快帮助村民用上安全放心的饮用水，我们投资近100万元重新寻找水源，铺设供水管道近10公里，终于顺利解决了该乡全部村民的饮水问题。竣工验收通水时，许多农牧民专程从夏季牧场赶回村里，手捧哈达，载歌载舞，青稞酒、酥油茶不时传递到我们的手中。我们深深地理解，这不仅是为了庆祝，更是为了感激。

来自家乡的关怀

援藏期间，组织上对我们关爱有加。2009年7月，时任上海市委书记俞正声和上海市委副书记、市长韩正率领上海市党政代表团前来考察慰问并亲切看望了我们。2008年9月，时任青浦区副区长陶夏芳率青浦区代表团进藏考察慰问。这对远离家乡来援藏的我们来说，是一种激励更是一种关爱，激励我们努力做好工作，为援藏事业添砖加瓦，缓解我们对故乡的思念之情。

我也经常主动向派出单位汇报在亚东的工作生活情况，争取领导的支持，积极筹措各类援藏资金，用于亚东经济社会各项事业建设。2009年8月，时任青浦区委组织部部长李子俊率团带着上海青浦工业园区管委会及园区内企业到亚东进行考察慰问，同时也为亚东县农牧区农牧民捐赠了500套太阳能照明设备。这批价值80余万元的设备解决了亚东二乡六村450多户农牧民的照明问题，其使用功能非常先进，在受赠的农牧民中得到了很好的反响。

三年的援藏工作，虽没有做出惊天动地的大事，但我始终牢记嘱托，在沪藏两地党委、政府和上海第五批援藏干部联络组的正确领导及社会各界的关心下，依靠亚东县各级党政组织和广大干部群众、驻军部队的大力支持，积极发扬老西藏精神，为促进亚东经济社会跨越式发展和社会局势长治久安尽了一点

绵薄之力，被亚东当地的干部群众亲切地称为"雅古度、奔不拉"！

　　离开时，我更是深刻地明白：援藏不只是为了促进民族团结、社会和谐，还应当是要让农牧民得到真正的实惠；援藏不只是要做我们能做的事，更要做农牧民需要却无能为力的事；援藏不只是要留下好的形象，更要留下好的印象。既已情牵雪域高原，自当心系群众冷暖。虽已离开多年，雪域高原上留下了我挥洒青春埋头苦干的足迹，留下了我人生中浓墨重彩的一笔宝贵经历。西藏"小江南"，是我魂牵梦绕的第二故乡。

带着尊重之心去援藏

　　许峰，1971 年 8 月生。现任上海市青浦区人大常委会办公室、研究室主任，机关党组书记。2010 年至 2013 年，为上海市第六批援藏干部，担任中共西藏自治区日喀则地区萨迦县委副书记。

口述：许　峰
采访：孙　盈
整理：孙　盈
时间：2020 年 4 月 16 日

我清楚地记得那是 2010 年 4 月的一个星期五，那天也巧，上午我把手机忘在办公室就去开会了，组织部同志辗转联系到我时，已将近中午，下午一点之前需要我明确回复是否愿意去援藏。当时我的儿子即将念小学一年级，这三

◀ 2010 年 6 月 17日，上海市第六批援藏干部欢送式后许峰与家人合影

年将是孩子快速成长的时期，想到家属一人教育孩子的辛苦，说不犹豫是假的。没想到我和家属一商量，他们很是支持我进藏，这让我放心了。

带着尊重之心去西藏

经过 2010 年第六批次对口援藏调整轮换，青浦区是初次对口援助萨迦县，一切工作都是从零开始，需要细致规划、摸索前进。当时我是区总工会的副主席，在处理工作上思路比较清晰，也有新想法，面试和体检都顺利通过。进藏之前，我又拜访了多位有援藏经验的老领导，与他们进行了交流。既了解了一些工作方法，助力我更好地实现角色转变，也受到了很多鼓励。时任区委书记高亢也找我谈话，他说的话我至今记得。他说："援藏干部也是西藏的干部，你要自觉地接受和服从当地党委的管理和安排！"上海市第六批援藏干部总领队闵卫星书记的话也时刻提醒着我："如果在尊重当地干部尤其是尊重民族干部方面做得不够，那么三年援藏工作必然大打折扣。"

对民族干部、对当地群众的尊重，需要体现在方方面面。出发前纪律教育上的一个例子，我记忆犹新。与藏族干部、群众交流时要尤其注意，可以问他们是否能讲普通话，问能否讲汉语是不妥当的，这会人为划开民族间的距离。这更让我坚定了要带着一颗真心去，带着尊重之心去。我不是居高临下地去援助，而是去学习，去和当地干部一起共同进步，去让祖国的边疆更稳固，民族更团结。

萨迦县隶属于西藏自治区日喀则市，地处喜马拉雅山和冈底斯山之间。萨迦，藏语意为"灰白土"，直接就体现出了土地的贫瘠。我初到萨迦县时，目之所及无半点绿色。虽然萨迦县现在摘掉了贫困县的帽子，但我十年前去的时候，条件还是很艰苦、很恶劣的。虽然做好了充分的心理准备，但在高原缺氧、饮食不适应和思念家人的身心磨砺之下，一开始我还是不太适应的。萨迦县城海拔超过 4300 米，饮用水含钙量高，长期饮用对身体有损伤。我的身体素质算不上特别强健，但一头扎进工作之后便会忘了自己在高原之上，缺氧问题倒也克服了，饮食问题却困扰了我很长一段时间。我一点也不能吃辣，西藏饮食近川菜，令我吃起来很是痛苦。我花了一年稍微才适应了辣味。

　　我刚到萨迦的时候，晚上基本无事可做，这也给了我更多的时间思考"援藏为什么、在藏干什么、离藏留什么"这些问题。打开电视，虽然能看到30余个频道，但由于县城有线电视线路年久老化，电视屏幕上全是雪花，收视效果很差。有一天晚饭后，我看到司机拿着很多 VCD 碟片走过，叫住一问才知道，县政府机关大院还能看到电视频道，县城其他地方只能通过无线接收的方式收看电视，而且只能看到两个藏语频道，有些家庭根本就看不到电视节目。

　　在县里，我是分管宣传文化、精神文明和党建的副书记。反复琢磨后，我觉得让萨迦群众看上更好的电视节目、丰富老百姓的精神世界，或许是我这个副书记应该做的一件事儿。国境线上反分裂斗争任务繁重，优秀的节目能增加西藏人民的凝聚力、向心力。2010 年底回沪休假期间，我把自己的初步想法——全面提升和改造萨迦县城有线电视线路，向区委书记作了汇报，得到了他的同意和支持，更给了我很大的鼓舞。

改造萨迦县城有线电视网线

　　2011 年 8 月中旬，在我的牵线下，青浦区党政代表团对日喀则地区和萨迦县进行了成功访问，与日喀则地委、行署主要领导和萨迦县党委、人大、政府三套班子领导进行了座谈，并带来了 100 万元援助资金。

　　改造电视线路的资金，由青浦区一次性汇入了萨迦县财政账户，接受当地财政部门的监管。在如何确定实施项目主体问题上，我决定利用县宣传、文广、农电、财政等部门的资源和力量，依靠当地干部职工的聪明才智和能力，发挥其干事的积极性和主动性，委托县文广局为主具体负责实施。

　　2012 年 4 月初，萨迦县城的有线电视网线改造工程如期开工了。施工期间，我会经常看看有线电视入户工程的进展，遇上不会说普通话的老人，我不能完全听懂，但他们紧握着我的手，眼睛亮闪闪的，我能明白他们的意思，这给我注入了很大的力量。我工作间隙也时常去文化广播影视服务站转转，看着标准化有线电视前端机房一点点成形，仿佛也看到了干部群众围聚在电视前的其乐融融。机房内宽大的屏幕墙，未来将能呈现几十个电视频道，普通话与藏语双语的播音将传进千家万户。

▶ 许峰（右一）检查
青浦区出资援建的
萨迦县标准化有线
电视前端设备

　　经过两个多月的紧张施工，当年 6 月底这项工程通过了日喀则地区广电局组织的验收。整个工程新建了有线电视播出前端机房一座，共改造和新铺设线路 8000 余米，免费向约 1500 户用户派送收视用机顶盒。县城范围内不仅完全消除了收视"空白"和"盲点"，而且收视频道从改造前的 36 个增加到 48 个，收视效果也得到了极大改善。特别是县城周边的宗果村、萨木林村、夏巴村、日琼村等 4 个村约 1300 户农牧民彻底告别了只能收看到两个无线电视频道的状况，极大地丰富了广大农牧民群众的精神文化生活。这项工程在日喀则地区 17 个县中属于首例，因此受到了县委、县政府和地区广电局领导的高度评价。

　　萨迦以前是靠电缆传送模拟信号，改造之后变成了光纤传送数字信号，传输变得更稳定了。县电视台 2010 年下半年开通萨迦频道并试播"萨迦新闻"，2012 年根据我的要求又开播了"萨迦藏语新闻"节目。每天播放的自办节目时间也从 1 小时增加到了 12 小时，很好地适应了有线电视网络逐步覆盖农村地区后广大农牧民群众的多样化需求。有线电视线路的成功改造也保障了党的十八大期间电视节目的收看。文化广播影视服务站多吉站长数次向我表达谢意。萨迦拥有了自己的藏语和普通话播音员，受众面更广，节目更多元化，老百姓的幸福感更高。这让我非常有成就感。

萨迦县委、县政府主要领导感激地对我说："许书记，你办了许多我们一直想办而没有办成的事情，我们全县人民要感谢你，感谢青浦区委、区政府，感谢青浦人民！"想到从此以后，萨迦百姓能够看到更多的精彩的电视节目，想到群众精神文化生活得到丰富与满足，想到党的政策通过电视这一媒介更好地得到宣传和传播，我的心里确实有一种不辱使命的快乐。

不仅如此，为提高工作人员的专业素质和技术水平，服务站还先后派出 5 人赴上海参加为期两个月左右的培训，培训内容主要为转播技术和管理等，更好地服务广播影视工作。

改造了有线电视网络本是一件便民惠民的好事，后续的收费会不会成为广大居民和农牧民的经济负担呢？望着满天繁星，我又陷入了思索。后来经过讨论，在我的要求下，县委、县政府责成县文广部门：对县城居民用户必须维持原先的收费价格不涨、收费方式不变，并积极增设专用服务窗口方便城乡居民报修和缴费；对县城周边 4 个村约 1300 户农牧民适当降低月租费收取标准，对贫困农户予以免费。真正将好事做好，为百姓服务。

2013 年 1 月，使用青浦区援建资金为萨迦县电视台添置了新型电视节目编辑机等设备。此举不仅大大提高了县电视台自办节目的采编效率和质量，而且也提升了县文广局为民服务的工作水平，成为萨迦县文广系统自觉借鉴学习上海先进工作经验的缩影和标志。

自觉接受"老西藏精神"教育

"没有调查就没有发言权。"工作之余我经常和当地干部谈心，也去村民家里走走。当地干部群众听说我是上海援藏干部，都很热络地向我表达了想了解上海、感受上海、学习上海的愿望。

西藏自治区原党委书记张庆黎同志在调研援藏工作和看望援藏干部代表时说："会团结是大本事，会协调是大能耐！"这句话我常常想起，也指导着我的工作。一方面，援藏干部也是西藏干部的观念深入我心，尊重、团结西藏干部群众，才能更好地开展工作；另一方面，协调搭建沪藏交流的桥梁，引进来也走出去，让萨迦的发展更具可持续性，成为我工作的另一个重点。

▶ 许峰（左）下乡调
研强基惠民工程
情况

　　两地的交流合作在我的推进下开展了起来。2010 年底回青浦休假期间，我向区委、区政府汇报了由青浦出资并接收萨迦县干部职工来青浦挂职培训的想法，得到了区委主要领导的赞同和支持。2011 年 6 月和 11 月，萨迦县 6 名宣传群团系统青年后备干部和 25 名党政干部及农业技术人员分别在青浦夏阳、盈浦街道和区总工会接受了为期一个月的挂职锻炼和半个月的学习培训。后来，在来青挂职的 6 名青年后备干部中，有 5 人走上了部门和单位的领导岗位，其中 3 人在 2012 年乡镇换届中分别走上了乡党委书记、乡长等基层主要领导岗位。这让我非常欣慰。学生时代我从未离开过家乡，去萨迦是我第一次长时间离开上海。我把萨迦当成了我的第二故乡，我和萨迦人民的感情还是比较深厚的。后来我虽没有机会再次进藏，但他们每次来上海培训或工作交流，总还是要和我见上一面，聊聊这些年的发展的。

　　2011 年，经我牵线，萨迦县宣传文广系统代表团也来到了青浦区。考察了青浦电视台、图书馆、博物馆、上海东方绿舟青少年活动营地和行政服务中心办事大厅之后，考察团的干部对我说，实地感受确实更受震撼。青浦区行政服务中心"一门式"集中为民服务的模式给代表团全体成员留下了极为深刻的印象，回到萨迦后，县文广局领导即开始着手筹建萨迦县第一个部门便民服务专用窗口，以求提高办事效率和服务水平。这让我觉得这段时间的辛苦筹备没有白费，领导干部受到了鼓舞，明确了方向，只是第一步，让这座喜马拉雅山北麓的县城更为人所知，才能使萨迦的发展更有可持续性。

萨迦在通往珠峰大本营和阿里地区的必经之路上，来萨迦的旅客都只是短暂停留。萨迦寺虽然历史悠久，但独木难成林，这给萨迦打响旅游品牌造成了一定的困难。大家不知道这个地方，不了解它所面临的困难，就谈不上帮助它脱贫，帮助它更好地成长。萨迦迫切需要走出去，为更多人熟悉。在我的提议下，萨迦县电视台和青浦区电视台相互在黄金时段播放介绍对方历史人文风光和经济社会发展情况的电视专题片，扩大了知晓度，走出了友好交流的第一步。

援藏资金和项目是必不可少的，但更重要的是带着一颗尊重之心去援藏。在三年的时间里，我时刻不忘自己是一名援藏干部，也是西藏的干部，认真履职、不辱使命，真诚地与当地干部群众一齐开展工作，倾听他们的诉求，尊重他们的想法，支持他们的工作。2011年初，在我的协调和争取下，新到任的县委书记专门听取了我分管部门的工作汇报，当场解决了一些实际问题，极大地调动了这些部门干部们的工作积极性。我坚持每年拜访地区相关部门，积极争取上级部门的支持。三年里，仅县总工会就先后争取到上级工会计划外下拨的支持资金约13万元；县妇联在争取红十字会农村饮水改造项目上取得积极成果，仅2011年一年内就完成4个农村饮水项目，解决了超过690人的饮水困难，受到了广大农牧民群众的好评。记得2011年五一节前夕，我和县工会主席为筹建县职工书屋之事，专程拜访了地区总工会。当上级工会同意破例拨付5万元专项资金后，这位藏族汉子动情地对我说道："许书记，今天是我最开心的一天！"

援藏期间，我在落实青浦与萨迦之间对口交流、项目援建、捐资助学和结对帮扶等活动中，感受到了支援地和受援地干部群众彼此之间的尊重、理解和支持。现在回忆起来，我为西藏做得还不够多，但西藏留给了我很多。

2012年初，胡锦涛总书记在参加全国人大西藏代表团审议讲话中特别强调了要大力弘扬"老西藏精神"。三年援藏，给我留下最深印象的是这些在藏

◀ 许峰（左一）调研
萨迦县雄玛乡防洪
水利工程时与乡村
干部在一起

工作的干部、群众，他们就是实实在在践行"老西藏精神"的楷模。他们有些夫妻二人都进藏，但工作地相隔遥远，其实一个月也难见一次，更多的内地干部是只身一人进藏工作，他们带给了我太多的感动与激励。我的援藏只有短短三年，而他们中的有些人，在西藏奋斗了一辈子，甚至子孙也都为边疆建设奉献了青春。

赠人玫瑰，手有余香。我带着尊重之心来到了第二故乡，不仅了解了国情、历练了人生，而且收获到了当地广大干部群众对我的尊重和信任，这是我援藏无悔的原因所在！

真心真情扶贫帮困　谱写沪滇情谊新篇

　　许卫峰，1953年7月生。原中共上海市青浦区委统战部副部长、区台办、侨办主任、区侨联党组书记，现已退休。1997年7月至1998年12月，为上海市第一批援滇干部，担任云南省红河哈尼族彝族自治州人民政府扶贫办公室副主任。

口述：许卫峰

采访：王方元

整理：王方元

时间：2020 年 3 月 26 日

按照《上海——云南对口帮扶与经济社会协作"九五"计划纲要》，1997年，上海市与云南省确定了青浦县与红河州绿春县、元阳县建立对口帮扶关系。青浦县委、县政府十分重视，主要领导率团赴云南实地考察，并根据绿春、元阳两县的实际情况制定了帮扶方案。1997 年、1998 年，青浦县共为绿春、元阳两县提供帮扶资金 302 万元，涉及基础设施、教育卫生、种植业、养殖业、加工业、温饱试点村、养猪试点村建设、科技农业实用技术、师资培训及劳务扶贫等 13 个方面 35 个项目。

拳拳赤子之心　结缘"彩云之南"

1997 年 7 月 2 日，我被组织选派为上海对口帮扶云南的联络员，担任云南省红河州人民政府扶贫办公室副主任，主要负责对口帮扶与经济协作的联络、服务、协调和落实等工作。

入滇以来，在担任红河州扶贫办副主任的十八个月里，我通过不断学习中央相关工作精神，使自己加深了认识，深感党中央、国务院作出的由经济发达地区对口帮扶欠发达地区这一重大决定的正确英明。我本人对被组织选派参加

◀ 当地村民致谢青浦
扶贫帮困工作

扶贫攻坚、对口帮扶工作，也是感到十分光荣。实事求是地说，第一批援滇干部是开创者，非常不容易，万事开头难，觉得自己肩上的担子很重，任务十分艰巨，但是有决心、有信心，会不遗余力地与当地干部群众同呼吸、共命运、心连心，为贫困群众解决温饱、脱贫致富贡献自己的力量。

少说多做、只做不说，牵住扶贫帮困的"牛鼻子"

搞好对口帮扶工作，深入调研、摸清情况是基础。实事求是地说，尽管自己有上海知青到云南、参军入伍在云南的经历，对云南有所了解，并在这次入滇前查阅了相关资料，作了些准备，但到了实地以后还是感觉有很大出入。绿春、元阳两县贫困面大、贫困程度深，基本解决贫困人口的温饱问题面临困难仍然很大。比如，绿春县截至 1997 年底还剩 7.3 万人未越过温饱线，占全县总人口 37.4%，占全州贫困人口的 14%。这部分贫困人口大多分布在地域偏僻、自然条件恶劣、科学教育落后、生产和生活条件极差的地区；财政十分困难，1996 年、1997 年绿春县财政收入虽比上年略有上升，但自给率仍不足 10%，远远低于全州 7 个贫困县的平均自给率水平；基础设施建设难度大，抵御自然灾害能力弱；教育文化落后，劳动力素质低等情况。

我感到，解决这些困难问题，仅仅依靠当地的财力推动是不行的，要加快当地经济和社会发展，不仅要有工作思路，还要有资金项目来支撑相关的工作。为此，自到云南以后，我经常深入到绿春、元阳两个贫困县的扶贫攻坚乡、贫困村、贫困户调查研究，形成调查报告和帮扶方案，细化落实措施，并在具体实践中狠抓落实，力求做到帮扶到村，扶贫到户，受益到人。概括起来就是做到"三个结合，一个发挥"，让村民有饭吃、有水喝、能上学、能就医。

第一个结合是把对口帮扶与发挥当地自力更生、艰苦奋斗结合起来。我在 1997 年 7 月调查了解到，绿春县的子雄与托牛两个村公所被巴德河分隔，长期以来，因为无钱建桥，每到雨季群众只能架起简易竹桥，行人过往十分困难。1976 年以来由于雨季洪水猛涨，竹桥经常被冲塌，到 1997 年已经死了 5 人和 10 多头牛马。我记得 1997 年 7 月 23 日，托牛村公所巴东村的一个村民到乡政府背水泥，不幸被洪水冲走，下落不明。得知这一情况，我一方面积极协调落实建桥资金；另一方面发动当地群众投工献料，大家的积极性都很高。最终，从建桥资金到位至竣工验收并投入使用仅用了三个多月的时间，这在大山深处算得上是高速了。这座桥建成后使绿春、元阳两县 4 个村公所 23 个自然村一万多人受益，特别是河两岸子雄与托牛两个村 3000 多亩田地耕种有了保障，方便了群众的生产生活，受到了当地百姓的交口称赞。

同时，积极修筑乡村和村寨道路，修建通电设施，为元阳县攀枝花乡碧播村公所解决了通电问题，使 7 个自然村 525 户 2237 人和两所学校从此告别了持松明子和点煤油灯照明的原始落后方式，改善了生产和生活条件，提高了村民的生活质量。

第二个是把贫困地区的愿望与要求同青浦县的实际与可能结合起来。贫困地区干部群众解决温饱、脱贫致富的愿望和要求相当迫切，往往会提出过高的要求、过大的项目、过多的内容，心情可以理解，但很大程度上要与本县的实际与可能结合起来。我在调研中发现，以粮食为基础，以种植业养殖业为主，发展千家万户都能办、千家万户都受益的长效产业，是解决贫困人口

◀ 依靠科技大力推广
水稻良种良法

温饱、实现脱贫致富的关键。我们在元阳县新街镇四个办事处投入资金，依靠科技大力推广水稻良种良法，提高单位面积产量，增加粮食总产，这是解决贫困群众温饱的基础。同时在元阳县新街镇办事处推广100亩水稻旱育稀植红阳1号，并在团结、百胜、热水塘三个办事处推广400亩水稻新品种合系41号。通过实施良种良法、水稻旱育稀植，亩产最高达到603公斤，最低440公斤，平均亩产达到571公斤，比水育秧平均亩增217公斤，增加产量21700公斤。栽种新品种合系，亩产最高达到704公斤，最低400公斤，平均亩产557公斤，比老品种平均亩增203公斤，增加产量81200公斤。两项合计增加粮食102900公斤，获净收益10.29万元，使230户贫困户1165人户均增加447元，人均增加88元，大大增强了广大干部和群众农业科技的观念。

　　绿春县的养猪业一直相对比较落后，长期以来，仔猪供应绝大多数靠外县运进来，路途远，猪的死亡率高、费用大，农民负担重。建设种猪场和养猪试点村，大力发展养殖业是解决群众温饱问题的一个短平快的项目。为此，青浦县投入资金，在绿春县援建了种猪场，占地4.6亩，建筑面积1090平方米，集生产饲养、示范推广、供种供料、培训服务为一体，具备了长白、约克、杜

◀ 统一规划建盖猪厩

洛克、汉普夏四大品牌猪种，形成仔猪供应基地，年可向市场提供杂交仔猪 2000 头，配合饲料 3500 吨，并为面上提供配种服务。至 1998 年 10 月底已向社会提供杂交仔猪 456 头、肥猪 135 头，配合饲料 1250 吨，种猪场创利 4.25 万元，8 个乡镇 56 个村公所（办事处）1875 户 9400 人受益。

在这基础上，青浦县又加大了资金投入，在绿春、元阳两县援建了 8 个养猪试点村，推广科学养猪，为农民统一规划建盖猪厩 439 个 4487 平方米，由原来放养改为厩养，熟喂改为生喂。饲养仔猪 1478 头，加强防治，形成养前、养中、养后一条龙服务。同时利用荒山荒地种植木薯、芭蕉芋等饲料 1800 多亩，杂交苞谷 1000 多亩，使 8 个村 370 户 1952 人年人均占有粮可望达到 310 公斤，直接受益的农民群众达 2000 多户 10000 多人，其中 434 户 2427 人可以在短期内解决温饱问题，有的还可以脱贫。

为了增加贫困地区劳动者的收入，解决温饱、脱贫致富，增强整体素质，1997 年，青浦县率先有计划、有组织地招收绿春县 208 名务工人员到县里一家企业工作，该企业为他们安排衣食住行、生活用品等，规范管理让他们无后顾之忧。他们在企业里干了 9 个月，最多的寄回家 8000 元，少的也有 4000 元，所得报酬基本上实现了"一个打工，全家脱贫"或"一个打工，全家温饱"的目标。更难能可贵的是，这些贫困地区的青年走出封闭的大山，走进开放的市场，得到了锻炼，学到了知识，接受了信息，开发了智力，掌握了技能，提高了素质，成为当地脱贫解困的先行者、勤劳致富的带头人。尝到甜头的贫困农民体会到了通过外出务工可以脱贫致富，形成了一人带十人，十人带百人的"滚雪球"效应。据不完全统计，前述的那家企业到目前为止，仅从绿春县先后招收的务工人员就达到 1500 多人。劳务扶贫形成常态，众人务工，脱贫致富，取得很好的效果。

第三个是在具体选择帮扶项目时同体现受益范围广、受益群众多结合起来。要发展经济，实现温饱，摆脱贫困，最终要靠科学技术和提高劳动者整体素质。从教育入手，截至 1998 年已经建成"青春希望小学"，可招收 8 个班 350 名学生，覆盖人口达 3521 人；专派师资培训组到绿春培训 8 乡 1 镇中小学骨干教师 118 名；帮助县一中创办了微机室，填补了该县无微机教学的空白，并开展"1+1"助学活动，使 100 名因家境困难而失学的儿童继续上学。绿春县地处偏僻山区，卫生医疗条件相当落后，为改善贫困村卫生室的医疗卫生条件，在充分调研的基础上，青浦县为绿春县 82 个村公所卫生室添置了 82 台高压消毒锅、164 个血压计、82 套接生包、164 个听诊器、164 个出诊箱，受益服务达 18 万人。同时还在绿春、元阳两县新建 12 所"白玉兰"卫生所（每个卫生室 80 平方米），设值班室、诊断室、治疗室和药房，直接受益 95 个自然村 4622 户 24726 人。

一个发挥是让有限的帮扶资金发挥出最大的效能。绿春县的玛玉茶是云南具有独特品质风格的历史名茶，在全省供不应求，当地的农民有较强的生产经验和生产能力，在距绿春县城近 100 公里处有个万亩玛玉茶基地。为了解决加工难的问题，绿春县领导和有关部门恳请青浦县援建茶叶加工厂，我们经实地考察后，在绿春县万亩茶叶基地中援建了年加工生产能力 40 万公斤的茶厂，援助帮扶资金 30 万元，购置成套加工设备 17 台。茶厂全部建成投产后，使万亩茶叶基地中 400 余户 2000 余名茶农（其中包括从缺乏生存条件迁移过来靠种植茶叶维持生活的 193 户）摆脱了茶叶加工难的困扰，人均年收入可达1800 元，户均年收入可达到 7800 元，实现脱贫目标。与此同时，每年可上缴

◀ 援建茶叶加工厂

税收 50 万元，年获利润 200 万元，成为绿春县的支柱产业，达到了富民又富县的目的。

援滇的经历，是我一生中最珍贵的财富

1997 年、1998 年，青浦为云南省绿春、元阳两县无偿提供资金 302 万元（其中 45 万元是市专项拨款），为使帮扶资金与帮扶项目内容紧密结合、专款专用，早日完成，受益于农民群众，在实践中我狠抓落实，加大督办和督查力度。1998 年 9 月，我到绿春县戈奎乡巴达村督查温饱试点村建设情况，由于公路塌方，无法行车，我与同行的同事翻山越岭步行 28 公里到该村督查。在元阳县攀枝花乡碧播村公所的通电项目建设中，青浦县的帮扶资金到位后，迟迟不能开工，我为这事在多次协调督办有关部门效果不大的情况下，向州、县领导专题汇报并得到关心支持。保证了碧播村公所 7 个自然村 525 户 2237 人和两所学校通了电，从此告别了持松明子和点煤油灯照明的历史，改善了贫困地区农民群众生产和生活条件，提高了生活质量，为贫困户创造了稳定解决温饱的基础条件。经过大家的共同努力，我们惊喜地看到了扶贫攻坚与对口帮扶所取得的丰硕成果，绝对贫困人口大幅度下降，这是非常不容易的。

　　帮扶期间，我也充分感受到了贫困地区干部群众战天斗地、艰苦创业的精神。贫困地区地理环境、自然条件差，经济发展困难大，抵御自然灾害能力弱，工作难度大，在这种情况下，贫困地区广大干部群众不畏艰难、不畏险恶，战天斗地、艰苦创业，取得了一个又一个扶贫攻坚战的胜利，这种精神是值得学习的，并激励我以更饱满的热情做好今后的工作。同时，也磨炼了自身在艰苦环境中开展工作的坚强意识。这次组织上选派我到云南贫困地区从事对口帮扶工作，与贫困地区的干部群众一道打扶贫攻坚战，说实在的，工作环境、生活环境和社会环境都要比我们青浦县差很多，安全系数低很多，尤其在具体的扶贫帮扶工作中经常到县、乡、村、户搞调研、抓督查、抓落实，遇到过无数次的塌方、滑坡、泥石流，车路不通就步行走，身体有病坚持干，锻炼了坚强的意志，体现出上海的形象、上海的速度、上海的效率、上海的精神，不辜负组织的期望。

矗立在哀牢山上的丰碑

施剑文，1966年9月生。现任青浦区二级巡视员，中共上海市青浦区民政局党委书记、局长。1998年12月至2000年12月，为上海市第二批援滇干部，担任中共云南省红河哈尼族彝族自治州教育委员会党组成员、副主任。

口述：施剑文
采访：李健飞
整理：李健飞
时间：2020 年 4 月 20 日

1998 年 12 月，我加入了上海市第二批援滇干部行列。按照组织的安排，为了使我既能正常开展扶贫工作，又不影响自己所从事教育管理的业务，还能接受锻炼，我挂任了云南省红河州教育委员会副主任职务，半年以后由于自己工作努力，又熟悉教育工作，被红河州委任命增补为红河州教委党组成员。

1.5 万公里的调研

在当地开展工作，下乡调研是关键。而下乡调研，如果想深入了解当地的情况，就需要融入当地老百姓之中，与他们打成一片，这样他们才会打开话匣子，才会更加支持我们的工作。在当地，我会和老百姓们围坐在一起，喝喝酒、聊聊天，慢慢地培养我们之间的共同语言，使得扶贫工作能够更顺利地开展。当时我花了近 150 天的时间，先后 4 次到国家级贫困县元阳县、绿春县的12 个国家级及省级扶贫攻坚乡的 40 个自然村、56 所农村贫困学校、100 多户农户家庭，行程 1.5 万多公里，进行实地调查，了解了县情、乡情、村情，分别听取了各级领导、群众的意见和扶贫思路，多次召开了由教育、卫生、科技、农业、林业、畜牧业、扶贫办等部门参加的座谈会。通过调研，掌握了实

◀ 深入贫困地区开展
安居温饱工程调研

情，明确了对口帮扶的目标：对口帮扶工作是相互交流，相互学习，缩小地区差距，实现共同繁荣；对口帮扶的目的是提高人的素质，加快社会、经济发展；对口帮扶的出发点是解决温饱，实现脱贫，确立劳动致富的观念；对口帮扶的态度是扶真贫，真扶贫；对口帮扶的思路是帮扶到村，扶贫到户，得益到人。

扶贫也可以创新

十里不同天、十里不同语、一山分四季的现象我终于感受到了。汽车爬到半山腰，眼前群山陡峭耸立，一座连着一座，宛如一条条起伏跌宕的长龙。陪同我的绿春县扶贫办主任龙刀者是一个典型的哈尼族干部，他指着对面的哀牢山说："我们前往的下一个扶贫攻坚乡——绿春县戈奎乡就在前面山头上。"到了戈奎又走了两个多小时来到大山上的八达村，这是一个典型哈尼族的寨子，全寨 37 户 150 多人，大多是茅草土坯房。生活虽然还不富裕，但比前些年已有飞速发展。自青浦区对口帮扶绿春县以来，在八达村投入 15 万元，实施温饱示范村，帮助开展种植业、养殖业和饮水工程、沼气等村容村貌建设；投入 2 万元提供一套适合山区条件的卫星电视接收系统；投入 1 万元解决寨子通电;投入 2 万元建造了一所一师一校校点;投入 3 万元在附近建造了一所"白玉兰"卫生所。说起这几年的变化,村主任拉着我的手动情地说:"现在日子好过多了,有饭吃、有水喝、有衣穿、有学上、有电视看,生病也有地方治了。最近大家正在合计着,投工投劳,赶紧把公路修通,那时候我们就有好日子过啦!"是啊,到那时候村民确实有好日子过了。如今,村民们开始懂得根据市场需求,科学地培植经济林果,进行科学养猪,一个以种植、养殖为主的庭院经济已具雏形,并逐步形成规模。

说着说着,围来许多村民,他们一个个惊奇地看着我,一个个上前和我握手,嘴里都在说些什么,但我听不懂,旁边的龙主任当起了翻译,说:"他们都说要谢谢上海人民,感谢上海青浦人民。他们要看看上海人长得怎么样,和哈尼人有没有区别。他们想讲好多话,但不会说普通话,总之是感谢你们的话。"几个农民又特意从家里拿了几个鸡蛋硬塞给我,让我尝尝山里鸡蛋的美味(鸡和鸡蛋是哈尼人招待尊贵客人的最珍贵食物)。看到这一切,听到这一切,我亲身感受到了上海人民对云南人民的深情厚谊在此时此刻的一种真情回报。在这里,我更欣喜地看到当地各级党委、政府为摆脱贫困、改造世界所作出的功绩;看到为上海市以及社会各方援建的温饱示范村、希望小学、卫生所、饮水工程、光亮工程、仔猪场等帮扶项目而树立在绿春县晋思公房边的标志和功德碑。

我当时作为第二批援滇干部的一员来到红河州,由于当时是对口援滇的早期,还处于探索时期,有很多情况需要进一步了解,很多后来看似顺理成章的措施和项目,当时其实并未被人提及。由此,我也意识到,我们的任务不单单是对当地的扶贫,更需要探索出一些适合推广的扶贫模式和机制,这也成为我在红河开展扶贫工作的出发点和落脚点。刚到红河,调研所到之处,老百姓的生活状况无一不使我震惊、使我警醒。很多当地百姓向我们表达了希望可以帮助他们改善最基本生活条件的愿望,而他们的这些诉求也正是作为早期援滇干部必须马上解决的问题。

虽然是在 20 世纪末,但是上海的扶贫工作非常重视对口援助地区人民的精神生活,所以捐献了大量的金属抛物面状的卫星锅和电视机,希望可以丰富

◀ 青浦区援助的之阳县沙拉托乡坡头村公路竣工

当地农村百姓的文化生活。但是，我们在当地调研时发现，很多村寨根本没有通电。没有电，电视机怎么用？随即，我与当地扶贫办和上海市人民政府合作交流办公室取得联系，经过商讨之后，我们开始了一项创造性的工作——"光明工程"。其实，1997 年 5 月 7 日，国家确定的"中国光明工程"已进入实施阶段，并承诺五年内将有 800 万无电贫困人口成为这一工程的首批受惠者。

　　之所以说是创造性工程，是因为这是首次将扶贫工程与国家的"光明工程"计划相结合，在一定程度上丰富了"光明工程"的适用场景和范围，为此工程的机制创新提供了一条新的思路。当然，这样的做法也得到了上海方面的大力肯定。实施期间，我当时作为红河州教委副主任，联合当地县政府、电力局等部门一起开展工作。与很多扶贫项目一样，采用了我们提供项目资金，当地老百姓提供劳动力的方式。在我离开的时候，已经为绿春县和元阳县的 30 余个自然村通上了电。这些自然村的通电项目的投入在两三万元，所以当时这一项目两年的总投入不足 100 万元，但是却使成千上万的人从一片漆黑进入了"光明时代"。

　　由于这一项目解决的是很多受助地方亟须解决的电力供应问题，因此很多对口帮扶地区开始规划并实施这一项目，实现了项目的以点带面。最终，在很多对口帮扶地区推广实施，帮助更多的人告别了一片漆黑的夜晚。

"一来一去"的"智力扶贫"

我是 1998 年 12 月到红河州开始对口扶贫工作的。1999 年，我在当地开展了另外两项创新工作：让当地医生到上海去，把上海老师派这里来。这样的"一去一来"，取得了非常好的效果。

之所以"让当地医生到上海去"，是因为看病有时需要必需的医疗设施基础，但是红河州的医疗设施与上海存在着巨大的差距，如果把上海医生派到这里，虽然医术没有变化，但是巧妇难为无米之炊，而且上海的医学名家较多，让当地医生到上海，更有利于对他们进行全方位、更便利的临床培训。

"把上海老师派这里来"，每学期中小学各选派五名上海的老师，其实这也是第一次从官方层面派出支教老师。他们要做的并不是简单地为当地学生讲课，因为我认为即使老师讲得再好，受众面也只会是那十几个、几十个人。在当地，这些支教老师的主要任务是开展数学、英语等学科的教研活动，将当地的老师每月一次集中到县里面，对当地老师进行培训，将先进的讨论法、读书指导法、任务驱动法等教学方法和"对象"意识的教学理念，以及具体知识传

◀ 施剑文（左一站立者）在青浦区援建的希望小学教室看望上课的学生

授给当地的老师。讲课的"对象"由学生变成了老师，这样受益面就极大地增加了。

在教育方面，不仅"把上海老师派这里来"，而且在之后的时间里，我们还在当地选拔了 20 多名农村优秀初中生，将他们送到上海的实验示范性高中就读，并在上海参加高考，使他们享受一部分的政策优势，更好地报效当地、回馈社会。最后，这些优秀学生中很多都成为同龄人中的佼佼者，有的在当地州政府工作，有的在上海工作生活，有的成为青年企业家。其实这也是对当地的扶贫项目之一，看到当地学生那么刻苦勤奋，看到当地老师希望他们成才的焦急心态，我们想到了这样一个"智力扶贫"的措施。

后来，我从红河州回到上海工作之后，为当地多做一点事情的初心仍然没有忘记。十六年来，我与当地的领导和对口帮扶的历任干部，都保持着非常良好的关系。自我回来之后，一有时间我就会去自己曾经奋斗过的红河州，并通过募集社会资金为当地捐建了多所希望小学。

"不愧为上海干部"

青浦各级领导对帮扶工作十分重视，切实做到议事放上"桌子"，工作放上"位子"，预算放上"票子"，主要领导亲自率团每年一次赴滇实地考察，扶贫资金足额拨付，为我们开展好扶贫工作提供了坚实有力的保证，是我们扶贫干部的坚强后盾。

两年的工作历程，面对边疆交通、物质生产的落后，要做的扶贫工作不吃大苦、不伤筋骨是不可能做好的。两年来，为完成上海市、青浦区（县）下达的扶贫任务，我跋山涉水行程 5 万多公里，足迹遍布红河州 13 个市县，特别是绿春、元阳两县 20 多个扶贫攻坚乡、40 多个自然村。走过柏油路，绕过土石路，爬过泥石流，蹚过红河水，攀过哀牢山，光靠两只脚走路就有近 300 多公里路。感受很深的是从州里到绿春县途经元阳县行车 300 公里用言语难以形容的，连续崎岖的山路，历时八九个小时，一天行程将经历一年四季的多种气候，雨季时还有滑坡、塌方、泥石流危险。有一次在绿春县下乡到农村，一路上滑坡共 200 多处，汽车难以通过的就有 50 多处，70 多公里路汽车要走 13

◀ 施剑文在绿春县骑
马坝乡老街子村
考察

个小时。从县里到温饱示范村，有的尽管才二三十公里路程，"三菱"越野车行驶了三四个小时，还要换成"北京"吉普车，再换拖拉机，然后走上一个多小时才能到达目的地。更不用说从县里到自然村行 150 公里以上的路，加上一会儿行在海拔 3000 米以上的高山上，一会儿行在海拔不到 100 米的红河大峡谷，整天头昏脑涨，劳累不堪，真可谓是"蜀道难，难于上青天"。旱季时晚上睡觉有时没有水洗漱，还遭受了多次的跳蚤叮咬。尽管工作环境差些，但想到能实实在在为老百姓做事，内心却是高兴的，从而也经常受到当地干部和老百姓的赞扬，他们说："我们今天真正看到上海人的形象，不愧为上海干部。"

两年的援滇工作让我感受很深：一是尊重当地、密切关系是做好扶贫工作的依靠。虽然说边疆县的整体发展是艰难的，但边疆各族干部在这么恶劣的自然环境下工作，精神状态是积极的，政治素质好，有强烈的事业和责任心，他们勇于开拓，乐于奉献，致力于造就一方的经济发展而兢兢业业，顽强拼搏，他们是我们学习的榜样。所以我们在实施扶贫工作的过程中更是尊重当地实际，尊重当地干部、群众，因地制宜，扎扎实实地开展工作。同时，我们的工作也只有充分依靠当地干部、群众才能把党的扶贫举措深入贯彻到最实际、最基层、最需要帮助的地方去，让贫困的人民群众真正感受到社会主义制度的优越性，共产党领导的伟大、光荣与正确。二是团结友爱、互相支持的团队精神是做好扶贫工作的前提。在异地，远离家乡，加上语言、生活条件、工作环境等的障碍，确实有诸多不便，但两年来我们在省、州联络组的关心下，州内援滇干部互相照顾、彼此关心，发挥了团队精神，树立起了顽强拼搏的意志，我们在互相理解、互相尊重、互相宽容、互相激励中建立了深厚感情，实实在在地履行了施工员、监督员、协调员的职责，为上海对口云南的帮扶工作添了彩、争了光。三是严于律己、加强党性锻炼是做好扶贫工作的关键。作为一名扶贫干部，必须要以良好的精神状态和风范站在时代的前列、站在工作的前沿。因此，在工作、生活中我时刻以一名共产党员的高标准，上海干部的良好形象严格要求自己、鞭策自己、衡量自己，以 1 人（个人）＝ 4 人（当时红河州联络组成员）＝ 12 人（当时上海援滇干部）＝ 46 万人（当时青浦常住人口）＝ 1300 万人（当时上海全市常住人口）的公式严于律己。

二十年过去了，上海市各级领导欢送我们的场面，初到云南的新鲜情景，和红河州人民、广大少数民族同胞道别的画面时常浮现在眼前。在红河州各族人民、各级领导的帮助支持下，圆满完成对口帮扶任务，自己内心深感欣慰，正是由于自己的不懈努力，取得了扶贫工作的成效，从而得到了州、县领导及老百姓的肯定和赞扬，同时红河州的各族人民又以特有的热情关心、帮助着我，让我深感亲切和温暖。两年时间是短暂的，但对我的影响是深远的，我在红河州得到了锻炼、塑造，积累了一笔一生享用不尽的人生价值财富。

我将永远铭记红河州工作的日日夜夜，永远记住红河的山山水水，红河的一切。

大山在呼唤

程伟，1959年9月生。原中共上海市青浦区建设和管理委员会党委书记，现已退休。2001年5月至2003年5月，为上海市第三批援滇干部，担任云南省红河哈尼族彝族自治州州长助理。

口述：程　伟
采访：张卫福
整理：张卫福
时间：2020 年 4 月 10 日

2002 年 4 月 7 日，是我在云南挂职从事扶贫工作中一个极为平常的日子。西南红土高原上风和日丽，春天的阳光已与上海的夏天一样，照在身上直让人感觉火辣辣的。

◀ 翻山越岭前往村寨

在上海市青浦区对口帮扶县、国家级贫困县、地处中越边境的云南省绿春县的我，这一天要和县扶贫办的小白、县广电局的小陈一起，计划用三天时间徒步去该县大黑山乡罗布巩和拉龙两个村委会了解那里老百姓的生产、生活情况，为争取上海援建该乡"安居温饱"工程项目作实地调查研究。

上午，我们从县城出发，吉普车沿着县内唯一的柏油马路行进了一个小时后拐入了乡村土路，汽车在颠簸中继续"跳跃式"前进。中午，车开到一个叫骑马坝乡龙塘畜牧场的地方，往后朝着我们目标的方向就再也没有让汽车前进的路了。我们三人下车，换上军鞋，背起行装，为了便于爬山，我们还从附近的农家每人要了一根竹竿做拐杖，就这样开始了我们的徒步考察。

遥远的村寨

我们顶着烈日，沿着山间狭窄、崎岖的小道行走着。途中遇上一对家住罗布巩村的中年农家夫妇与我们同行。走累了，大家在路边一起休息时，我了解到这是他们平生第一次上县城，由于路途遥远，村内大多数的人还没去过县城甚至是乡上。说话间我看到他们的脸上挂满了实现去县城愿望的喜悦。在绿春县全县 3096 平方公里（近半个上海市那么大）的大地上，重峦叠嶂，沟壑纵横，是 100% 的山区，除了山还是山，找不到一块像样的平地，那所谓的县城也只不过是在山梁子上的一条狭长的街道。我们走了一个多小时，来到了河谷，蹚过河继续向山上进发。由于疲劳，我们已无暇顾及青山绿水、蓝天白云的美景，专注地走着，翻越了一座又一座山……

由于大山的阻隔，而且山高坡陡，田地分散，各个村寨一般都分别居住在不同的山头上或者山腰间，村民们耕种田地或相互之间联系需要走上几个小时的山路是很平常的事。这山与那山的村寨，往往是看得见，走不到。

经过四个小时的翻山越岭，我们终于来到了罗布巩村委会欺尼村寨。该村有 44 户、242 人，村民 100% 是哈尼族。我们走进村寨的这条小道就是他们祖祖辈辈联系外部世界的唯一方式了。村民们从来没看见过电视，更不知道什么叫电话，生了病就到山上采点草药，绝大多数农户居住的都是泥巴墙、茅草顶的房屋。卫生状况更是不堪入目，村外村内是两种截然不同的景象。

第三天下午，我们从拉龙村走回大黑山乡政府的路途，也是跋山涉水了五个多小时。我们从村寨下了山，沿着河谷一直往下游走，一次又一次蹚水过河，也记不清蹚过了多少次河，据当地人说走到乡政府要蹚过 98 次河。有的地方行走太艰难，我们就手脚并用地爬过去；有的河底太滑，我们就相互搀扶、小心翼翼地蹚过去。即便这样，县广电局的小陈还是一不小心在河里摔了下去，所幸的是他背包里的摄像机和手机在双层塑料袋的保护下幸免于难。而我那挂在他脖子上的照相机就没那么幸运了，光着身子痛痛快快地洗了个凉水澡。就是在这样艰难而漫长的路途中，我看到了一个村民背着一片石棉瓦向我们迎面走来，擦肩而过。我回头看着他远去的身影，心想他家为了告别茅草房，需要付出何等艰辛。

我们还是幸运的，因为是在旱季完成了这次调研，而且这三天老天开恩没有下过一滴雨。如果在雨季，许多河谷就不能跨越，只能从高山上走更长更远更艰难更危险的路，雨季的山路经常是晴通雨阻，还会遇到塌方、泥石流等危险。要完成这样一次调研，那就不是三天，可能是五天、六天甚至更长。我们是在旱季来到这里，而这里的人们却不管是旱季还是雨季，不管是晴通还是雨阻，不管是遇到塌方还是泥石流，不管路途有多么遥远，都得去种地、去收获、去赶街，孩子们都得去上学、去砍柴、去放牛。

跋山涉水砥砺前行

在第一天的行程中，当我们又来到另一个村寨昔备村的时候，不知不觉，晚霞已经爬上了山头。我们走访村寨农户了解情况后，就在这里住下了。

那一晚，我平生第一次在祖国西南边陲一个极为偏僻而贫困的小山村的一个普通农户家的茅草房中度过了一个难以忘怀的不眠之夜。这里除了茅草房还是茅草房，屋内可以用家徒四壁来形容。他们除了那茅草房，除了家里仅有的那头猪，再没有什么更值钱的东西了。大部分农户人畜混居。几个月前这个寨子犯了猪瘟死了十几头猪，使本来极为贫困的农户雪上加霜。他们的生活是如此艰难，如此脆弱。

我被安排睡在一个小阁楼上，借着柴火的光线，我摸着摇摇晃晃的竹梯子

▲ 实地检查扶贫项目
开展情况

爬了上去。弯着腰站在床前，竹篱笆的地板吱吱作响。由于一天的劳累，我倒在床上就睡。但是由于屋内木柴烧火，弥漫的烟雾直呛得我喘不过气来。更让我无法入睡的是，睡下不久老鼠便开始活动了。在我床边甚至是床上东奔西跑，我用手拍打着床，老鼠们便安静下来了，可没过多久，它们又重新开始了更猖獗的活动。我急切地盼望着黎明快点到来……

终于，屋内屋外公鸡开始啼叫，新的一天开始了。我再也熬不下去了，匆匆地穿上衣裤，爬下竹梯，摸开了门，轻轻地走了出去。天还没亮，隐隐约约看见对面大山的轮廓，我便在门外来回走动几下。突然想方便一下，可寨子里也没有一个公共厕所，我只能趁着天色未亮，到村边田头去匆匆完事。

我是如此艰难地度过了这么一个难熬的夜晚，而村内的这些哈尼族同胞就这样世世代代、祖祖辈辈平静地在这里繁衍生息。他们也许觉得生活本来就是这样。这里大部分农户种的粮食尚能填饱肚子，除此之外孩子上学、生病买药以及日常生活购买盐巴、生活用品的钱就基本上无着落了。

整个村寨还很安静，我们便开始了第二天的行程，而我们的肚子却唱着"空城计"。同行的县扶贫办小白向我解释道："程助理，这里的村民一天只吃两餐，我们到了对面的罗布巩村再吃早餐。"我也只能入乡随俗了。我们走下河谷，又翻上山梁，在九点不到十分的时候，终于战胜饥饿顺利到达了海拔1400多米的罗布巩村。

我们接着就随村干部走访村寨农户。该村居住着78户人家、380人，也是纯哈尼族，除4户人家盖起了石棉瓦房，其余均是破矮的茅草房，有些房屋的土墙已经严重开裂，有些房屋已经倾斜。更严重的是这里70%的农户粮食不够吃，青黄不接之季就靠木薯、野菜度日。缺粮的主要原因是山高坡陡田地少，另外是缺水。在走进一家特困户家时，我看见他家的口粮已所剩无几，便从口袋里掏出200元钱塞给主人，并嘱咐村干部替他家换点粮食。

上午十点半，我们终于迎来了今天的第一餐。桌上摆好了简单的酒菜，出于入乡随俗，我也只能先喝上两口。其实我早就渴望那香喷喷的米饭了，我这时感觉粮食太重要了、太可贵了。"温饱"确实是办一切事情的基础。但就这个看似很简单的道理，在城市很少会有人去留意它。

走进山寨访贫问苦

第二天下午，经过三个半小时的翻山越岭，我们随身携带的水早已喝完，又渴又热又累，艰难地爬到了坐落在海拔1600多米山头上一个叫马普梁子的拉祜族寨子。由于与村民语言不通，我们便在该村村校的屋前坐下来，向老师了解情况。该村全村共30户、183人中仅有3名小学毕业生，大部分是文盲或半文盲。不懂科学、缺乏技术，粮食也是广种薄收，最后许多人家也是粮食不够吃；村民们还普遍早婚，而且只与本民族通婚，基本上处于封闭状态。为了改变这种落后状况，县内与该村挂钩扶贫的县广电局去年送去了石棉瓦，出资聘请了代课老师，并发动村民们搭起了这间能上到二年级的一师一校（即只有一个老师的学校）的土坯房。去年秋天30名学生（包括已超过年龄至今没上过学的）入学了，遗憾的是，我们只看到剩下的18名学生还在继续顽强地学习。我难以预测，他们中会有几人能坚持到去外村寄宿上三年级甚至读完小学。贫困山区的老师也确实不易，眼前的这位代课老师月工资才300元，他的家到这个村寨需要走七八个小时的山路。为了让下一代少一个文盲，让这个村寨的未来多一分希望，他还得不断地去做辍学学生家长的工作，尽管收效甚微，有时甚至还得垫上书杂费用。

晚上，我们赶到了拉龙村，它也是拉龙村委会的所在地。这个村委会共有224户、1240人，由6个自然村组成，由于田地分散的原因，分别居住在不同的山头上，大部分村寨没有学校，许多学生上学都需要走上几个小时的山路。拉龙村拥有该村委会最高层次的学校，可读到小学四年级。五年级开始学生就得到更远的其他村委会去读书，上初中就得去乡上，上高中就得去县城……对于大部分农家孩子来说，上初中上高中这只能是美好的幻想了。失学的原因主要是家境贫寒，除此之外，有重男轻女的，有家里需要劳力的，也有因为路途太遥远的，也许还有个别的认为不读书也一样生存、一样地传宗接代。

贫困山区孩子们的求学之路就是如此艰难。在这里，若是寨子里能走出一个大学生，那一定包含着学生自己的刻苦勤奋和坚强毅力，包含着全家为此付出的艰苦劳动，包含着众多乡亲们期望的目光。

淳朴的民风

我们从罗布巩村去马普梁子村的路上，下到了海拔七八百米的河谷，再要上到海拔1600米的村寨，整个上坡路上几乎没有树木，而中午却是骄阳似火。正在我们又热又累的时候，看见路边有一个田棚，就不由自主地走进去躲避休息一下。正在田里劳作的主人看到我们的到来，急急忙忙跑回田棚，从里面拿出一大串芭蕉，硬要塞到我们手上。虽然我们素不相识，语言也不通，但当我们接过芭蕉大口大口往嘴里送的时候，田棚主人的脸上露出了灿烂的微笑。其实像这样的情况，在我们的下乡过程中是经常遇到的，在当地这是极为平常的事了。热情好客、真诚善良和吃苦耐劳就是这些贫困群众最真实的写照。

在这少数民族地区，在这偏僻的山区，虽然村民们普遍贫穷，但无论你走进哪个村寨、走到哪家农户，不管家里有人没人，你都可以大胆地推门进去。因为家家户户的门永远不上锁，永远对所有的客人敞开。若家中无人，你也尽管进去休息、喝水、抽烟；若家里有人，主人一定会热情地递上烟筒、泡上热茶，因为在村民们的心目中"来者都是客"。到了开饭的时候，桌上摆好了看似极为简单却是他们竭尽全力为客人准备的对他们来说是最丰盛的菜肴，还有那肯定少不了的用他们自家种的苞谷酿制的最浓烈的也是最纯最好的"头道酒"。当他们举起酒杯的时候，杯中寄托着他们对客人所要表达的全部情感。那烟、那酒，也许不值几个钱，然而却都是他们用辛勤汗水浇灌出来的，是无法用金钱来衡量的。在一次又一次的下乡中，他们的真诚善良和淳朴民风也一次又一次净化着我这个城市人的心灵。

正是由于这些善良和淳朴的人民默默无闻地耕耘和保卫着自己的家园，才使得我们祖国的南疆持久地安宁祥和，为全国的改革开放和经济发展创造了良好的环境、赢得了大好的时机，如今发展起来的地区和人民更应关心和帮助他们早日实现脱贫致富的美好愿望。

希望的明天

三天调研中，了解到村民们最大的愿望，就是希望政府能为他们提供一些水泥，帮助他们建水池、建厕所、建猪厩；提供石棉瓦改造茅草房；帮助他们提高粮食产量，发展经济作物；帮助翻建学校危房；帮助建卫生室。就这些最最基本的要求，在他们看来可能已是很遥远的"奢望"了。

对于调研的所见所闻和亲身经历，我感慨万千，思绪久久不能平静。城市与农村、沿海与边疆、平原与山区，不同地区人们的生活状况存在着如此巨大的差异，几乎是天壤之别。在这里，人们生活的贫困和艰难程度，对于没有亲自来到过的人们也许是难以置信和无法想象的。我深感扶贫工作任重道远，这些大山区里的贫困群众太需要帮助了，他们不仅需要物质上的扶贫，也需要思想观念上的扶贫。我一定要尽我所能用上海人民的强大后盾为他们的早日脱贫办实事、做好事，让他们感受到共产党领导的幸福，感受到社会主义祖国大家庭的温暖，感受到我们这个时代前进的脚步。

令人激动并值得庆幸的是，我们在对全乡 8 个村委会全面调研的基础上，制订出了比较符合当地近期脱贫和长远发展实际的《上海援建绿春县大黑山乡"安居温饱"工程项目建设规划》，这个规划很快获得有关部门批准。在上海市政府援滇帮扶资金中，首期投入 300 万元在包括罗布巩和拉龙在内的贫困程度最深的 4 个村委会，用于实施以安居、温饱和社区发展为主要内容的综合扶贫

◀ 程伟（左）在中拉
青春希望小学

开发工程，将有 31 个自然村、1379 户、7286 人从项目实施中直接受益。在实施这一项目过程中，我也尽心尽责地去维护和代表村民们的根本利益，不辜负他们殷切期盼的目光，不辜负上海人民的希望。我衷心地祝福他们。

在这茫茫崇山峻岭之中，还有更多像罗布巩、拉龙村一样贫困的地方，随着党中央西部大开发战略的实施，国家"十五"扶贫开发纲要的落实，在贫困地区人民的自身努力下，他们的生活将会一天天好起来。我们还仿佛听到大山在呼唤，她呼唤全社会更多善良的人们，伸出你们温暖的双手，献出你们炽热的爱心，给予他们更多的关心和帮助，让他们早日告别茅草房、告别失学、告别贫困，与全国人民一道享受生活的阳光。只要人人献出一点爱，世界就会充满爱。我坚信，边远山区贫困人民明天的生活一定充满希望，明天的日子一定更加美好，明天的笑容一定更加灿烂。

脚下沾有多少泥土　心中就沉淀多少真情

　　张炜，1967年3月生。现任中共上海市青浦区赵巷镇党委副书记、镇长。2003年至2005年，为上海市第四批援滇干部，担任云南省红河哈尼族彝族自治州教育局副局长。

口述：张　炜
采访：王　颖　高胜洁
整理：王　颖　高胜洁
时间：2020 年 4 月 18 日

2003 年，经组织选派，我加入了上海市第四批援滇干部的行列，进行为期两年的援滇工作。怀着对彩云之南既熟悉又陌生、既憧憬又感慨的心情，我踏上了这块美丽而神秘的红土地。虽然自 2005 年回沪至今，这段经历已经过去了十五年，许多事情也在记忆中慢慢淡忘，但两年援滇生活的一些珍贵片段，却至今仍珍藏在我的脑海中。

充分准备，踏上新征程

赴红河州开展对口支援工作，特别是到边疆少数民族贫困地区，我是有点紧张、有点压力的，倒不是说对工作和生活环境的担心，毕竟对于一直在机关工作的我来说，是一个全新的挑战，我觉得扶贫工作责任相当重大。但我相信，只要善于学习、深入调研、贴近实际，切切实实地了解群众在想什么、在盼什么，就一定能做好这份工作、担好这份责任。所以，出发前我一直在做功课，了解当地情况，尤其是青浦对口县——绿春和元阳的情况。通过对云南省、红河州民情、社情的初步了解和掌握，我更加明确了对口帮扶工作的重要性和必要性，明确了目标任务，明确了自己肩上的责任，也更加坚定了援滇的信心。

刚到云南的时候，由于当时正值"非典"期间，我们需要隔离一周才能去红河州，所以我跟其他三位援滇干部一起，利用这些时间认真学习相关文件以及对口帮扶的资料，同时也调适高原气候给身体带来的不适。一周后，我们来到了当时红河州州政府所在地——个旧市。在起初的几天里，我们与当地干部进行了充分的交流，在熟悉、适应工作环境的同时，也总结之前几批援滇干部的帮扶工作经验，思考新一轮对口帮扶工作的创新和提高，分析了未来两年帮扶项目计划。

深入调研，开展新工作

来到红河州以后，我感到要顺利开展扶贫帮困工作，很重要的一点就是要取得当地人民群众的信任。所以，我用真心和当地的干部村民交朋友，了解他们的困难，体会他们的生活，把心和他们联系在一起，从实际出发帮助他们解决工作和生活方面的困难。

到个旧不久以后，我们就开展了第一次下乡调研活动。因为下乡路途比较远，每次都是整理一个行李箱，一去就是一周，最短的也要三五天。首先，我们来到了绿春县进行考察。那天我们一行人坐了 5 个小时的车，我对那天的印象比较深刻，因为从来没有坐过那么久的车下乡，盘山公路又很颠簸，我第一次晕车了。到了以后，当地的干部先是安排我们在县政府招待所住下。招待所很陈旧，设施也很简陋，每个人有一个独立的房间，就是不能洗澡，但对我来说也是能克服的，然后在县里一个小饭馆吃饭，其间对绿春县的概况有了大致的了解。饭后我们就去实地考察了，看到当地的生活条件，我非常震惊，没有亲眼见过的人根本无法想象。眼中所见都是泥墙茅草屋，甚至屋顶都是破的，不少儿童都是衣衫褴褛、赤膊光脚。由于居住条件有限，人畜同住一屋的现象也随处可见。看到这些我蛮难受的，触动很大，意识到扶贫工作的责任重大，意识到扶贫工作的长期性和艰巨性。尤其是绿春县，是整个红河州最贫困的一个边疆县，当时它一年的财政收入还不到 1000 万。

在绿春县调研的时候，我们走入当地哈尼村寨的一户人家，一进门黑漆漆

◀ 张炜（前排左三）在绿春县检查帮扶项目，与当地干部、上海支教老师会面

一片，当我的眼睛适应这样的光线后，我看到他们家徒四壁，用几块黑黑的木板在角落里拼在一起当床，一条破烂的薄薄的旧毯子当被子，家里再也没有任何多余的东西。但是，他们脸上依旧洋溢着朴实的笑容，眼里满含着对我们的期待和希望。看到这些，我心里非常难过，下定决心一定要尽己所能改善他们的生活。

随后，我们又去了绿春县的大黑山乡进行实地调研，由于这里自然灾害较多，特别是5—10月的时候，塌方、山洪、泥石流等经常发生，而且这里地势复杂，道路崎岖，有的村寨车子根本开不进去，开了一段路以后需要徒步几个小时才能到达。我也曾经有几次下乡调研的时候遇到过塌方和泥石流，还好有惊无险，当时陪同我的当地干部告诉我，他们那里的干部下乡主要领导都是要分两辆车坐的，为的就是避免一起发生意外。这里的人都住在山上，几乎与外界隔绝，所以他们的生活方式也都比较落后，信息的获取也很缓慢，经济条件更不用说，是亟须发展、提高的。

按部就班，开拓扶贫新路子

调研结束后，我们回到州政府驻地，整理调研材料，开会讨论，整理工作思路，想着从最基本的温饱入手，一点点改变当前的情况。经过几天的思考、讨论、计划，我们决定在元阳县和绿春县的 5 个情况最差的自然村实施安居温饱试点工程，总投入大概 115 万元，让 414 户 2147 人解决基本温饱问题。后来在 2004 年的时候，为了解决更多村民的温饱问题，我们又启动了红河州温饱村环线建设项目，在元阳县和绿春县共援建了 4 个递进式温饱村，总投入大概 100 万元，让 654 户 3120 人受益。我们通过这些项目，把安居、温饱、环保、教育、卫生和乡村建设、经济发展有机地结合在一起，使扶贫工作从"输血型"变为"造血型"，也为探索扶贫攻坚的新路子产生了良好的示范作用。

但是，我们觉得村民的生活光是达到温饱还远远不够，要实现脱贫必须把经济发展起来。于是，我们再次踏上元阳县和绿春县的土地，我觉得只有实地踏看过，心里才踏实，在实施相关项目的时候才有底气，这次我们要为村级经济发展谋出路。

我们结合元阳县和绿春县的实际情况，先是续建了元阳县马街乡农贸市场，随后在两个县的 10 个自然村扶持建立了山地养鸡示范点以及鸡仔繁育场，同时在 1 个自然村实施了人畜饮水工程。为了改善村容村貌，也考虑到保护山区的自然生态环境，我们又在元阳县沙拉托乡援建了 2 个科学养猪沼气村。这些举措使养殖专业户的经济效益取得了明显的提高，也使 2 个自然村 205 户835 人直接受益。

畜牧业的发展促进了当地农民的增收，但是这些还不足以使这两个县摘掉贫困的帽子。我们几个援滇干部经过多次的调研、交流、讨论，决定利用当地的自然优势，探索"一县一业""一乡一品""一村一特"来发展农村特色经济。经过慎重考虑，我们选择了一些有市场、有特色、有前景的项目进行开发。从保护和利用当地自然优势、调整农业产业结构出发，根据绿春县的自然条件和开发重点，在大黑山乡建设了有机茶示范园；援建了绿春县四号桥野生珍稀蔬菜基地；在元阳县推广种植印楝 1000 亩；援建了戈奎农贸市场；扶持三猛乡哈德村实施冬季工业开发。发展特色经济起到了一定的示范作用，也帮助当地的贫困群众提高了素质、增加了收入，实现了脱贫的愿望。

◀ 张炜在绿春县考察
教育状况，与资助
的学生进行交流

触动心灵，要从根上扶贫

我记得刚来红河州不久，有一次下乡去元阳，在村里碰到一个小男孩，大概七八岁的样子，黑黑瘦瘦的，光着脚，手啊脸啊都是脏兮兮的，就站在茅草房的门口，眼神很无辜地看着我，我就过去问他："小朋友，你爸爸妈妈呢？你今天怎么没去上学啊？"通过交谈，我了解到这个村里还有不少这样年龄的孩子没有学上，一方面是教育资源比较紧缺，另一方面是父母都是农民，不太注重孩子上学的事情。我想着，孩子不上学将来肯定没出路，治贫必须先治愚，一定要解决孩子们的上学问题。回去后，我和几位援滇干部立即与当地教育局、扶贫办的干部商量如何解决孩子们的上学问题。

通过一个多月的排摸、选址，最终我们确定在元阳县和绿春县各建两所希望小学，总投入约248万元，使2377名学生能正常上学。同时，也帮助改善了两县的教师进修学校和绿春一中等学校的办学条件。还通过开展"1+1"手拉手助学活动和依靠社会力量捐资助学，帮助490名贫困学生顺利完成了学业。除了能让孩子们在当地正常上学以外，我们还想再做得更多一些，想让他们能够获得更好的教育，有更好的学习环境，将来能真真正正走出大山、建设

▶ 张炜（右二）考察
呼山长青卫生院

大山、获得更好的生活。我知道青浦和这两个对口支援的贫困县在教育方面也
有帮扶政策，每年招收一定数量品学兼优的初中毕业生到青浦高级中学入学就
读。由于我当时担任的是红河州教育局副局长，就一早开始计划这项工作，由
当地的几个干部陪同把元阳和绿春两个县的所有学校都跑了一遍，尤其关注初
三毕业班的情况。最终，我们在绿春县选出了 5 名、元阳县选出了 2 名共 7 名
品学兼优的学生，把他们送到青浦高级中学入读高中。我也以个人的名义在绿
春县资助了 3 名品学兼优的贫困学生，希望他们能顺利完成学业，改变自己的
命运。我们还有在滇支教的青年教师和青年志愿者，每次去学校调研的时候，
也会及时对他们进行探望和慰问，为他们送去一些家乡人民的温暖和关怀，帮
助他们解决一些工作生活中碰到的问题和困难。

　　除了教育方面，还令我印象比较深的就是绿春和元阳两个县的医疗资源十
分匮乏，很多乡没有独立的卫生院和卫生室，当地老百姓看病比较困难，要赶
很远的路去其他乡，非常不方便，这也是我多次下乡调研的时候，当地干部一
直在反映和希望解决的问题。经过考察和研究，我们决定在绿春县牛孔乡和元
阳县俄扎乡各援建一所卫生院，后来又投入资金 14.5 万元，与长宁区共同在
元阳县建设了一所卫生院和 3 个白玉兰卫生室，配备了医疗器材和药品，使 4

个村以及周边的 12670 人受到初级医疗保障，为当地老百姓真正解决了看病难的问题。

经受锤炼，认识升华

两年的帮扶工作，虽说时间不长，但是对我来说却是受益匪浅。到红河州以后，我一直是以良好的精神状态和面貌面对帮扶工作。我始终记着上海市领导对我们援滇干部提出的思想政治过硬、工作业务过硬、组织纪律过硬、生活作风过硬的要求，也始终记着青浦区领导对我加强学习、勤于实践、扎实工作、从严要求的嘱咐。在工作中，我充分尊重当地的干部群众，虚心学习他们吃苦耐劳的精神和长期扶贫工作积累的宝贵工作经验。

两年里，我真切地感受到当地干部和群众的不容易。同样是对待贫困或受灾群众，过去从材料和新闻上看到他们时，我只是产生一些同情，但是现在，我实实在在地面对他们，看着他们期待的眼神，我感到更多的是一种责任，总是不断地思考自己该为他们做些什么。

两年里，我几乎有一半以上的时间都在下乡调研，走遍了红河州的 13 个市县，尤其是对口县绿春和元阳，我是去得最多、看得最多、想得最多、做得最多。每次过去，与当地干部探讨最多的就是脱贫致富和发展经济的问题，同时，我也注意尽量多和一些来自基层的干部和群众接触，多与他们交流，了解他们的生活状况，了解他们的期盼和需求。正是通过这些，我对绿春和元阳的县情有了更多更全面的了解，对于后来开展工作有了更明确更清晰的方向。

两年里，在那片美丽的红土地上，我真切感受到了祖国山川的博大、民族文化的凝重、生物资源的丰富、当地同胞的淳朴，红河的山山水水、一草一木都深深地刻在我的脑海里，对我来说，这是一笔宝贵的精神财富。两年的帮扶工作是短暂的，但是这段经历对我的影响却是终生的。我一直记着在红河的每一个日夜，也一如既往地关注着我曾经为之奋斗过的对口帮扶事业，这段经历是我人生中最大的收获。

援滇两载　一世留情

　　方志坚，1973年4月生。现任中共上海市青浦区金泽镇党委书记。2005年5月至2007年7月，为上海市第五批援滇干部，担任云南省红河哈尼族彝族自治州招商局副局长。

口述：方志坚
采访：曹剑峰
整理：曹剑峰
时间：2020 年 4 月 10 日

2005 年 5 月 25 日，我经组织选派，挂职云南红河州招商局副局长，成为上海第五批援滇干部对口帮扶云南红河州一员，负责青浦区与绿春和元阳两县的对口帮扶工作。

援滇工作虽然只有短短的两年时间，但我对那段经历至今仍然记忆犹新。这是我人生中最难忘的一段经历，是我职业生涯中弥足珍贵的一个部分，也对我后来的工作和生活产生了深远的影响。

延续使命　接力前行

自 1997 年起，青浦就与云南省红河州的绿春、元阳两县开展对口帮扶和经济协作工作。在我之前，青浦区已先后选派 4 名干部前往红河州挂职，从这 4 名同志看，每位同志都有故事、有亮点、有精彩，都受到了当地州政府的表扬、表彰，得到当地群众的拥护和赞扬，他们展现了青浦形象，体现了青浦水平。

许卫峰是第一批，他那时候各方面的生活设施、交通工具、工作环境都是最差的。但他克服困难，融入当地群众生活，学习当地的云南话，让当地人都听不出是外乡人，把他当作了当地干部。

施剑文是第二批，他根据当地实际情况，实施行之有效的扶贫创新工作模式，一方面努力协调当地医生到上海去，接受全方位、更便利的临床培训；另一方面把上海老师派到云南来，对当地老师进行培训，传递先进的教学方法和理念。

后面程伟、张炜是第三批、第四批，他们用两年时间走遍了全州 13 个市县，经常是撩起裤腿、撸起袖子，跋山涉水下乡调研。受伤了、生病了也坚持不下火线，始终坚守岗位。

我感谢组织上对我的信任，给了我与红河州"相遇相知"的机会。当得知组织选派我接替张炜作为在红河州的援滇干部时，我就下定决心，要以以上同志为楷模，延续对口帮扶的光荣使命，尽心尽责尽力地完成援滇工作，接力前行。

贫困山区 任重道远

青浦主要对口支援绿春县和元阳县，绿春县是青浦唯一一个完整对口支援的贫困县，元阳县是长宁和青浦两区联合对口支援的。

刚来到绿春县时，我的感觉就像是在一个国家森林公园里面，它的生态正如名字一样，绿春绿春，四季如春。其实绿春县原名"六村"，1958 年建县时，周总理依据境内"青山绿水，四季如春"的特点，亲自定名为"绿春"。因此它的自然风光肯定是一流的。但绿春县受特殊的地理位置和高海拔的影响，经济发展落后，当年全县的财政收入才 3006 万元，财政支出 22430 万元，财政自给率 13%，农民人均纯收入仅 1070 元，是一个典型的"边（疆）、山（区）、少（数民数）、穷（困）"的国家级贫困县。

元阳县和绿春县差不多，同样也是一个集边、山、少、穷为一体的国家级贫困县。元阳县因地处红河上游元江之南、哀牢山脉南段，故得此名。2005 年全县共辖 13 乡 2 镇，136 个村委会，970 个自然村，总人口 37 万人，少数民族占总人口的 88%。当年全县的财政收入 4237 万元，财政支出 21083 万元，财政自给率 16%，农民人均纯收入仅 892 元。

◀ 绿春县边远山区
"一师一校"

　　绿春、元阳两县的财政主要还是靠国家转移支付来实现，完全靠发展自身的产业经济来达标是不现实的。说起它们的贫穷落后，给我感触最深的一件事就是，一次偶然的机会，我来到元阳县南部的一个叫芭蕉岭的自然村，在看到村里面的贫困情况以后，确实有一种触目惊心的感觉。此情此景，你会情不自禁地把自己身上所有的钱全部都掏出来，你会觉得自己有责任去为这个村落做些什么实事。那个时候最怕的就是自己只有同情，什么都做不了。幸亏我们援建干部手上还是有一些资源的，当时我就在援建资金里面调整了项目，拿出一部分资金投入这个村寨，改善村里的基础设施、修缮校舍、改善卫生室、增加沼气池等。

崎岖山路　险象环生

　　说起贫困，还有一点不得不提的就是当地的交通路况。往往你看到的两山之间，目光所及，距离很近的地方，车子兜兜转转也都要两三个小时。脱贫致富，不打通交通干线，那是绝对不可能的。没有交通基础设施，交通不能四通八达，物资输送与引进就有很大的障碍。

　　援滇期间，我们会定期到绿春县、元阳县实地调研，由于路途遥远，基本

◀ 方志坚与贫困山区小学生合影

上我们下去的话，至少是一个礼拜。那边的路况也不是很好，一般分三种路，第一种是柏油路，这种算是等级最好的路了，一般也就在州县多一些；第二种当地人叫塘石路，也叫弹石路，就是把泥土和石头混合在一起铺的路，坐在车上一弹一弹的，两三个小时下来，屁股非常不好受，这种路在下面的乡村比较多；第三种路就是泥路，这种路雨天车子开在上面就像在溜冰，返回时要想上来，就很难了，真的叫有去无回。

由于地处山区，道路大多都迂回曲折，坑坑洼洼，非常崎岖。坡度大、弯道急、视距短，经常遇到这种情况，左边是陡峭山崖，右边是万丈深渊，有时还会遇到滚石、塌方，险象环生。

有一次，我正在昆明开会，接到紧急任务，需要到绿春去协调工作，那天一大早出发，整整开了一天一夜的车，晚上十点左右才到绿春县政府。后来回想那一天，真是感到不寒而栗。由于是在晚上，山区里都是没有路灯的，在一个转弯处，我们的车和对面的车在交汇时发生碰擦，幸亏驾驶员机敏，躲避及时，我们只是打掉了一个后视镜。后来我们就在这么一条没有路灯的崎岖山路上，开着一辆一边没有后视镜的车，在山里面兜了两三个小时。可想而知当时内心是多么忐忑。还有一次，在下乡调研时，我们遇到了塌方。塌方在云南是经常性的，因为云南地处喀斯特地貌分布区，雨季时间比较长，5 月份到 10 月份差不多都是雨季，土质比较疏松。在雨中堵了两个小时，后来还是县里面给我们联系了挖机，把我们装载在挖机抓斗里运送过去的。现在想想有时真的是险象环生，不过还是很值得回忆的。所以我说援建对我本人来说一生受益，我觉得年轻的时候能够去祖国边疆历练，把自己的思维、心胸都开阔了，经历得多了，遇到的风险多了，回来以后就会发现做任何事情都有胆气了。

沪滇同心　携手扶贫

　　脱贫并不仅仅是简单的物质帮扶，物质帮扶只能解一时之困。在调研中我发现，越是贫困的地方，思想观念越是陈旧。因为他们与外面接触得少，视野不开阔，往往安于现状。基层尤其是村里教育条件差，教学环境恶劣，一个老师、一间教室、十来个学生组成的一所"学校"，俗称"一师一校"，还不同数量存在。

　　我跟其中几个小孩子聊天，看着他们天真无邪的笑脸，想着他们对读书的渴望，对比他们现实的教学环境，你会不由自主地想去为他们做些什么，一种发自内心的同情会情不自禁地涌现出来，因为那时我也是一个三岁孩子的父亲。在这样的大环境下，大山里的孩子能够稳稳当当地读到高中甚至大学的真的是凤毛麟角，这些人都是付出了非常人般的努力和承载了众多人的期望。那时，我觉得扶贫应先扶智，应当加强边区教育帮扶，逐步提升他们的文化水平和思维层次。一方面，我积极引进社会帮扶资金，用于贫困地区学生"1 对 1"的捐资助学，当时我个人也捐资助学了两名三年级的贫困小学生。另一方面，我与青浦区加强对接，申请项目资金为贫困山区援建希望小学，并协调青浦区优秀教师到边区参加支教活动，帮助边区改善当地教育基础条件。

　　援滇一年后，我与当地关系进一步融洽。当我正在积极探索新的帮扶方式的时候，正巧得知位于青浦区的一家企业有劳务需求，我马上与这家企业联系，通过协调磋商，在当地招募到第一批 100 多名员工。当时这家企业的劳动力需求还蛮迫切的，为了让这些员工尽快从绿春县到青浦区，企业老板直接为他们买了飞机票，那时候这些农民工绝大部分是生平第一次走出大山，更是平

▶ 方志坚（右二）与
当地干部查勘道路
路况

生第一次坐飞机。后来，随着劳务输送模式逐渐成熟，绿春县先后向青浦区分五批输出劳务工600多名，劳务输入公司也由原来的一家增加到三家。劳务输送既为青浦区建设作出积极的贡献，又解决了贫困地区农民就业、增加收入的问题，实现了"一人务工，全家脱贫"的愿望，也达到了"一人走进大城市，全村观念大转变"的效果。

　　我那时候在那边援建，每年帮扶项目资金大概600万左右，分绿春和元阳两个县，一个县大概300多万，资金还是比较有限的，因此主要还是用于改善当地基础设施。比如，当时实施重点村整村推进策略时，要以绿春县一个村寨为试点，以点带面，整体推进。但当时通往该村的道路设施不是很好，大多是泥路，以至于好多项目、辅助设施无法引入村内。因此必须先整体修路，改善道路设施条件。但修一条路成本巨大，而帮扶资金又很有限，在和当地干部商量后，我们最终达成分工决策，帮扶资金只限用于采购水泥、钢筋，其他辅助材料比如石头、黄沙，还有劳工都由当地负责。在项目实施上，我们沪滇两地共同协作，同时也让我看到了当地群众的团结凝聚力。他们为了改善生活条件，都会积极地参与其中，而且几乎是整个村寨全员调动、全员参与，石头没了他们就自己上山去炸石头，自己搬下来，就连妇女孩子也会一起出来干活，那种场面真的是盛况空前。

投之木桃　报以琼瑶

来到云南以后你会发现，这里的老百姓都十分淳朴，而且当他们知道你是从上海来的，不管是上海的干部也好，上海的支教老师也好，或者上海的游客也好，他们都非常热情，都非常好客，因为我们上海的援助项目，整个过程我们都是亲力亲为、跟踪监督的，我们之前的上海援滇干部、支教老师和医生等援建工作都得到了当地群众的广泛认可。

令我最感动的一次是，在我两年援滇时间快结束的时候，所有的援建项目也都已经验收通过了，我回到芭蕉岭自然村，村里面的干部和群众得知后，以他们少数民族独有的仪式，摆上长街宴，围着唱歌跳舞，歌曲舞蹈也都是他们少数民族自编自导的，大家都其乐融融地沉浸在这种原生态的民族文化氛围之中。那天每家每户都前来敬酒，当地老百姓的淳朴从他们的表情和动作上都能够表现出来，都是发自内心的、真诚的，而且让我感觉仪式非常隆重。等到我上车要走的时候，当地群众一边唱歌，一边往我身上、车上塞满他们亲手做的糯米粑粑，此番情景真的让我很感动。云南老百姓就是这么淳朴，他们实际上

◀ 方志坚参加彝族长街宴

需求的也并不是很多，只要你为他们真心实意地付出一点，他们就会永远记在心里，会加倍地回报你。而且我认为我无非是做了一名援建干部应该去做的事，对于他们边远山区所承受的贫困来说，根本算不了什么，但是他们如此重视你、回报你，我真觉得这分量太重，觉得真是承受不起。

虽然现在青浦区对口支援调整为德宏州，但青浦区与红河州两地之间的友情还是源远流长，我对红河州的这份情谊也是永久的。

一趟援滇行，一生红河情！

创新对口帮扶机制　助推边疆脱贫致富

张明，1972年12月生。现任中共上海市青浦区卫生健康委员会党委书记。2007年6月至2009年6月，为上海市第六批援滇干部，担任云南省红河哈尼族彝族自治州州长助理、上海对口帮扶红河州联络小组组长。

口述：张　明
采访：夏春雨
整理：夏春雨
时间：2020 年 4 月 3 日

我爸妈都是农民，家里主要靠种地供我上了大学，说起来我也是靠"书包翻身"，靠学习改变了命运。用那时候的话来讲，我是生在新中国、长在红旗下的一代，是党和国家培养了我，把我从一个农村孩子培养成为一名基层领导干部。因此我看到组织选拔援建干部的通知，一想到自己能有机会给贫困地区的老百姓做点贡献，就毫不犹豫地报名了。

经过组织的考察选派，2007 年 6 月 12 日，我正式到云南省红河州人民政府挂职锻炼，任州长助理、上海对口帮扶红河州联络小组组长。两年的援滇经历，是我职业生涯中非常宝贵的财富，让我收获了与红河州各族干部群众的深厚友谊，也体会到作为一个人民干部要时时刻刻心系老百姓。

把帮扶资金用在刀刃上

我以前对云南的认识就是山好、水好、风景好，在实地走访、跟当地的干部和老百姓聊天后才知道，很多贫困县还处于解决老百姓温饱阶段，不少村民这一辈子都没出过大山。

红河州地处云南省东南部，大多为山脉、岩溶高原，特别是边疆地区，能

◀ 张明（右二）带领
红河联络小组成员
深入贫困地区调研

建房子的平地非常少，生活在山里的老百姓如果要去田里干农活，一般都要在家里提前准备好午饭才出门，因为来回的山路就要走上好几个小时，在雨季还要随时提防泥石流和山体滑坡。在这样的环境下，走出大山对当地老百姓来讲，既费时又费力，每年顶多在逢年过节的时候才去赶个集市，拿点自己家里种的农产品到集市上换换东西，日子也就这么过了。

给我印象最深的一次是去绿春县、元阳县这两个对口帮扶县调研，那是我与红河州联络小组的其他几位成员到岗位后最先走访的贫困县。当时正好是六七月份的雨季，这段时间是降雨最密集的时候，山路非常难走，很容易发生山体滑坡，道路还非常泥泞，就是开越野车，速度也只能开到十几码，开几个小时才到一个地方都是家常便饭，很多时候还只能靠走路才能到。我记得有一次就遇到山体滑坡，道路被阻断了，陪同调研的当地干部就劝我说："张助理，反正雨季也没法施工，过了雨季再去吧，也不影响工作开展啊。"但我还是坚持要到实地去看看。其实我当时就想看看在这个时候，老百姓的生活究竟是啥状态，看看我能帮他们解决啥问题，调研也总不能光看好的一面吧。

后来我们小组几个成员作了分工，差不多利用了两周的时间把13个县市走访了一轮。实地考察之后给大家的触动非常深，也认识到扶贫工作不是光靠投入资金就能解决的，帮扶资金就这么点，把这笔钱用在刀刃上，发挥更大的作用才行。

时任上海市合作交流办副主任周振球在云南工作过很多年，工作经验非常丰富，对云南乡村产业发展的思路也非常清晰。他主张改变以往的这里援建一个村卫生室、那里新建一个小学的"撒胡椒面"式的帮扶模式，提出了集中集聚帮扶资金，"整乡规划、整村推进"的工作思路，把乡镇的积极性都调动起来，把每个村的老百姓也全部发动起来，哪个乡镇能先报出来行得通的方案，我们就把它优先纳入帮扶对象，再走相关流程逐级审批，通过后就立即推进实施。在乡镇的资金使用方面，他们是有一定的自主决策权的，那如何把帮扶资金管好，把这笔钱用好，就非常重要了。在这个方面我是有一定优势的，因为我在青浦区科委工作了五年，有分管区科技发展资金项目的工作经历。我记得2008年的春节前，周主任把我叫到他办公室，因为红河州的经济基础在云南的几个贫困地区里算比较好的，他就想把红河州作为第一批试点，看看能不能探索出一条对口帮扶的新路子。

过完年回到工作岗位，我就立即牵头联络组成员和州扶贫办研究了一段时间，制定了《上海对口帮扶红河州项目资金管理办法》和《红河州上海对口帮扶产业发展专项资金管理使用协议书》，让县扶贫办与项目乡、乡与项目村层层签订协议，让他们必须严格按照工作要求，保质保量地落实推进。这在后来的对口帮扶项目管理、工程质量、资金和物资管理等方面都做出了很好的示范。

得实惠还是要老百姓说了算

有一次我到绿春县平河乡考察，调研上海对口帮扶的项目。在村头我一眼看过去，整个乡是一个长条形，乡里连个十字路口都没有，乡内外的交通要多差有多差，另一面还跟越南挨着；再一细看，当地的老百姓住的还都是土房，就是用泥土和茅草盖的那种房子，如果是手艺好的师傅盖的，土房其实还是冬暖夏凉的，但是要经常修修补补，不然一下雨那就遭殃了，可以说当地的发展环境真的很艰苦。

▶ 张明（左二）实地
调研对口帮扶资金
项目

　　平河乡下巴东村是 2007 年上海对口帮扶的项目村，这个项目实施后对村容村貌的改变还是很大的，砖房替代了原先的土坯房，水泥路都通到了每家每户，这个整体的变化很明显，老百姓都说好。

　　乡村干部跟我说，政府大笔资金从来没给到过这个村，村民知道自己的村被列为上海整村推进建设项目点了，都非常高兴，不少村民主动投工投料，能出力的出力，也有贷款安居改建的，参加村寨建设很积极，最后在大家的共同努力下，项目建设的效果特别好。听完了项目介绍，我感到挺欣慰的，心里想这也是实实在在为村民们办了件大好事。

　　为了后续管理，也算是成果验收，我不能光听村干部给我介绍，还得多了解了解当地老百姓的想法，随后我就又随机走访了几户村民，跟当地的老大爷坐在门口拉拉家常。上海对口帮扶的新农村建设项目，每户安居改造村民能有大概 3600 元的建筑材料补助，而新建一套普通住房一般要 3 万元左右，为了盖新房，这一户如果贷款的话，光靠卖自己家种的农产品作为收入来源，要归还这笔钱也不是一件小事。听了他们的这些想法之后，我觉得给老百姓送实惠还是要考虑得更全面一些，这也是每一位援滇干部都要多花心思的一件事。

让 "输血" 变为 "造血"

俗话说 "授人以鱼，不如授人以渔"。我在援滇岗位上就一直在想，怎么把红河州的特色产业盘活，上海对口帮扶资金都是暂时的，最关键的还是要靠自己把经济搞起来。其实道理谁都懂，但红河州可不像我们青浦的徐泾，大公司都争抢着来投资，客观环境就是这样，改变不了的，那我们只能从本地资源里面找发展新路。

红河州的特产其实不少，比如对嗓子比较好的石斛，也叫铁皮石斛，我们国家的京剧大师梅兰芳每天都要喝，用来保护嗓子。再比如蒙自石榴也非常有名，以前都是作为贡品进贡给皇帝的，2008 年还获得了石榴类别评比的第一名金奖。还有热带地区盛产的香蕉和橡胶，这些农作物的品质都不错，但关键是这边交通太闭塞，又没有上下游的销售链，很难把这些好的农作物规模化地运出大山、送入市场，不少农产品没销路，最后都烂在农田里了，这最令老百姓心痛。

2008 年，我牵头与州扶贫办一起研究制定了《红河州农村致富带头人培育实施意见》，准备培育一支农村致富带头人队伍，因为要想脱贫致富，最终的落脚点还是要有人才。前期我走访了很多当地的种植大户、销售大户，他们大多家庭条件都比较好，民风很质朴，待人也很热情，我就把这个致富带头人的想法跟他们讲了，让大户带动散户致富，大家的积极性都非常高。我搞了一套培养农村致富带头人队伍的工作机制，让带头人把散户的种植模式都规范化，最后大户再从他们手里收购。我这里加大科技培训力度，给政策和资金，一方面把农作物的产量再提上一个台阶，另一方面培养一批能把产品销售出去的人才，推动农村经济发展，也希望能给周边县乡起到示范作用。

我在红河州 7 个国家级贫困县里选了最贫困的金平、绿春两个县，每个县确定了 12 个大户作为致富带头人培育试点对象。在金平县试点培育的 12 个致富带头人，他们当年种植的 390 亩香蕉，销售都非常顺利。2009 年春节那段时间，香蕉的市场价跌得厉害，但总的毛收入也有 100 多万元，33 亩的橡胶长得也非常好。在绿春县试点的 12 户中，6 个养猪户收入大概能有 20 万元，

◀ 张明（右一）商讨
研究上海帮扶项目
实施方案

另外 6 个种植大户收入也都不错。这两个县后来又开展了种植茶叶、八角、草果、香蕉等项目，还有圈养黄牛、科学养猪等项目，主要思路还是扶持特色产业，初期试点都比较成功。在挂职后期，我和小组其他成员的工作重点就是怎么"滚雪球"，再结合其他地区的特点来发展壮大经济。

做沪滇两地的纽带

有一次我带着考察团去参观当地的一所小学，正好赶上学生午饭时间，在操场上我注意到每个小朋友人手一个我们平常喝水用的大茶缸，凑过去一看才知道，原来是孩子们的饭盒，里面装的是米饭和咸菜，咸菜大多是辣子，因为辣子最下饭了。这些孩子都正是长身体的时候，午饭只能吃这个，我也是为人父母的，看着真的很心酸，到现在我一回想起这个画面，心里还很不是滋味。

两年来，我和小组成员一直都在牵线搭桥推动扶贫，上海青浦区的党政代表团，包括科技、教育、医疗卫生等考察工作团组，每次来考察我都会带着他们多转转，看看项目，也让他们看看孩子们。我大概接待了 100 多人次到红河州对口交流，争取了上海社会帮扶资金 200 多万元，援建帮扶项目 22 个，其中援建的希望小学有 3 所，牵线资助了贫困学生 136 名。

　　根据当时沪滇对口帮扶合作的工作要求，也为了强化"造血"功能，我就充当起了营销员，组织红河州农业企业去参加上海举办的农产品展销会，发现红河州的特色农产品非常受欢迎。我作为一名援滇干部是真心想让大山里的好产品走进上海，作为一名上海人也非常希望让上海的老百姓多了解红河州的风土人情。我和小组成员也努力把当地年轻的劳动力送出大山，让当地的老百姓多了解大山外面的世界，然后能学点技术回来支援当地的发展。这两年共为红河州派送到上海挂职干部 23 人，派送培训干部 500 多人，派送专业技术人员到上海培训了 30 期。

　　两年援滇时间是短暂的，但两年的援滇工作经历在我的人生道路上留下了深深的印记，因为在这片红土上有我挥洒的辛勤汗水，还有结交的深厚友谊。尽管已经过去十多年，工作之余，我始终会时常想起当时一起工作的同事朋友，还有熟悉的红土地。我想我一定会找个时间重返红河州，沿着当年的工作足迹，看看七彩云南的新变化。我坚信在党中央的正确领导下，在沪滇两地的共同努力下，在红河边疆广大人民群众的艰苦奋斗下，边疆人民的生活必将红红火火，边疆地区的明天必将会更加美好灿烂！

巍巍哀牢山　片片红河情

　　汪清，1965 年 11 月生。现任中共上海市青浦区工商联党组成员、副主席。2009 年 6 月至 2011 年 8 月，为上海市第七批援滇干部，担任云南省红河哈尼族彝族自治州发改委副主任。

口述：汪　清
采访：陆佳妮
整理：陆佳妮
时间：2020 年 6 月 5 日

踏上工作岗位以来，一直希望能为老百姓多做点实事，丰富自己的人生阅历，磨砺意志。2009 年 4 月 17 日，当我得知选派第七批援滇干部时，就第一时间报了名。最后，经组织选派，挂职云南红河州发改委副主任。6 月 17 日，我们第七批援滇干部 17 人踏上云南之途，开始了两年的对口支援工作。

尽己所能　倾心援滇

记得很清楚，那是 2009 年的 6 月 17 日，我随上海第七批援滇干部集体出发去云南。6 月 18 日一大早，在上海市驻昆明办事处主任孔令军等人的带领下，从昆明市出发来到对口帮扶地绿春和元阳两县，开展为期两年的帮扶工作。到了那里之后，我们才知道，这两个县基本上没有一寸平地，都是高海拔地区，平均海拔在 1500—2800 米。印象中，大约 200 多公里的路程坐了整整 4 个小时的车，其中一部分是高速公路，一部分是二级公路，路况十分不好，说实话当时还有点头晕晕的感觉。到了蒙自县以后，我们请第六批援滇干部给我们介绍了当地的经济、社会、民俗、风情、气候和环境等各方面情况，经过一个多星期的熟悉、了解之后，就正式上岗开始工作了。

　　结合前六批援滇干部的工作经验来看，我们第七批援滇干部当时面临的一个比较特殊的情况就是，2009 年当地的降雨量很少，干旱情况特别严重，偶尔下一次雨也解决不了干旱的问题，反而容易造成泥石流。一般来讲，云南雨季期间（每年 6—10 月），出于对援滇干部人身安全考虑，这段时间上级部门和领导是要求我们尽量减少下基层的，以免因灾害性天气造成不必要的伤害。但是当我们第七批来自青浦、奉贤、徐汇、长宁的 4 名干部看到老百姓生活条件如此艰苦，房子的质量又差又落后，老百姓受气候的影响连喝水都成了问题，只能靠山上的雨水为主，满脑子就只有一个想法，那就是让他们过上好的日子。我们 4 人开了一辆越野车，花了整整一周的时间，每天天蒙蒙亮就出发，沿着哀牢山脉，平均每天驱车七八个小时，步行 3 小时，跨越了数不清的山头和小溪，跑遍了绿春、元阳等对口帮扶贫困县。一方面结合市里援滇任务，加快推动重点项目；另一方面，作为援滇干部，我们也应该想尽各种办法和渠道去解决当地的民生问题，既需要聚焦于自己的工作，不断推进，又要深入加强交流，形成工作合力，把组织交给我们的任务落细、落小、落实。

　　两年期间，作为青浦区外派的援滇干部，我通过种种渠道，想方设法争取到了 250 多万扶贫帮困资金，经过与当地相关部门反复协商及与老百姓沟通，为他们兴建蓄水池、铺设水管子、建造希望小学、捐款捐物等，共帮助解决了 7 个村寨、500 多户村民出行、用水、住房等民生问题，并落地了 16 个扶贫帮困项目，受益群众约 2000 多名。

秉持初心　履职尽责

去红河之前，并没有太多的了解，对它的印象是非常淡薄的，后来知道红河州的全称是红河哈尼族彝族自治州，人口以少数民族为主体，是一个以生产锡为主，同时生产铅、锌、铜等多种有色金属的冶金工业城市，有中外闻名的"锡都"之称。红河在全云南的各个州市里面，经济和综合实力当时排在第四位。还记得第一次来云南是 2001 年世界园艺博览会开幕前夕，印象中云南的景点比较分散，开车要很长时间，路也不好走。时隔八年后再次来到这里，感觉很不一样，在感叹云南地大物博、人杰地灵的同时，更多更深地感受到云南与其他发达省市的差距、边远山区的贫穷落后以及对口帮扶工作的任重道远。

刚到红河州时，看到州政府所在地的城市建设搞得那么好，人民生活也蛮富足的，感到一头雾水，但随后的下基层调研，彻底打破了我刚到红河时的第一印象。至今我还清楚地记得第一次单独下乡的情景，那是 2009 年 8 月的一天，那天我到元阳县看好新街镇全福庄项目后，当地的干部说带我到另外一个地方去看寨子。从乡里出发时是水泥路，虽然不宽，但路还算好走。半个小时后，车子拐进通往寨子的路，那是一条山里泥路，有 4 公里左右，道路崎岖不平，损毁严重。8 月份正处于云南的雨季，路一段干一段湿，干的路面有两道深深的车辙印，中间隆得很高，当地人戏称是贫困地区的轨道交通，湿的路面有许多坑坑洼洼的泥潭，人坐在车里仿佛是在颠轿子，坐也坐不稳，路边不时看到有村民在修补道路。经过近一个小时的颠簸，我们终于来到村口。刚下车，一股浓烈的粪臭扑面而来，路上的猪粪、牛粪在山水的冲刷下流得满地都是，有几个小孩赤着脚在路上玩耍。走进寨子，满眼都是土坯房子，外面黄黄的，里面仅有少得可怜的几件基本生活、生产用具。从寨子出来后，一路上我没说一句话，说实在的，那天的所见所闻是我有生以来最震撼、最揪心的。以前在上海时也知道中国贫富差距很大，到了云南之后，没想到差距竟然如此之大。

两年多的时间里，我们冒着随时可能塌方落石的危险，翻山越岭、走村入户了解致贫原因、群众需求，积极探索社会参与扶贫协作新思路。通过与青浦区民政局慈善基金会及各相关部门的对接，和一些大型企业的牵线搭桥，捐赠了3所希望小学，兴建了5个饮水工程。兴建的过程非常辛苦，由于村寨都在偏远的高山上，道路坑坑洼洼，运输水泥和砖头的物资车根本上不去，我们只好和当地村委会协商，按户出劳动力，协助他们一起人力背上山。当时给我留下深刻印象的是，有一个寨子，喝水很成问题，需要从山上引水下来，深入了解之后发现他们缺乏的不是劳动力，而是启动资金，后来我们想办法筹措到了20万帮困资金，帮助村里接通了水源。验收的时候，我觉得踏踏实实、真真正正地办了一件实事、好事，当地的老百姓十分高兴，解决了他们生活的后顾之忧。

扶贫扶智　任重道远

俗话说"读万卷书，行万里路"，但是由于受经济基础的制约，许多农民才刚刚越过温饱线，农村的孩子根本没有城市儿童那样的上学环境和条件。他们没有固定的教室，今天在这个地方，明天下雨漏了就换一个地方，门窗就是几块零零星星的木板，黑板坑坑洼洼，课桌椅就是自己做的木板凳，有些连凳子都没有，条件非常艰苦。由于居住分散，路途遥远，好多学生都是住校的，一张床横着睡4个人，根本没有舒服度可言。一天只有两顿饭，一个星期吃一顿肉，平时几乎都是白饭。后来有机会我带女儿去云南，特意带她去现场看了看，我说你去过之后感受怎样？她说她想象不出来，对她的触动太大了。两年时间，我通过种种协调，发动了青浦区发改委的同事，联系了青浦工业园区的企业和社会上方方面面的力量，一共安排了200多个爱心人士结对帮困了200多名学生，每个学生每个学期援助500元生活费。为了帮助这些孩子改变现在的生活，我当时想了很多办法，终于找到了朱家角的一家外资企业捐了30万元，在当地兴建了一所希望小学，让更多贫困地区的孩子身心能够得到健康发

▲汪清（右）与扶贫帮困哈尼族学生合影

展。新校舍建成的那天，我和红河州红十字会的领导参加了学校的剪彩仪式，看到老师和孩子们像过节一样高兴，说实话，我的心里很激动，当时眼眶是湿润的。我还向学校捐赠了一些书本和学习用品，想尽自己的一些绵薄之力给孩子们营造一个好的学习环境，尽可能帮助更多的学生顺利完成学业，帮助他们走出大山。

援滇期间，我走遍了对口帮扶的绿春县、元阳县的山山水水，除了直面贫穷、落后，更多更深的感受是当地政府和群众对改变家乡落后面貌、脱贫致富的渴望和信心。平河乡是绿春县实施"三个确保"的乡，按照要求，2009年和2010年对口帮扶的项目都安排在这个乡。对此乡党委、政府十分重视，倍加珍惜来之不易的机会，把上海对口帮扶工作作为平河乡加快新农村建设的重要机遇，因地制宜，大胆创新，采取"政府主导＋农民集体＋项目支持＋部门帮带"的模式，推进新农村建设。通过帮扶，基础设施明显改善，村民生活水平明显提高，人居环境明显提升。在年度验收项目时，当看到开阔的乡村公路通达村村寨寨，干净整洁的卫生路四通八达，一幢幢装扮靓丽的小楼坐落在寨中，清洁卫生的自来水接到家家户户，我感受到扑面而来的乡村振兴新气象，村民们各个满脸笑容，争着告诉我们村里的变化。那一年的新年，当地村民热情地邀请我去参加他们的长街宴，当看到桌子一张接一张地连在一起看不到尽头，桌子摆满了丰盛的饭菜，村民们围在一起载歌载舞时，我感到由衷的高兴和欣慰。上海的真情帮扶和当地干部群众的共同努力扮靓了边陲山寨，圆了当地人民多年的愿望。

产业扶贫是一项重要的工作抓手，我们当时做了两件事情。一是在村寨当中建立适合当地发展的特色产业项目，比方说种植草果。之前在上海的时候，我根本没有听说过草果这种作物，到了云南之后才知道草果是当地重要的经济作物，也是老百姓重要的经济来源。草果喜欢生长在1500米以上半阴半阳的高山里，对生长环境要求很高。为了帮助村寨选择合适的种植区域，确定种植范围和种植密度，我和元阳县扶贫办的同志连续三次钻进树林里实地考察，由于山路不好走，很滑很泥泞，好几次差点滑下山去，到了林子里蚊虫很多，每次咬到二三十个包一点不稀奇。通过大家的共同努力，草果项目最终获净收益约50.6万元，使230多户贫困户1000多人受益。二是因地制宜帮助当地确定产业方向，然后解决种苗问题。虽然说石榴是当地的特产，但是因为苗很贵，老百姓买不起，所以石榴产业成不了规模，达不到效益。后来，我们经过反复商量和勘察，当时投入了大概500多万的资金，建了一个万亩石榴园，这是上海市扶贫资金的重点项目，也是我们第七批援滇队伍中红河联络组做的一个州级项目，上上下下倾注了不少心血。这个项目的建成，带动了七八个寨子的石榴种植户，受益人群约600多户，净收益约420万元，帮助蒙自县打开了上海和北京的市场，使蒙自石榴陆陆续续走向了全国。目前，红河的石榴产业发展很稳定、很有前景。

在红河，处处都有让人肃然起敬的脱贫带头人和扶贫干部，他们的身上体现出勤劳和励志、情怀和坚持。这些都让我在逐步学习积累的过程中，收获着知识，更收获着很多感动。我体会到当地人民的热情和质朴，感触到同志们传递的友善和包容，感受到当地干部群众所特有的拼搏和奉献。我开始真正认识到"我需要扶贫，远甚于扶贫需要我"。两年的经历给我最大的感受，就是我们开展扶贫工作，不要只看到项目本身，项目是载体，是显示度，其实真正需要扶的是两个东西：一个是智，就是习总书记常讲的"扶贫必扶智"，"输血"

不如"造血",这是内在的原动力;另一个是公共社会事业的内容,比如卫生、科技、教育等保障民生的实事工程。

两年的援滇工作时间虽然短暂,但弥足珍贵,留下的红土真情定会在今后的工作、生活中让我受益匪浅。衷心祝福红河,我坚信红河的明天会更加美好!

悠悠红河情

　　陈卫群，1970年9月生。现任中共上海市青浦区白鹤镇党委副书记、镇长。2011年6月至2013年6月，为上海市第八批援滇干部，担任中共云南省红河哈尼族彝族自治州扶贫开发办公室党组成员、副主任。

口述：陈卫群
采访：汤　玲
整理：汤　玲
时间：2020 年 4 月 24 日

2011 年 6 月，我作为上海市第八批援滇干部之一，肩负着上海市、青浦区领导的嘱托和对口帮扶的光荣使命，满怀着上海市及青浦区人民对云南省红河州人民的深情厚谊，开始了两年的对口帮扶工作。

两年的时间虽然不长，却在我心底深深地印下了红河的水之美、山之美、人之美。时至今日，我的微信个人信息中，地区一栏仍写着"云南　红河"，因为红河是我的第二故乡，我喝着红河的水，怀着红河的情，深情地走过了两年。

初到红河

2011 年 6 月 17 日，我随全体上海市第八批援滇干部一起来到昆明，经过一天的调整和再培训，于 6 月 18 日到达红河州。在到红河之前，我做了大量的功课，了解红河的各方面情况。红河州地处云南省东南部，北回归线横贯东西，因国际河流"红河"流经全境而得名。红河是云南省经济社会和人文自然的缩影，是云南近代工业的发祥地，也是中国走向东盟的陆路通道。全州辖区面积 32931 平方公里，2012 年户籍总人口 447 万人，除汉族外，境内还居住有哈尼族、彝族、苗族、壮族、回族等 10 个世居少数民族，少数民族人口占

58%。红河州具有多山区、多民族、贫困面大、边境线长、区域发展不平衡等基本特征。立体气候、生物多样、文化丰富、资源富集、区位独特、森林资源丰富，红河在云南桥头堡建设中具有重要地位，南部与越南毗邻，国境线长达848公里，拥有河口、金水河两个国家级口岸，云南的第一个海关、第一个电报局、第一个邮政局、第一个通商口岸、第一家外资银行都诞生在这里。

然而，"纸上得来终觉浅"，到了红河之后，看到实际情况，才算真正体会到"边、山、少、穷"的具体含义。而在后来工作实践中，我看到了边疆少数民族地区经济的快速发展，以及社会事业等各个方面的长足进步；感受到了这里领导干部和人民群众的精神面貌，以及经济和社会进一步发展的优势。同时，也看到了东西部地区存在的差异和地区内部发展的不平衡，更深地体会到加强对口帮扶协作，加快西部大开发的重要性所在。

深入调研　了解民情

在当地开展工作，下乡调研是关键。红河州贫困地区主要分布在边境山区、石漠化山区，这些地方耕地少、土质沙性强，社会发展程度低、基础设施建设滞后、产业结构单一、生产生活条件差，信息闭塞、交通不便、生产力水

◀ 陈卫群（右一）与红河联络组同事调研贫困群众饮水问题

平低。为了更好地掌握情况，找准方向，有的放矢地实施帮扶项目，两年来，我 200 多次深入贫困村寨，行程近 4 万公里，走遍了红河州 13 个市、县，重点是上海对口帮扶的 7 个县，特别是青浦区对口的绿春县和元阳县，先后到达过两个县所属的村落共近 100 个（次），走村串户，座谈了解村情民意，倾听农民呼声，帮助他们解决困难。

其实一开始去下乡调研还不适应，因为下乡进山的道路要么是坑坑洼洼、崎岖不平，要么是一边悬崖一边峭壁，这样的路，车子往往一开就是几个小时，很多地方车子到不了，就靠两条腿走，翻山越岭，跋山涉水。"一山分四季，十里不同天"的气候，可以让我上午被晒得浑身发烫，大汗淋漓，下午被淋得全身湿透，寒气逼人。晴天满身灰，雨天一身泥；走不了了，就留在乡村，和当地干部同吃同住。开始时，往往一天下来浑身乏累，第二天两条腿酸痛得走不了路。每次下乡，总要不同程度地遇上这样或那样的困难或艰险，在两年的对口帮扶工作中，我多次经历过暴雨、塌方、泥石流、冰雹等自然灾害。尽管如此，我还是坚持下来了，同时也磨炼了自己的意志品质，培养了不畏艰辛、吃苦耐劳的拼搏精神。我记得有一次去村里调研，有一段山路我们车子刚刚开过，道路就塌方了，那次塌方比较严重，还造成了两人死亡，其实当时我们如果晚一两分钟，可能也会遇到危险，但是万幸我们刚好错过了。因为这次塌方，山路也被堵得无法通行，后来我们回去的时候绕路多开了五六个小时，这也让我更深刻地感受到当地群众生活的艰难、不易。

因地制宜　开展帮扶

通过全方位的调研，我对所到之处的村容村貌、贫困程度都有了较详细的了解，特别是对贫困地区的人民群众缺什么、等什么、想什么、盼什么以及我们应该干些什么做到心中有数，进一步提高了解决推进对口帮扶地区扶贫开发难题的能力。

我们发现，红河州的贫困一定程度上源于气候环境。比如，多发的旱灾使不少地区夏粮歉收，秋粮难以播种，经济作物和林果收成难以保证，不少群众因灾返贫。贫困地区群众生活困难程度加深，加重了扶贫开发的任务，增加了扶贫的难度。旱灾也使扶贫减灾项目建设进度受影响，增加了年度工作的压力。扶贫整村推进、产业扶贫、小额信贷等项目因旱灾难以开展，雨季到来后生产和建设的矛盾将凸显出来，解决起来更加棘手。

我记得当时红河州的贫困人口数量在全云南省排名第二，约占全州农村人口的20%。面对贫困面大、贫困程度深的状况，我们在调研的基础上反复探讨、研究可行的扶贫项目。我们觉得，"输血型"和"救济式"的帮扶模式可以缓解贫困地区人民群众一时的困难，却不能真正使他们摆脱贫困。要从根本上改变贫困地区的贫穷落后面貌，必须使"输血型"帮扶和"造血型"帮扶、"救济式"帮扶和"开发式"帮扶有机地结合起来，并最终实现前者向后者根本转变，这才是解决温饱、防止返贫，最终实现脱贫奔小康的基本方针和根本出路。

结合民情和红河州扶贫开发现状，我们坚持开发式扶贫方针，深入推进廉洁扶贫和民生扶贫，工作重心向重点贫困地区和边疆一线倾斜，重点抓好整村推进，坚持以保障广大贫困群众居住条件和基本生产生活为基础，以稳定解决温饱和脱贫致富为中心，以贫困村和贫困户为对象，以增加农民收入为目标，以改善贫困地区的生产生活条件为重点，坚持产业扶贫、社会事业扶贫、整村推进相结合的扶贫开发模式，全面提升扶贫开发工作的质量与水平。在扶贫资源的投入投向上，更多地投向集中连片特困地区、特困少数民族聚居区、边境一线、高寒山区，重点向民生倾斜，向贫困弱势群体倾斜。

比如针对青浦区对口帮扶的绿春县和元阳县，我们确定的工作思路就是以村、户为落脚点，以改善贫困山区人民群众生产、生活条件，增加农民收入为目标，以安居温饱村、脱贫奔小康试点工程建设以及产业培植为重点，以可持续发展为前提，不断提高资源开发和利用的水平和效益，并在加强科技扶贫、开发科技农业、教育、卫生事业和提高人口素质等方面提供一定的援助。遵循资金、项目"集中、集聚"的原则以及上海市、青浦区要求与当地实际有机结合的原则，经与各对口县反复研究论证，制定了各对口县的年度对口帮扶工作计划，确定了一大批切实可行而且行之有效的帮扶项目。

经过两年的对口帮扶，绿春县、元阳县的贫困面逐步缩小，农民的生产生活条件明显改善，人均纯收入有了一定提高。围绕农民增收、农业增效、农村繁荣、社会进步的发展目标，圆满完成了各项帮扶工作任务。同时也使项目区贫困群众思想观念明显改变，生产条件明显改善，生活水平明显提高。绿春县平河乡咪霞村一位受益群众动情地说："感谢共产党，感谢上海领导，感谢青浦人民！"

助学圆梦　亲如家人

红河州的教学资源比较匮乏，山村里的孩子只有小学一到三年级能在临近的学校上课，四年级以后，就只能到乡镇或县城一级的学校学习，很小就要开始住宿，自己照顾自己。当然，即使条件艰苦，能够上学对当地孩子来讲也是幸福的了，因为贫困山区还有很多因没有钱而辍学的学生。看到这种情况，我们当时就发起了资助贫困学生的项目。我们几个扶贫干部和在当地支教的老师一起，发动家人和原单位的同事，两年时间共帮扶贫困生 161 人。我和我妻子都资助了一名贫困生。通过资助这些学生，也和他们以及他们的家人有了更深入的接触和了解。

我资助的那名学生后来考取了华东理工大学，我和他保持了多年联系，

◀ 陈卫群（中）到结
对学生家中家访

有一年他没有回家过年，我便邀请他到我家里过年，我们相处得像一家人
一样。

我妻子资助的那个孩子后来考取了云南省建水第一中学，是红河州最好的
高中。有一年暑假，我妻子和女儿到红河州看我，我就带着她们去那个孩子家
里家访。因为他们家地处偏远，山路也不好走，从我住的地方开车过去，至少
要四五个小时，我又考虑到他们家境贫苦，不想让他们破费，所以决定午饭后
再过去。为了让他们不用提前准备，我前一天晚上才告诉他们计划第二天过
去。那天我们早上出发，在县城吃过午饭，再到他们家时已经快下午2点了。
让我们没想到的是，他们全家人都在等着我们，还没吃午饭。我这才知道，原
来他们知道我们要来，当天一大早五六点就叫上家里亲戚一起帮忙杀了一头
猪，忙活了整个上午，准备了一大桌菜，然后就等着我们过去吃饭。其实他们
那里平时很少吃肉，杀猪更是一年才一次，一般是过年的时候才杀一头猪，除
了过年期间吃一点，剩下的会做成腌肉、熏肉和香肠等，一头猪他们可以吃上
一整年。但是为了表达对我们的感激之情，他们如此盛情招待，让我非常感慨
和感动。在与他们的接触中，我越来越喜欢他们的纯朴、善良和简单，也打心
眼里想尽力多为他们做些实事、好事。

两年挂职　深情永远

在红河的两年，我时刻牢记上海市、青浦区领导和上海人民的期望和嘱托，按照中央和沪、滇两地关于对口帮扶工作的指示精神，始终坚持把加快贫困地区发展、稳定解决贫困人口温饱和增收作为到红河开展对口帮扶工作的第一要务，突出抓好对口帮扶地区扶贫开发为主的各项帮扶工作，深入基层，积极探索符合地区实际的扶贫开发路子。

两年时间，青浦区在对口帮扶的绿春、元阳两县共投入各类扶贫项目资金2030万元，重点实施贫困村建设51个；产业培植5个项目；同时通过自己的努力争取计划外项目15个，投入资金近540万元，帮扶贫困生161人。通过两年的工作，我感触到红河州南部地区初步实现农业产业由种养业向农业的产前、产中、产后等相关产业转化；农村劳动力由集中于农业产业向农业产业的产前、产中、产后和非农领域转化；农民收入由单纯依靠种养业获取向务农及从事非农产业多元化收入来源转化。

对我而言，除了工作的成绩，还有很多对我影响更深的收获。两年的援滇对口帮扶工作不仅使我对党的性质和宗旨有了更高的认识，而且能主动地把这

◀ 陈卫群（左三）在绿春县戈奎乡走访困难户

些认识和体会真正落实于实践中，体现于实践中，在改造主观世界的过程中使自己的思想得到了一次升华，在牢固树立正确的世界观、人生观和价值观的过程中得到了新的提高。

在自己的工作实践中，在和当地干部的合作中，在向他们学习的过程中，在同少数民族地区人民群众的接触中，我们彼此尊重，彼此了解，彼此配合，彼此帮助，不仅提高了工作能力，结识了朋友，加深了感情，从而建立了真正的友谊，而且从当地干部群众身上，我学到了他们艰苦奋斗的精神和民族工作的经验，学到了他们面对困难所表现出来的自力更生、顽强拼搏的意志品质，学到了他们对工作的满腔热情、旺盛斗志、科学态度和吃苦耐劳的精神；从少数民族地区的百姓中，学到了许多当地的人文、地理知识，农业生产知识和当地的民俗文化、风土人情。我想，做好对口帮扶工作，应当紧紧依靠当地的领导和干部群众，充分调动各种积极性。早在离沪赴滇前的培训中，上海市领导就明确指出，扶贫工作，我们是配角，要当好配角，要搞好沪滇对口帮扶工作，就必须主动接受当地党委、政府的领导，必须紧紧依靠当地特别是项目所在地各级党委、政府以及各级领导和干部群众。实践证明，如果没有他们的积极性和责任心，我的工作只能是孤掌难鸣，再好的项目也难以顺利地实施，再多的资金也难以发挥其应有的作用，更不用说取得应有的成效；反之，如果他们的积极性调动起来了，主观能动性发挥出来了，不仅帮扶项目的实施能稳步推进，有限的帮扶资金也能起到四两拨千斤的作用，成效自然也会显而易见。

三年红河路，一生哈尼情

　　俞峰，1972 年 11 月生。现任中共上海市青浦区委宣传部副部长、区文明办主任。2013 年 6 月至 2016 年 6 月，为上海市第九批援滇干部，担任云南省红河哈尼族彝族自治州州长助理。

口述：俞　峰
采访：谢　薇
整理：谢　薇
时间：2020 年 5 月 26 日

2013 年 6 月，我经组织选派，有幸成为上海市第九批援滇干部来到云南红河州，开始了三年的对口援建工作。

这期间有成功、欢乐，也有辛酸、遗憾，总体上还是圆满地完成了组织上交给的各项任务，也锤炼了党性修养，历练了意志品格，与当地干部群众也结下了深厚的友谊。在那里的三年，接受了最直接的国情、边情、民情教育，是我人生中最难忘的一段经历。

初到红河，帮扶从这里开始

这次我们上海第九批援滇干部一共有 14 位同志，从我们这一批开始援滇第一次由两年制改为三年制，分成了红河州、文山州、迪庆州、普洱市 4 个小组，红河州由长宁、徐汇、青浦三个区进行对口帮扶，我们小组的 3 位成员分别挂职州政府、州扶贫办、州发改委，我作为红河小组组长主要对口帮扶元阳县和绿春县。

红河州位于云南东南部，当时下辖 13 个县市，辖区面积约为 3.2 万平方公里，大约是 5 个上海、50 个青浦的大小，是一个多民族聚居的少数民族自治州，少数民族主要以哈尼族和彝族为主。我到红河州的第一年，整个州的GDP大约是1000亿元左右，比我们青浦区略高一点，综合实力排在昆明、曲靖、玉溪后面，排在云南省第四位。

刚到红河州的时候，第一感觉就是这里景色优美，到处都是青山绿水，但是随着一步步深入基层，特别是在对红河南岸的元阳、红河、绿春、金平、屏边5个县进行深入调研后，就发现红河州南北地区发展非常不平衡，这5个县的一些乡镇人均年收入只有2000多元，与我们沿海发达地区差距非常大。沪滇合作将近二十年，以往八批的对口帮扶工作侧重于改善贫困地区基础设施，提升当地百姓生产生活条件，但是从我们这一批起，感受尤为明显的是，上海援建重心慢慢在由"输血式"帮扶向"造血式"帮扶转变，从基础设施帮扶向产业项目帮扶转变，所以在这三年中，我花了很大的精力在产业项目的支持引进上，希望通过一些产业项目的引进，从本质上改变贫困面貌。

迅速投入，产业导入显成效

刚到红河时，印象比较深的是我参与对口帮扶的绿春县，它位于云南最南端，距离越南大约上百公里，当地一年的财政收入不足2亿元，但是一年的基本财政支出大概就需要17亿—18亿元，财政支出主要是靠中央转移支付和上级帮扶资金来实现，财政自给率很低。

受地理位置、国际价格趋势影响，当地丰富的物产能产不能销，就比如当地普遍种植的香蕉，受国际趋势和气候条件的影响很大，平均三年中只有一年能够盈利，实际经济效益不大。我第一个参与的产业项目就是绿春县三猛乡的胡椒种植，之所以选择胡椒，就是因为胡椒适合当地气候条件，价格受市场影响小，种植技术相对简单。

绿春整个县城平地非常少，基本都是山林，每次去三猛乡实地调研胡椒种植，路途远、路况差，一般的车子根本没有办法行驶，必须是大马力的SUV车型，途中也遇到过滑坡、泥石流、塌方等自然灾害，好在都有惊无险，现在回想起来还是有些后怕的。

通过两三年的培育，每株胡椒盛果期产值能达到100元，每亩的产值约为

▶ 俞峰（左二）在绿
春县三猛乡调研胡
椒种植情况

3万元，三猛乡50%—60%的老百姓通过胡椒种植产业实现了脱贫。通过这几年的产业带动，我们发现外出打工的年轻人少了，越来越多的人愿意回来留在家乡，这也是我们所有参与援建的同志最希望通过产业帮扶达到的目标，老百姓尝到甜头后，也十分愿意腾出更多的土地来参与胡椒种植。据我后来了解，现在胡椒种植已经有了上千亩的规模，成了当地示范引领的产业。

建好小厕所，改善大民生

社会事业和基础设施建设一直是我工作内容中比较重要的一项。三年里，我对于大兴镇三八街移民新居项目的感触特别深刻，这个项目不同于以往，是第一次整村推进的尝试，更是一种现代文明理念的灌输。

调查摸底时，我发现当地的百姓家庭条件无论好坏，厕所不能进屋是他们的传统习俗，村子中漏风露天的旱厕到处都是，有的家庭甚至连旱厕都没有，他们认为自然界能够消化就没有必要搞统一规划。看到这种情况，我当时是特别不理解的。项目刚投入时，遇到过很多困难，当地百姓的诉求不一致，与他们交流有障碍，要改变他们几百年来的传统观念十分困难，只能依靠当地村干部一家一户去沟通，做思想工作。项目主要是对村内集市、道路、辅助设施进行建设，对生活污水、养殖污水、家畜养殖进行统一规划，厨房以及卫生间统一进屋，这个项目在 2015 年底基本完成建设。通过项目建设，村寨中基础设施和公共卫生得到了很大改善，当地百姓也开始慢慢接受现代文明的生活理念。

协同发力，扶贫先扶智

我一直都希望边疆地区能在公共医疗方面有更大的改善，上海也每年都会从各大医院派志愿者过来。一次在红河州蒙自人民医院遇到一个来自上海的耳鼻喉科的专家医生，很年轻，30 多岁，他很自豪地向我汇报："助理，我来到这里的任务是把蒙自人民医院的耳鼻喉科建立起来，现在我做到了。来这里的第一天就做了件好事，成功参与抢救了一个难产的孕妇。"我当时就很惊讶，说："你一个耳鼻喉科的医生怎么能参与妇产科的抢救呢！"他就说："助理，我大学刚毕业就是在妇产科实习的，而且你放心，他们这里的诊疗设备真的很先进，什么都有，就是他们都不会用而已。"当时我就深刻地反思，我们上海每年给当地资助这么多先进的诊疗设备，但是没人会操作，医疗水平还是只能停留在最基础的阶段，疾病诊断的效率还是得不到提高，因此今后在医疗援助上，除了给贫困地区提供很好的硬件设备以外，软件、人才方面的扶持也必须要跟上。

中华人民共和国成立后，我们国家对于贫困地区的教育帮扶进行了一轮又一轮，但是受当时科技水平的限制，现在看来多年前造的教学楼都成了危房。印象比较深刻的是牛家寨肥香村的一个小学，整栋教学楼看着挺坚固，但是通过了解就知道整栋教学楼是用水泥砖块垒起来的，抗震性非常差，学校除了最基本的教学设施之外，什么设备都没有。因为生源不足，只能每两年招一次生，整个学校只有三个年级和五六个老师，优秀的教师人才比较缺乏。调研时，在学校里遇到一个年轻的老师，小姑娘是曲靖人，只有 19 岁，作为特岗教师来到这里支教，就住在教学楼旁边的一间小房子里，住宿条件艰苦，一个学期只能回一次家，三餐都得自己做，工资也不是特别高。当时，我就对这些在贫困边远地区默默奉献的支教老师心生敬佩。我在跟校长交流时得知，当地

◀ 俞峰（左一站立者）
在绿春县调研当地
希望小学

很多人觉得上学没用，都不愿意让孩子上学，基本都需要他挨家挨户去做思想工作。在村寨中，我还遇到很多二十来岁的年轻姑娘连普通话都不会说，有的甚至一辈子连县城都没去过，这对于从小就生活在大城市的我而言，简直不可思议。

我当时就觉得，要扶贫就得先发展教育。一方面，我积极争取上海的社会力量参与扶贫，把贫困地区的情况及时向外传递。组织青浦爱心助学团在元阳、绿春两县开展爱心助学和支教工作，得到了当地干部群众的认可。记得绿春县县长就曾跟我说过，他对上海内心是充满感激的，上海来的支教老师对他们当地教育事业的进步帮扶很大，在他小的时候就有来自上海的知青教过他。另一方面，我利用自己原单位在科技科普方面的资源，推动上海市"赛复流动科技馆"落户元阳县和绿春县，为两县群众提供一个重要的科普体验实践基地。青浦区企业还在元阳县和绿春县分别捐助了攀枝花乡硐浦小学教学楼、牛孔乡阿东小学教学楼。

建好项目，"输血"不如"造血"

通过走访调研，我深刻地认识到，仅仅只是帮扶改善边疆贫困地区的基础设施、给钱给物，虽能解一时之困，但是不能从根本上改变贫困面貌。

通过几个月的调研和熟悉情况，我与原单位青浦区科委的领导商量，希望我们区内农业方面的龙头企业来贫困山区进行产业帮扶。2014年初，我利用春节假期返沪的时间，与区科委及上海泽福食用菌种植专业合作社进行了多次商谈，就在对口帮扶地区开展人工食用菌栽培的工作形成共识。通过实地调研发现，元阳县逢春岭乡气候条件非常适合种植食用菌，在上海地区一个菌菇棒成本一般在4元左右，产出是十七八元，在当地一棒的成本只有2元，产出能比上海翻一番，产业只要形成规模，经济效益还是十分可观的。2014年4月，在青浦区委、区政府及科委的相关领导支持下，元阳县逢春岭乡政府派了4名技术人员到青浦企业学习食用菌种植技术。后来，合作社又投资120万元建设了一个食用菌棒生产加工基地。经过几个月的试种，从青浦企业引进的15000棒香菇菌棒在当地试种成功。2015年时，我与上海工业食品协会的领导再回基地考察，村里的朱光龙支书带我们参观了新的试验楼、新的大棚。在座谈中朱支书说，一年来公司香菇销售情况很好，特别是在周边县的市场上，还没出云南省，就被抢购一空，供不应求，兄弟县也专门派人来学习他们的种植经验。下一步希望与上海企业合作，扩大种植规模，把香菇卖到大上海，让全村人过上富裕的生活。

红河小组一直都在推进上海企业在当地的产业发展，在多方的努力下，上海光明食品集团下属的种业集团在弥勒市投资约3000万元，设立了鲜花种植基地，并建设了加工、运输等相关配套工程。据了解，目前已经成为全国规模最大的郁金香种苗培育基地。上海企业在金平县开展火龙果种植，项目投资5000万元，第一期流转土地约500亩，第二期流转土地约1000亩，当地百姓尝到了土地流转带来的实惠，目前火龙果基地每年的年销售额上亿。按照"引进一家企业，带动一个产业，致富一方群众"的目标，真正起到产业开发"造血式"扶贫的功效。

沪滇携手，脱贫攻坚正当时

三年里我跑遍了红河州的13个县市，对口的绿春县和元阳县基本上一个季度就会跑几次，克服了一系列的困难，如期完成了各项工作。2016 年，在我完成援建任务的这一年，红河州的 GDP 已经赶超玉溪，位列云南第三。

到现在，离开红河州已经四年了，还是会从网络上关心红河的相关消息。现在回忆起来，我们一批又一批的干部，远离家乡和亲人来到这里，参与对口支援工作，对于我们的人生而言是一次历练。读万卷书，不如行万里路，在这里工作生活的几年，觉得自己的理想信念更加坚定，党性修养得到明显提高。我深信，有党的好政策引领，通过一批又一批干部群众的努力，红河州人民的生活一定会越来越幸福美满！

在脱贫攻坚一线的岁月

　　江怀，1971 年 8 月生。现任中共上海市青浦区盈浦街道党工委副书记。上海市第十批援滇干部，先后担任云南省红河哈尼族彝族自治州扶贫办副主任（2016 年 6 月—2017 年 9 月），德宏傣族景颇族自治州政府副秘书长（2017 年 9 月—12 月），德宏傣族景颇族自治州政府副秘书长兼芒市市委常委、副市长（2018 年 1 月—2019 年 7 月）。

口述：江　怀
采访：朱　莉　陈晓洁
整理：朱　莉　陈晓洁
时间：2020 年 5 月 10 日

我记得 2016 年 4 月，青浦区需要派 3 名处级干部援建，当时 3 个援建岗位我都报名了，最后组织决定派我到云南，挂任云南省红河州扶贫办副主任，我成为上海市第十批援滇干部的一员。2016 年 6 月 20 日，上海市第十批援滇干部一行 14 人正式出发（共 15 人，领队罗晓平同志已先期到昆明），踏上了为期三年的援滇征程。

初到滇南，面对压力引发思考

2016 年 6 月 20 日中午，上海第十批援滇干部到达昆明。一出机场，映入我眼帘的是湛蓝的天空、翠绿的植被与盛开的花朵，大自然的景色美不胜收，让我对这片土地充满了期待。第二天，上海市陪送团和云南省扶贫办的同志带着我们一行 3 人（另外两名是徐汇区和长宁区的援滇干部）驱车三个半小时来到红河州政府所在地——蒙自。由于行程紧张，我们第十批援滇干部与第九批援滇干部的交接时间不到半天，而且几乎所有的档案材料都遗失了，后续的很多工作都只能靠我们自己摸索。

2015 年底，习近平总书记在中央扶贫开发工作会议上首次提出了"脱贫

◀ 江怀（右一）进入
丛林为德昂族解决
饮水难问题

攻坚战"的概念，要求到 2020 年底全部贫困县摘帽、贫困户脱贫，全国人民
一起迈入小康社会。刚到云南的时候，可能中央精神落到基层还有一个过程，
我感到工作还没那么紧张，但到了当年的七八月份，工作压力骤增，云南各级
党委政府将脱贫攻坚摆在了工作第一位，我们的工作节奏一下子加快了。当时
我所在的红河州，青浦区对应援建的是下辖的元阳县和绿春县，元阳县共有
40 多万人口，贫困人口就达 12 万之多；绿春县有 20 多万人口，贫困人口也
有 8 万人之多。除了庞大的贫困人口基数外，我们还面临着环境不熟、语言不
通、道路交通状况差等难题，当时我们感受到了前所未有的压力。

如何接好接力棒，开展好精准扶贫工作？当时我们红河联络小组的同志们
也是经过了一番苦思。大家一致认为，脱贫攻坚工作是一场脑力和脚力的角
逐，我们既要吃透上级精神，转变观念，又要广泛深入调研，在实践中发现
问题、解决问题。所以当时我们红河州工作小组做了两件事：第一就是认真学
习，利用平时的时间学习吃透习近平同志关于脱贫攻坚工作的一系列重要讲话
精神，同时也研读了上海援建工作的一系列制度汇编，帮助我们从全局角度提
高认识，为打开工作局面理出了一些头绪。第二就是开展深入调研。我们先到
7 个对口支援的贫困县进行走访调研，走深山、入农户，深入了解当地经济社

会发展、民俗民情、扶贫开发等情况。

记得当时我们来到屏边苗族自治县的一个彝族寨子，走访了一户当地村民。母子二人居住在两间破旧不堪的屋子里，其中一间堆满杂物的屋子当作厨房，母亲就住在里面，而另一间屋子里一边养着牲口，一边放着一张床，儿子就住在这间。我震撼于这样恶劣的生存环境，而这也只是云南众多贫困人口生存现状的一个缩影。在短短半年时间里面，我们完成了全州 13 个县市的走访调研，其中 7 个贫困县至少去过两次，青浦对口的元阳、绿春，去的次数就更多了。通过调研，我们发现当地贫困人口中少数民族占多数，而受到生活习性、语言习惯等的限制，当地的脱贫攻坚任务非常艰巨。

紧抓机遇，助力红河脱贫攻坚

我们的工作重点是用好援助资金，用高质量的项目示范引导发展产业、带动就业，还要充分动员上海大后方，全社会参与红河的脱贫攻坚。援滇干部红河联络小组的同志们在充分调研的基础上，认为最有效的稳定脱贫还是要靠发展产业，为此我们根据上级对我们援滇工作的要求，最大限度地结合当地实际，重点从推进项目援建、加强两地政府沟通、扩宽社会面参与等方面着手，全面加大对红河脱贫攻坚的支持力度。

2016 年雨季，红河州南部山区下雨天数多、雨量大，受天气影响，元阳县和绿春县对口帮扶建设的项目迟迟无法开工。天气的客观限制无法改变，但工作的进度不能一拖再拖。我和县里同志再三商量，决定先做好施工前的各项准备工作，确保雨季一结束就全面动工。在有序推进当年度项目的同时，我要求两县同志提前做好 2017 年的项目建设申报工作，跨前一步，尽早谋划。

作为一名援滇干部，我一直认为除了要做好当地的援建工作，我们更应该充当好青、红两地沟通桥梁的角色。2016 年 9 月，红河州委书记姚国华同志率领红河党政代表团访问青浦。这一次的访问我认为是推动两地深入合作，帮助红河州加快脱贫攻坚工作速度的一次绝好机会。针对元阳和绿春提出的合作交流意向，我积极与青浦农业园区、教育局和卫计委对接，成功引进了自在源农业科技公司在元阳投资 1000 亩梯田蛙稻米项目，帮助绿春选派了 20 名医

◀ 朱家角企业向希望
小学捐款

生、教师代表到青浦进行顶岗进修。我记得当时青浦区发改委也来红河讲学，在当地干部中引发了巨大反响。

扶贫工作是一项长期艰巨的任务，脱贫攻坚更是一场硬战，光靠我们这些援滇干部（包括其他省市和中央的）和当地干部的参与，肯定是人单力薄，只有铺开这项工作，凝聚更多的优势资源，才能推进得更为顺畅。当时元阳和绿春除了面临经济发展缓慢的问题之外，当地的教育资源也是极度紧缺。我们红河州联络小组的同志们铆足了劲，在两地之间牵线搭桥，与青浦的一些社会组织、企业等各界力量都建立起长期合作的关系，为元阳和绿春当地的贫困学校和学生合计捐赠了 60 余万元物资，通过一对一结对的方式帮助当地 666 名学子解决了上学难题，竭尽所能地帮助当地政府解决教育问题。

我在红河州工作了一年左右时间，虽不长，但也与这片土地结下了深厚情谊，这是我援滇工作的第一站，也为我接下来在德宏州的工作奠定了扎实基础。

开拓滇西，从红河转战德宏

2016 年底，州里传来消息，我要从红河州调到德宏州。这其实与当时中央对扶贫工作政策的调整有着极大关系。2016 年 7 月，习总书记在宁夏召开东西部扶贫协作座谈会，中央对东西部扶贫协作工作提出了更高的要求。当年 10 月 9 日、10 日，时任上海市委书记韩正，上海市委副书记、市长杨雄率领上海市党政代表团到云南调研脱贫攻坚工作，决定将上海对口援建的州市从之前的"4+2"（对口支援 4 个，经济合作 2 个）增加到"8+4"（对口支援 8 个，经济合作 4 个），其中青浦对口支援的州从红河调整为德宏，并与梁河县结对携手奔小康。

刚到德宏州，当地干部就跟我介绍，德宏州有 50 多万山区人口，而下辖的 3 个县 2 个市中，芒市、梁河县、盈江县、陇川县都是滇西边境山区的贫困县，其中梁河县还是国家扶贫开发的重点县。说实话，到了德宏州，我感觉肩上扶贫工作的担子更重了。相较于已有对口支援二十年、接受援建工作经验丰富的红河州，德宏州的援建工作可以说是一张白纸，这也意味着一切都要从零开始。

这其中发生的一个小插曲我至今记忆深刻。记得当时我们援建项目之一就是要改善当地的居住设施。当地傣族多建造竹楼居住，下层四面空旷，上层房屋墙体多为竹篾，屋顶铺设茅草，式样近似一顶大帐篷。为了抵御灾害天气带来的影响，我们计划在原先房屋架构基础之上再建造一层屋顶（相当于吊顶）。但在走访当地居民征求意见时，大部分人都持反对意见，这也让我们很意外。后来通过与当地居民的深入交流，我们才了解到建造竹楼的用意。云南每年雨量集中，天气闷热，常发洪水，这样的房屋构造，一利洪水通过，二防潮湿，三能散热通风，如果加盖屋顶的话，只会使房屋更加闷热潮湿，显然不适合当地的居住环境，而后我们便迅速调整了工作方案。这虽然只是工作中的一个插曲，但也让我意识到，我们的扶贫工作不能大水漫灌，一定要充分考虑当地的环境、民俗风情等，下足绣花功夫，开展好精准扶贫。

来到德宏州之后，我仔细查阅了当地的贫困户建档情况，发现在 24000 多户贫困家庭中，光残疾人家庭就有 3000 余户。如果说脱贫攻坚是扶持当地贫困人口的话，那么处于弱势地位的残疾人家庭就更应是扶贫的重中之重。经过与当地干部的交流，我们了解到德宏州其实已经有多年残疾人养殖蜜蜂和胡蜂

◀ 江怀（左一）和德宏残联理事长深入残疾人建档立卡贫困家庭研究发展胡蜂养殖

的成功经验，这也启发了我，何不尝试通过培植养蜂产业来扶持残疾人贫困家庭呢？为此，我在2017年春节过后与青浦区残疾人联合会对接，得到陆惠星理事长的大力支持，通过与德宏州残联多次沟通并反复论证，最后决定通过技能培训和资助养殖的方式来发展家庭养蜂经济，帮助残疾人贫困家庭实现增收。这个项目当时主要在芒市、盈江县实施。在项目实施一年后的某一次走访中，当地一户贫困残疾人家庭告诉我们，除去一家老小的日常开销，通过养蜂取得的家庭年收入达到6万元之多，这大大改善了他们的经济状况，而这样的成绩也极大提振了我们进行脱贫工作的信心。

再接再厉，打响德宏脱贫攻坚战

2017年9月20日，根据上海市委、云南省委安排，德宏州委明确我挂职德宏州政府副秘书长，金红同志挂职梁河县委常委、副县长，同时上海市委组织部选派办宣布成立上海援滇干部德宏联络小组，任命我为组长。至此，青浦区与德宏东西部扶贫协作结对前方工作机构正式成立。

在此之前，上海市就增加了芒市、陇川、盈江中的援建项目，实际上是将青浦对口支援县（市）扩大至4个。由于金红同志刚到，我就担负起芒市、陇川、盈江三县的对口支援工作。我请当时的州分管扶贫工作的领导一起到三县市实地察看、论证拟申报项目。现在来看，大家认为遴选项目的效果都很好，比如芒市的芒良，陇川的曼崩，盈江的大、小浪速的项目，好多青浦的同志都去看过。

到了 2018 年 1 月，上级又向陇川、盈江各派了一个干部，我增挂了芒市市委常委、副市长，我的工作重心也转移到了芒市。近两年的工作实践，使我认识到，要真正帮助当地稳定脱贫摘帽，产业发展是必经之路。在开展芒市的脱贫攻坚战中，我们发现芒市镇的回贤村有着绝佳的生态资源，但当地村民历来主要以经营采石场为主要收入来源，依旧维持着"靠山吃山，靠水吃水"的观念，这样的经济发展现状不但不可持续，更是对生态环境造成了极大的破坏。在当地政府依法关闭采石场后还引起多次集体上访。面对这样的困境，我们坚决贯彻习近平总书记"绿水青山就是金山银山"的发展理念，希望通过发展生态旅游项目助力当地脱贫工作。当时项目报到州里，被州领导否定了。我认为这个项目有典型意义，找州领导详细汇报，争取到州里同意。我们使用800 万元对口支援资金，在当地建设了生态停车场、自行车环线、景区游步道等，帮助解决当地发展旅游产业急需解决的"瓶颈"问题。后期通过招商引资，引进云南省的一家旅游公司到当地投资 2000 余万元。昔日山体裸露、尘土飞扬的回贤已成为当地的旅游新热点。回贤的项目，在当时看来，是助力当地脱贫的一个载体，但从长远看，它从根本上改变了当地的经济发展模式，对于乡村建设也是意义重大，可以展望在不久的将来，回贤也将迈出乡村振兴的步伐。

我总觉得东西部扶贫协作应该是双方互利的，否则是不可持续的。一直以来上海人都很注重食物食材的品质，而云南土地肥沃、空气清新，如果能通过政府引导，建立一定的带贫机制，让云南当地的优质农产品进入上海市场，一方面能满足上海市民的需求，另一方面作为生产者的云南农民肯定也能从中获益，这无疑是一个双赢的举措。基于此，我探索推行"芒市龙头企业＋合作社＋农户＋上海市场"的模式，将芒市宏聚公司的冬季蔬菜引入上海市场，让上海市民的消费通过若干环节后最终惠及德宏当地建档立卡贫困户，这个机

▲ 欢送德宏州赴上海青浦区劳务协作人员

制现在还在发挥作用。

情牵两地，携手致富奔小康

在我援滇的时间里，两地的党委政府都十分关心当地的脱贫攻坚工作。我记得2017年时任青浦区委副书记、区长夏科家，2018年青浦区委书记赵惠琴，2019年青浦区委副书记、区长余旭峰，三位领导都来访德宏调研脱贫攻坚工作，并带来了许多"干货"。赵书记牵头了一批企业与当地深度贫困村结对，企业领导任结对贫困村"荣誉村主任"，把携手奔小康的措施落细落实。余区长明确除了市级统筹外，加大力度扶持一批预期效果好的扶贫项目。

领导重视，我们前方的同志也干得起劲，除了踏踏实实把援助资金项目选好、干好，我们还把练塘茭白、上海的水产品引入德宏种植，把德宏优质牛肉通过相关企业带到长三角，引导企业到德宏招工培训，把上海乃至长三角的社会慈善组织引入德宏扶贫济困，促成德宏成为青浦干部疗休养目的地之一。可以说只要是合法的、有利于德宏州贫困户脱贫的事，我们都尽力去做。在沪滇两地政府和干部的共同努力下，2018年，芒市成为云南省首批摘帽县之一。2019年，陇川县、盈江县也成功摘帽！

　　青浦助力当地脱贫攻坚的成绩得到了当地政府和群众的认可，在云南省15个州市东西部扶贫协作考核中，德宏州稳居 A 档（全省第二名）。在此期间，2017 年红河联络小组荣获上海市总工会颁发的"工人先锋号"荣誉称号，2018 年德宏联络小组被评为云南省先进集体，2019 年我个人也被推荐为云南省脱贫攻坚先进个人。但我深知，我们做得还远远不够，脱贫对象越到后面越是"硬骨头"，巩固脱贫攻坚成果的任务也很艰巨，还需援滇干部们下更大的力气去推进。

　　2019 年 7 月 20 日，在云南省脱贫攻坚一线奋斗了 37 个月后，我回到了青浦，但德宏还没有完全消灭绝对贫困人口，我们还有 8 位青浦的干部接力战斗。一次援滇行，一世云南情。虽然离开了云南，但我仍然关注着那里的山、那里的水，关注着那里的扶贫工作，也继续在为东西部扶贫协作倾注力量。我坚信，在沪滇两地的共同努力下，云南一定能打赢这场脱贫攻坚战，顺利实现全面小康！

为了让德宏梁河的明天更美好

　　金红，1972年2月生。现任中共上海市青浦区香花桥街道党工委副书记。2017年9月至2019年7月，为上海市第十批援滇干部，担任云南省德宏傣族景颇族自治州扶贫开发办公室副主任兼梁河县委常委、副县长。

口述：金　红
采访：吴玉泉　丁煜辉　曹　琳
整理：吴玉泉　丁煜辉
时间：2020 年 4 月 8 日、4 月 24 日

2017 年 9 月，我响应党和国家的脱贫攻坚号召，作为上海第十批援滇干部，来到云南德宏州，在德宏担任州扶贫开发办公室副主任兼梁河县委常委、副县长，主要负责上海青浦对口梁河的脱贫攻坚工作。两年里，经过与梁河县广大干部群众的共同努力，青浦对口梁河的东西部协作工作圆满实现了既定工作目标，在增进双方友谊的同时，也推动了梁河县脱贫攻坚和社会经济的发展。

在梁河工作这两年，我尽力做好各项工作，也取得了一些成绩。我先回顾一下两年来沪滇帮扶项目的成效吧。

2017 年，我们共完成帮扶实施项目 10 个，主要涉及农村建设、产业发展、人才支持和劳务协作等 4 个方面。其中就有芒东镇丙费村肉牛养殖项目。目前，这个肉牛养殖项目已养殖肉牛 116 头，年收入超过 17 万元，仅集体经济就收到分红 1.5 万元，这些红利主要用于丙费村的公益事业；在勐养镇帮盖自然村的产业发展项目中，已建成能繁母猪养殖小区，年出栏仔猪 600—800 头，年收入 50 万元，年交村集体红利 2.6 万元，这些红利主要用于帮盖村人居环境的提升、建档立卡贫困户的房屋改造和产业发展等，共帮助了立卡贫困户 23 户。

2018 年，我们共实施帮扶项目 31 个，主要是农村基础设施建设（含村级光伏电站建设）、产业发展、人才支持、社会事业和劳务协作等 5 个方面。项目建成后，扶贫成效还是比较明显的，如畜牧生态园区建设项目，目前养殖的能繁母猪达 2000 头，年产仔猪已近 5 万头。

2019 年，我们交村集体红利共 66 万元，主要用于壮大 16 个贫困村集体经济和对 301 户建档立卡户的帮扶。有上海市市外蔬菜主供应基地建设项目，目前已种植果蔬 450 亩。2019 年交村集体经济 6 万元，壮大村集体 2 个，主要用于 2 个村的公益事业。吸纳了 46 户建档立卡户的就近务工。

接下来，我还想与大家一起分享几件蛮有意义的事情。

梁河县给我的第一印象

我这次对口援滇的是德宏州的梁河县，地处云南省西部，辖区面积达 1134 平方公里，其中山区、半山区面积占 87%，是一个以种养殖为主的国家级贫困县。2017 年我刚去的时候，全县共有 4 个贫困乡镇、50 个贫困村，有建档立卡的贫困户 7815 户 31733 人，其中未脱贫的有 5127 户 19000 多人。县域经济不强，基础设施建设滞后，贫困程度深，这就是梁河县留给我的第一

◀ 金红（右一）到梁河县深度贫困村阳塘村调研工作

印象。

经过两个多月的深入调查后，我终于梳理出了梁河县面临的五大问题，即基础设施建设薄弱，产业支撑能力弱，财政自给率低，"三缺"（缺技术、缺劳动力、缺资金）问题突出，城市支撑带动能力不足等困难。面对如此的县情、状况，我提出了自己对帮扶工作的思路和想法，并向梁河县主要领导和原单位领导作了汇报。

我在梁河落实的第一个项目

我按照《上海市青浦区与云南省梁河县"携手奔小康"行动合作协议》，在"建项目、育产业、促增收"的原则指导下，把扶贫与扶志结合起来，变"输血"为"造血"，从而使梁河的帮扶支援工作得以有效地开展。

在梁河，我经过反复的调查研究，除了抓基础设施的改造外，还有意识地抓了第一个有"造血功能"的项目，那就是筹建一个大耳黑猪养殖基地项目。

在梁河县，有一种特有的大耳朵黑毛猪，品质优良，市场认可度极高。但这里的生猪产业零星分散，科技含量偏低，管理方式粗放，所以产业效益不是很明显，抵御市场风险的能力也不强。于是，我们到各部门去查阅资料，到农户家里了解生猪养殖技术，甚至跑到农户的猪圈里去实地了解大耳黑毛猪的特性，从而坚定了筹建大耳黑毛猪养殖项目的决心，认定养猪产业将是群众增收的主要经济来源之一。

为了项目的选址，我在那段时间里，几乎每天与相关专业人员奔走在梁河县曩宋乡、河西乡、九保乡等乡镇，多次到现场查看地形，尽量做到选址精准。经过反复勘察比对，在曩宋、九保、小厂3个乡的接合部，选定一块面积达300多亩的土地，比较适宜养猪环境，决定就在那儿建一个大型的养猪场。

当青浦区各级党政代表团来到梁河时，我及时作了汇报，并伴同开展了多次实地调研。通过青浦区、梁河县相关领导多次深入研究、精心论证，终于确定了群众意愿强烈、养殖条件成熟、脱贫成效较快且能持续增收的生猪养殖项目进行立项，经层层审核，最终也得到了上海市批复梁河县2018年计划内九保乡大耳黑猪养殖项目专项资金1100万元。

我拿了这 1100 万元项目资金，作为引进企业的"药引子"，利用春节休假之际，多次奔赴浙江、江苏等地，进行招商选商。经过一个多月的艰苦谈判，最终选定了比较有实力的"台联九"企业落户梁河。这个"台联九"企业成立于 2012 年，是由浙江台州市 9 个县市区的 276 家合作社联合组成，是省级规范化专业合作社，现有规模猪场 133 家，其中省标准化养猪企业 7 家，美丽牧场 5 家，建有一家年产量 5 万吨级的饲料加工厂和规模 5000 万元的资金互助会，年出栏商品猪 15 万头和牛、羊、鸡等产品，2017 年的总产值达 9 亿元。

我把这笔帮扶资金作为贫困村入股资金投资企业，帮扶资金入股红利的 30% 作为村集体收入，70% 分红给建档立卡贫困户增收脱贫，合作期限为二十年。2018 年 6 月 6 日，梁河县与"台联九"正式签订了建设合作协议，项目用地 361 亩，建设种猪场、育肥场、有机肥场、病死畜禽无害化处理中心、饲料厂、肉联厂等一体化的厂区。这个项目已于 2018 年 7 月 18 日开工，2019 年 6 月第一期工程已竣工并投产。该项目可壮大梁河县 14 个深度贫困村集体经济，使建档立卡贫困人口中的 982 人增收脱贫，吸纳了 30 名建档立卡贫困人口就业。通过利益联结机制，还带动了 9200 多人受益。

抓党建引领，可使基层党组织大有作为

抓扶贫帮困必须先抓党建，先抓党员力量的发挥，这一点青浦、梁河的领导都有共识，并高度重视。梁河县委书记张益伟带队与青浦区委、夏阳街道党工委一起研讨，如何以党建促扶贫攻坚，如何使基层党组织成为脱贫致富的领头羊。夏阳街道党工委副书记任建荣曾带领夏阳部分村书记，到梁河县与部分镇乡村的书记座谈交流，起到了较好的指导作用。

我至今仍清楚地记得有那么一个实例：坐落于梁河县东部山区的小厂乡勐竜村，2018 年全村共有 615 户 2691 人，贫困人口 432 人，共产党员 94 人。村党总支下定决心为民解困，把"抓党建、补短板、强服务、促发展、助脱贫"作为村党总支的初心和使命，在抓服务凝人心、抓产业促发展、抓党建助治理上使劲，村容村貌、产业发展有了全新的转变。

2017 年的勐竜村党总支，因党员教育宽松软、凝聚力弱、干部怕事不担

◀ 金红（左六）到车站送上海市青浦区人社局招聘的贫困户到上海务工

当被列为软弱涣散党组织。面对问题，重整后的村党总支，狠抓党员思想教育，成立了勐竜村脱贫攻坚暨乡村振兴工作委员会，将村民小组党员干部、群团干部、致富带头人、脱贫先进户等凝聚到脱贫攻坚、村寨治理工作中，分片联系到户，党员领头，群众跟上，党群关系紧密了，项目得以落地了，人居环境亦得以改善了。原先这儿的机动车加油要跑十多里路，老百姓苦不堪言，现在这里建起了勐竜加油站，群众都举手欢呼；原先这里有大量的农特产品，因交通不便而滞销，现在勐竜村建起了自己的商贸市场，老百姓个个喜笑颜开；原先村内的道路坑坑洼洼，现在乡村道路已全部硬化……村党总支在困难面前不推诿，在群众"急需"上用真情、办实事，从而增强了村民的获得感、幸福感。

村党总支还带领全村广大群众因地制宜，巩固稻谷、茶叶、生猪、烤烟支柱产业，发展食用菌种植和豪猪、甲鱼、谷花鱼、蜜蜂、胡蜂养殖等特色产业。2019 年，勐竜村贫困人口从 2014 年的 432 人降至 16 人，贫困发生率也从 16% 降至 0.67%，实现贫困村的脱贫出列。

抓产业帮扶，可不断扩展扶贫方式

随着援建工作的推进，我深刻体会到，扶贫不是简单地给钱、给物，而是

◀ 金红（左四）检查
指导梁河畜牧生态
园项目建设

要给梁河提供借力发展的机遇。梁河县人多土地少，特别是山区，如果仅靠家中的"几分地"，是很难脱贫的。沪滇扶贫协作开展以来，双方努力在劳务协作和教育培训上下功夫。

我们先是抓贫困人口就业培训。采取岗位培训和短期技能培训相结合的方式，先后开展了农村致富带头人培训、农业实用技术培训，以及贫困家庭劳动力的职业技能培训共 12 期，培训贫困人口 424 人次，从而提高了贫困人口的就业能力。

我们把帮扶资金主要用于梁河县生态蔬菜示范基地、优质稻基地、蚕桑基地、梁河县上海市市外蔬菜主供应基地、梁河县驻青浦区名优农特产品展销中心和梁河县大厂乡永安寨村茶叶合作社等项目建设上。这些项目的顺利实施，不但创新了扶贫新模式，同时也有效地解决了梁河长期以来没有农副业龙头企业、带动力不强、脱贫成效不佳的问题。

为了扩大劳务输出规模，我和德宏联络组同志积极协调联系，分别于 2018 年 5 月和 2019 年 2 月，参与组织了上海企业到梁河县举办的 3 场招聘会，共提供就业岗位 9900 多个，最后达成就业意向的有 1030 人，并通过向贫困群众发放交通补贴，引导并帮助实现就业 727 人，努力实现了"就业一人，脱贫一户"的目标。

我们还引导青浦区企业到梁河县投资，共同推进梁河县产业发展。2018年5月，我牵线搭桥引进上海联九农业发展有限公司到梁河建设畜牧生态园项目后，又引导上海联九公司以1260万元成功收购了云南丰农蔬菜公司。为提倡消费扶贫，2018年以来，梁河县多次组织县内企业参与上海青浦区各类展销会，这一年的10月，在青浦联怡枇杷园举行了梁河农特产品推介活动，梁河精准扶贫农特产品示范直销店也同时开张了。此外，我们还协调上海市西郊国际农产品交易中心在梁河县芒东镇设立市外蔬菜基地，促进梁河县农特产品对外销售，走向上海市场。

2018年以来，青浦区累计采购梁河县皂荚米、回龙茶等优质农畜产品和葫芦丝等手工艺品总价达354.59万元，带动贫困人口脱贫450人。同时，我们还推进乡村结对携手奔小康工作，实施结对乡镇4个，14个上海企业对口帮扶梁河县14个深度贫困村，顺利实现了贫困乡镇、深度贫困村的"两个全覆盖"。

梁河的情景，一直让我深深感动

我记得那是2017年11月，我刚到梁河不久，在一次去小厂乡调研时了解到，勐竜村有一户困难家庭，男主人已病死了，女主人拖着两个女儿艰难度日，两个孩子读书都很聪明，大女儿考取了上海财经大学，小女儿考取了云南师范大学，每年到开学时，一家人都在为交学费发愁，全靠社会的帮助才能正常去上学。我知道这个情况后，在村干部的陪同下，特意上门走访了这位母亲。一进她家，眼前景象，真可用家徒四壁来形容，听着这位母亲的叙述，我的眼泪一直在眼眶里打转，既为她实际的困难而心酸，又为孩子的聪明、懂事和母亲的倔强及全村人的热情帮助而感动。

回县里后，这家人的情况一直浮现在我脑海里。第二天我就打电话到上海与爱人说了这件事，我提出了自己的想法，我们家是不是可以资助一下这家人，爱人马上支持说："应该的，我们家虽然不很富有，但拿出一两万还是没问题的。"经商量，我们先一次性捐助三万元。

◀ 金红（左一）陪同
中国狮子会上海青
浦分会到勐养镇开
展捐资助学活动

　　2018年春节前，我把钱送到她们家，先解决她们目前的困难。后来我又联系了上海青浦的企业家朋友吴军，请求他的企业能否对口资助这家人，吴军满口答应，承诺不仅两孩子的读书费用全包，只要她们愿意，毕业后的工作也可以包了，足见企业家的爱心真诚。

　　在援滇脱贫攻坚期间，我自己家里还曾发生过几件事情，现在想起来，心里还是有点心酸。

　　2017年12月22日，与我感情最好的奶奶过世了，我无法回去送她最后一程。奶奶病重期间，正是我在梁河县通过调研梳理后，准备签订《上海市青浦区与云南省梁河县"携手奔小康"行动合作协议》，以及青浦区夏阳街道、朱家角镇分别与梁河县河西乡、芒东镇签订合作协议的关键阶段，实在脱不开身回老家最后看望一眼亲爱的奶奶。而奶奶在弥留之际，嘱咐家人不要把她病重的事情告诉我，免得影响我的工作，然而在她最后迷糊中却还在轻念着我的小名红娃。想起这些，我每次都会禁不住流下眼泪。

　　2018年1月，因连续下雨，湖北老家的爸妈住的房子屋顶漏水了，我家几个兄弟姐妹都不在老人身边，我爸已是70多岁的人了，居然不声不响自己上屋顶去"筑"漏，结果不小心从屋顶上掉了下来，我妈因患青光眼而失明，凭着声音摸到我爸身边，一摸头上黏糊糊的都是血，她拼命大叫，总算在乡亲们的帮助下，才把我爸送到了医院，做了开颅手术，住院了一个多月。直到春节，我回到老家后才知道这件事，我妈说："因奶奶临终有嘱咐，不要因为家里的事去影响你的工作，所以我们一直没有对你说，说了怕干扰到你。"说起来尽管他们不应该这样做，但为了支持我的工作还是这样做了。你说我还有理由不努力工作吗？

2018 年 4 月，我爱人得了真菌性鼻窦炎，发炎严重，我建议她去看医生，4 月 21 日她到汾阳路五官科医院看病，医生建议她马上住院手术，手术时间定在 4 月 24 日。我知道后，向上海驻昆办和梁河县主要领导请好假，买好机票准备回上海时，接到省里通知，4 月 24 日，云南省政府将对梁河县东西部协作进行实地考核。这怎么弄呢？我是上海青浦派驻梁河县的援建干部，东西部协作工作我最清楚，总不能因为我的个人原因而使考核工作受到影响吧，于是我马上打电话与爱人沟通，在得到爱人的理解和支持后，我退掉飞机票，全身心投入到迎接扶贫考核工作中。24 日考核的各项工作进展得比较顺利，获得了考核组领导、专家对梁河县扶贫工作较好的评价（后来知道本次考核中梁河县的考核总分达到云南全省的第二名）。25 日我动身回上海，到医院时知道爱人的手术很顺利。

在梁河县帮盖村，有位 62 岁的傣族村民曹小换，全家有 6 口人。2018 年，当上海记者采访曹小换时，他说："我家是被认定的建档立卡户，在青浦区资金的帮扶下，我家的房子进行了修缮加固，让我家的房子能避雨遮风，还把外墙也打扮得很漂亮。"说到这里时，老人喜极而泣，流着眼泪跟记者说："我能脱贫住上这么好的房子，全靠党的脱贫攻坚政策好，全靠青浦区的大力帮扶。以后，我一定要好好搞生产，确保每年有稳定的收入，不给国家拖后腿，不辜负青浦区对我家的大力帮扶。我想，我家的日子会越来越好过。"

在德宏梁河的这段时间里，我走了很多路，干了很多事，回想起来，满满的都是成就感。援滇之行让我看到了壮观的梁河景，也认识了温暖的梁河人，是我人生中宝贵的财富，也是我一直的牵挂。衷心祝愿德宏梁河的明天更美好！

不忘初心，坚定不移走好援滇路

　　徐卫华，1971 年 3 月生。现任中共上海市青浦区委办公室副主任。2018 年 8 月至今，为上海市第十、十一批连续两批援滇干部，担任中共云南省德宏傣族景颇族自治州陇川县委常委、副县长。

口述：徐卫华
采访：杨俊茜
整理：杨俊茜
时间：2020 年 5 月 20 日

没有想到有生之年，能够放弃青浦安逸的生活，响应国家号召，到云南边疆投身伟大的脱贫攻坚事业，没有想到在陇川一待就是一年半，而且还待得那么安稳。心中有大爱，援滇道路会越走越坚定，越走越宽广。

脱贫路上，少数民族一个都不能少

2018 年 8 月 17 日，这是一个特殊的日子，是我踏入援滇之地云南德宏陇川的第一天。云南是全国贫困的重点区域，特别是少数民族居住的地区相对更加贫困。陇川就是这样一个地方，全县居住着景颇族、傣族、阿昌族、傈僳族、德昂族 5 个少数民族，其中景颇族占到全国的三分之一，阿昌族占到全国的一半，全县 55% 的人口都是少数民族。陇川还有一个很好听的名字叫"勐宛"，在傣语中就是"太阳照耀的地方"。陇川还有一种舞蹈叫"目瑙纵歌"，每年正月 15 日和 10 月 1 日在景颇族节日上跳，号称"万人之舞""天堂之舞"。

然而，少数民族群众的热情纯朴、善良好客以及对美好生活的向往，掩盖不了一个残酷的现实，那就是陇川是国家级贫困县。全县财政收入困难，大多

◀徐卫华（右四）在
调研

靠国家补贴支撑，贫困发生率为 15.6%，其中少数民族贫困人口占大多数。

为了尽快熟悉了解情况，我深入乡镇、村寨、田间，特别是少数民族居住的寨子，与当地干部群众交谈，了解他们的想法，亲身感受当地的贫困环境。通过几个月走访，我发现，当地少数民族群众不但家里一贫如洗，没有几件像样的东西，而且受教育程度低，没有文化，有的连自己的名字都不会写，思想观念相对落后，这些都严重制约了群众收入的提高。同时，他们大多生活在山上以及偏远的地方，交通不便，收入主要靠农业，来源单一，靠天吃饭，收入不稳定。特别是道路等基础设施薄弱，成为影响发展和群众收入提高的重要原因。

在基层调研的过程中，说实话，我最怕走山路。以前在青浦走的都是平路，司机在开车，我可以在车上打个盹，休息片刻。在这里，道路都是坑坑洼洼、崎岖不平，特别是最近陇川在修高速，一些道路都压坏了，更加不好走，车上根本睡不着。碰到一些陡峭的山路，心都提到嗓子眼了，手里都是汗，生怕车子出事。后来下乡多了，也就习惯了。但雨季下乡，还是有一定危险的，每到云南雨季，总会有扶贫干部出事。

全面建成小康社会，少数民族一个都不能少。习近平总书记的话在我耳边回响。对，要帮就要帮在关键处，青浦资金要重点投向少数民族村寨，从改善道路、人饮、沟渠、晒场、厕所等农村生产生活设施入手，提高帮扶的针对性。这几年，青浦帮扶的陇把镇吕良村是景颇族寨子，户撒乡坪山村是傈僳族寨子，章凤镇弄贯村是傣族寨子。通过帮扶，村容村貌不断改善，群众收入逐步提升，正呈现出生机勃勃的景象。我想，未来我们还将重点帮扶阿昌族、德昂族，将青浦的帮扶资金覆盖到陇川所有的少数民族，帮扶之情落到每个少数民族群众的心坎上。

在帮扶过程中，我还清晰记得少数民族群众的热情和他们对青浦的感激之情。每次我到贫困户家中走访，他们都非常热情好客，与你交谈，讲述他们的日常生活和这几年中央脱贫攻坚政策给他们带来的巨大变化。虽然他们讲的话，我可能听不太懂，但我能感受到他们的纯朴善良。我记得，为了感谢青浦人民的帮扶，当地群众把青浦出资修建的一条贯穿陇把镇吕良村寨子的道路，亲切地称为"青浦路"，体现了景颇人民对青浦人民的感激之情。

2019 年 4 月 20 日，这是一个难忘的日子，国家正式宣布陇川县成功摘掉国家级贫困县的帽子，全县贫困发生率降至 0.45%，全县 5 个少数民族实现了整族脱贫。看到少数民族群众一张张笑脸，心中暖意油然而生。

种桑养蚕，成了边疆群众的致富经

陇川是一个边境农业大县，辖区面积 1900 多平方公里，国境线长 50.899公里，县内不少村寨与缅甸接壤。全县主要以种甘蔗为主，有 30 万亩甘蔗，有五十年的种甘蔗历史，当地群众家里大部分都有甘蔗地，这几年全县已经形成了以蔗糖为主的产业链，为政府创造了稳定的税收。然而，对群众来说，这是一个"鸡肋"的产业，糖价受国家控制，造成蔗农的利益无法很快提高，但又不能不种，政府也丢不起这个产业。同时，甘蔗还是个"懒人"产业，种下去后，不用管理，劳动强度不大，不利于培养群众的内生动力。正是看到甘蔗的种种弊端，当地政府前些年引进了蚕桑产业，实现产业的多元化，依靠龙头企业德宏正信，引导群众种桑养蚕。

帮要帮到点子上，扶要扶到根子上。如果道路等硬件帮扶是基础的话，那

么产业帮扶是巩固脱贫成果，让群众真正摆脱贫困的根本。随着国家"东桑西移"战略的实施，云南已成为发展蚕桑的重要区域。通过实地调研，在与当地干部群众交谈后，我感到蚕桑产业确实是个脱贫见效明显的好产业。蚕桑的经济效益至少是甘蔗的两倍以上，如果在桑地套种木耳、香菇等，效益更佳。同时，由于种桑养蚕是个技术活，需要动脑和动手相结合，劳动强度比种甘蔗要大，群众也会变得更加勤快。青浦资金要是能在蚕桑产业上再加把劲，这个产业的发展会更好更快，有可能成为当地群众摆脱贫困的明星产业。

有了这个想法，我决定立马干。资金有限，怎么帮才能达到四两拨千斤的效果？经过深思熟虑，我有了产业链帮扶的想法，对种桑养蚕的各个环节进行全方位帮扶。这几年，上海帮扶资金重点投向了小蚕共育基地、蚕桑示范基地、蚕棚建设、蚕桑生产道路、蚕桑地块土壤改良、桑枝木耳、桑茶、木质方格蔟等项目，进一步延伸了蚕桑产业链，极大助推了蚕桑产业，达到了"1 + 1 > 2"的效果。

在当地政府和上海资金的大力扶持下，全县种桑面积超过了 5 万亩，涌现了勐约乡、清平乡等蚕桑乡，一些贫困群众从种桑养蚕中尝到了甜头。陇川县陇把镇有一户贫困户种桑养蚕 20 亩，全年收入超过 7 万元，成为远近闻名的脱贫示范户。同时，我在与蚕农聊天中得知，群众最喜欢这种有龙头企业带动，免费提供桑苗和小蚕，全程有技术员提供技术指导，而且又有保底价收购蚕茧的产业，免除了他们的后顾之忧，他们从心里由衷感谢青浦人民的帮助。

当然，发展新的产业也是有风险的。甘蔗地改种蚕桑发生中毒事件，一些群众颗粒无收，影响了养蚕的积极性。2019年，云南百年一遇的干旱造成蚕桑大面积减产，地方政府面临很大的压力。2020年，受新冠肺炎疫情影响，龙头企业德宏正信蚕丝出口受阻，资金压力巨大，等等。眼前的困难是暂时的，只要方向正确，帮扶对头，坚持下去就有成效，我对发展蚕桑产业助力边疆人民脱贫致富信心满满。

劳务协作，贫困群众多了一种收入保障

"你们有没有去过上海？"台下没有一个人应声。这是我在一次陇川贫困群众到上海务工动员会的提问。劳务协作是沪滇帮扶的重点，也是难点。当地少数民族群众"家乡宝"情结严重，一些民族是"直过民族"，一辈子生活在大山里，别说去过大城市，有的连云南的昆明、大理等城市都没有去过。

说实在，为了解决农村贫困群众务工问题，上海和青浦方面下了大力气，专门拨资金用于劳务协作，并出台政策从就业培训、车票报销、劳务公司、村"两委"班子补助等方面予以支持，助力就业脱贫。但推进效果不理想，当地群众不愿意外出务工，有的连当地的就业岗位也不想去，说是工作强度太大不想去，普遍存在"等靠要"的心态。

为了能够更好地做好这项工作，让当地群众打消顾虑，我多次参加乡镇的招聘会，面对面与群众交流，宣传政策，宣传各项保障措施，并从自身的援建经历，讲外出务工的好处，即除了增加家庭收入，更重要的是开阔眼界、增长见识。我知道，虽然我讲的道理，他们不一定理解和感同身受，但讲总比不讲好，这是我的职责所在。

在劳务协作上，我是用心最多的，主要还是想让贫困群众有一次走出去的机会，但其中的酸甜苦辣只有自己知道。这两年陇川都超额完成了上级下达的赴上海就业任务，陇川职校"青浦班"也有了突破，今年有34名中职生在上

海汽修企业上班，走出了校企合作第一步。

消费扶贫，让更多优质农产品走出大山

陇川县地处云南滇西，独特的地理位置和气候条件很适合发展反季节农业。同时，陇川大部分土地是山区，比较适宜发展核桃、茶叶、草果等林下经济。但我来陇川之后发现，当地没有利用好这些优势，一些少数民族群众之所以贫穷，主要一个原因就是自家种的农产品卖不出去。辛辛苦苦一年，到头来没有得到好的收成。

农业是一个弱势产业，靠天吃饭比较严重。产量好的时候，东西卖不出去。价格好的时候，又没有东西可卖。为了解决这个问题，陇川县成立了很多合作社，但大部分合作社由于市场、产品、经营者等问题处于生死一线，有的成为"空壳社"。农业产业发展好不好关键在销售，群众收入提高快不快还是在销售。还好，国家已经发现了这个问题，明确东西部扶贫协作的一项重点工作就是消费扶贫，并出台了相关政策措施。通过消费扶贫，让山货走出大山，走进发达地区，是巩固脱贫成果，解决群众长久致富的根本出路。

为了做好消费扶贫这项工作，我走访了陇川一些农业龙头企业。通过走访，我发现陇川还是有很多优质农产品的。比如，户撒的阿露窝罗大米，由于品质较好，这几年销售逐年提升，特别是一款高端大米，虽然价格贵点，但通过口口相传，卖得很不错。比如，王子树乡的香芝茶厂，主要生产高山无污染绿茶，生产绿茶在云南还是很少见，因此在细分市场有一席之地。比如，德宏正信生产的桑枝木耳，利用桑地里废弃的桑树枝条作为菌包种植黑木耳，口感、品质、营养成分要比用传统木材作为菌包种植的黑木耳要好，而且还不会破坏环境，有很强的脱贫效果。为了更好地推广桑枝木耳，上海帮扶资金不但解决它的生产端问题，帮助建了两个厂扩大规模，而且解决它的销售端问题，将产品纳入上海市"百县百品"目录进行重点销售，并组织企业参加"10·17"国家扶贫日活动，进行品牌推广。目前企业生产和销售都进入了良性循环。

当然，还有一些企业经营和产品销售比较困难，比如罗老五蜂蜜由于品质

及同质化问题，经营十分困难。还有，陇川面广量大的核桃，由于没有龙头企业，农户只能以低廉的价格卖给商贩。包括没有很好地利用电商平台、直播带货等新兴媒体，造成一些优质农产品"深处闺中无人识"。我想，在今后帮扶中要尽自己最大的努力，帮助边疆群众卖产品、卖好产品。

回顾援滇的点点滴滴，心生感慨。如何增强群众的内生动力，尚难破题。无法经常陪伴家人左右，心存内疚。不忘初心，方得始终。我将继续履行好援滇使命，当好青浦对口帮扶陇川的桥梁和纽带，把青浦人民的帮扶之情带给边疆各族群众，坚定不移走好援滇之路。

三年援滇行 一世盈江情

胡永青

　　胡永青，1972 年 9 月生。现任中共上海市青浦区华新镇党委委员、副镇长。2018 年 8 月至今，为上海市第十、十一批连续两批援滇干部，担任中共云南省德宏傣族景颇族自治州盈江县委常委、副县长。

口述：胡永青
采访：孟志明
整理：孟志明
时间：2020 年 4 月 15 日

身兼使命　初踏边疆

　　2018 年 8 月 16 日上午，在家乡领导和亲人的欢送下，我作为第十批上海援滇干部和同行 27 位同志一起由虹桥机场飞赴云南省。对我个人来说，这是我人生经历中最远的一个工作地。8 月 17 日早上，在昆明逗留一夜后，我们 28 名援滇干部又各赴挂职所在州市，我和挂职德宏州陇川县的徐卫华一起于中午抵达德宏州。吃过中午饭，我在盈江县委组织部和县府办两位同志的陪同下驱车赶往挂职地盈江县，行程两个半小时后，于下午四点左右抵达盈江，至此三年的挂职工作由此开始。

　　说实话，以前除了到过一次昆明，对于云南的其他地方一无所知，更没听说过德宏州盈江县。为了对挂职地有个大致的了解，在上海出发前，我查阅了当地的一些资料。盈江县位于云南省西部，德宏州的西北部，辖区面积约 4429 平方公里，是德宏州 5 个县市中最大的一个县，整个县三面与缅甸接壤，国境线长约 214 公里，全州海拔最高（约 3400 米）和最低点（约 210 米）都在这个县。我初步算了一下，整个县的区域面积比我原来工作的华新镇大了 90 多倍，地广人稀。这里属于少数民族地区，以傣族、景颇族、傈僳族、德昂族、阿昌族为主，当地民风淳朴，自然资源丰富，环境气候宜人。为了尽快适应环境，进入角色，我一方面向比我早来半年的青浦挂职干部周峰了解情况，另一方面主动跟当地干部群众交流，及时了解县情，并在第一时间下乡调研，利用三个多月时间基本走访了全县 15 个乡镇，实地了解了所有已建和在建援滇项目，为后续推进工作提供第一手资料。

走村入户　助力攻坚

到盈江县后的第一次下乡是去抵边村寨铜壁关乡建边村大小浪速，寨子对面就是缅甸，这里是青浦对口支援建设的贫困村提升和产业帮扶项目。2018 年 9 月 8 日，我和挂职干部周峰前往大小浪速查看项目建设情况，当时天下着雨，我们沿着弯曲的山路，坐车一个半小时到达寨子，当地村干部和老百姓跟我们非常热情地打招呼，我们边走边听介绍。在走访过程中，看到许多老百姓在冒雨干活，经了解，是村干部发动老百姓投工投劳，建设自己的家园。建设过程中，老百姓有的就地取材，用老旧废料垒成漂亮的围墙，用自家的竹子扎成篱笆，整个寨子别具特色。后来村干部和老百姓还突发奇想，在两个寨子的民居墙上画上了当地的花卉和鸟类，现在这两个寨子被称作"百鸟寨"和"百花谷"。2019 年 4 月 27 日，青浦区委副书记、区长余旭峰一行到大小浪速进行考察，实地查看了项目建设情况，与村民亲切交谈，并慰问了困难群众，在肯定建设成果的同时，追加县级财政资金 470 万元用于大小浪速二期提升工程。如今的大小浪速面貌发生了根本性的改变，环境优美了，生活质量也提高了，一年之中村里的几个小伙还同时找到了对象，老百姓由衷感谢党、感谢青浦区的帮扶。

新城乡是我作为县级领导挂钩的一个乡镇，有 8 个村民小组，其中 3 个是深度贫困村。为实地了解对口帮扶贫困村情况，巩固脱贫成效，2019 年 6 月 26 日，我陪同上海福思特流体机械有限公司总经理陈德泉一行到新城乡红山村开展村企结对帮扶。我们实地参观了红山茶厂，并就发展壮大村集体经济过程中遇到的问题与村民进行了探讨，随后又深入贫困户家中了

◀ 青浦区委副书记、区长余旭峰（前排左三）一行考察青浦区帮扶项目

解脱贫成效和现状。上海福思特流体机械有限公司是村企结对中第一家主动到结对贫困村实地走访的企业，经实地了解后，福斯特公司当场表示结对帮扶红山村贫困学生 13 名，同时也鼓励有外出意向的贫困村民到公司上班。

新城乡杏坝村松山自然村是 2009 年国家统规统建搬迁点，是盈江县纯德昂族聚居村之一。为了帮助杏坝村贫困群体脱贫致富，防止贫困户返贫，我联系了云南锦创商务有限公司将杏坝村作为试点村，建设台农一号百香果种植项目，占地面积 50 亩。除种植试点基地外，同时分批次向自愿加入种植的建档立卡户及贫困户（预计面积 50 亩）无偿提供优质种苗、肥料、种植及管理技术，进入采摘期后，农户可选择将成熟达标的百香果自行销售或由公司统一收购。整个项目注入青浦帮扶资金 154 万元。截至目前，已经完成了土地翻新、围网、架棚、打支撑桩等项目一期，并有序推进至二期种苗阶段。预计 2020 年 6 月就能产出效益，为当地老百姓脱贫又提供了一个增收的渠道。

◀ 胡永青（左一）到铜壁关乡建边村大小浪速调研姬松茸种植基地

一缕薄衣　一份牵挂

在盈江县脱贫攻坚工作进入最后冲刺的关键时期，青浦区社会各界力量积极参与其中，助力盈江的脱贫攻坚工作。

青浦区红十字会积极响应中央号召，动员协调上海薄荷纺织品有限公司向盈江县捐赠价值 200 万元左右的全新童服 2 万余件。捐赠衣物接收后，我按照各乡镇建档立卡户的实际情况，指导县红十字会拟定了捐赠衣物分配方案。2018 年 12 月 10 日，我与分管副县长张瑛同志在县红十字会举行了捐赠物资分发仪式，随后由各乡镇根据分配方案将衣物分发到建档立卡户手中。

我的妻子不仅支持我的工作，而且也发动自己的亲朋好友为边疆地区献爱心。2020 年 3 月，上海东倪服饰有限公司获悉当地建档立卡户缺少冬衣，于是将公司价值 161 万余元的 2600 余件西服和大衣免费捐赠给盈江县的贫困群众，为老百姓御寒保暖献上了一份真情。

在整个物资捐赠过程中，得到了华新镇物流企业圆通速递和中通快递的鼎力支持，他们为捐赠物资的运输提供了免费服务，体现了公司助力脱贫攻坚的社会责任。

筑梦校园　圆梦学子

自入滇扶贫以来，贫困学生的教育问题是我一直牵挂的事。记得当初入户走访时，我便发现这偏远山区里的孩子和城里的孩子是真的没法比，山区里的孩子别说有什么丰富的课外生活了，就连想要好好上学都很难。我曾走访过几个村寨里的学校，教学设施简陋，教学用品少之又少，师资力量也相当薄弱，而且孩子们每天放学后还要帮着家里做家务，例如上山打柴、采摘猪食等。

为了帮助建档立卡户贫困学生有学上，缓解由于家庭收入少而带来的上学难问题，我向华新镇的主要领导汇报情况，得到了他们的全力支持。2019 年春节前夕，一场别开生面的认领资助贫困学生的活动在华新镇进行，镇党政主要领导带头，全镇 100 多名科级以上干部紧随其后，自愿认领了盈江县 100 多名建档立卡户贫困学生。青浦区结对盈江县贫困村的企业上海福斯特流体机械有限公司、上海永利带业有限公司等也积极响应，主动资助结对贫困村的建档立卡户贫困学生。

盈江县当地师资力量还是比较薄弱的，为了做好盈江县教育的对口帮扶工作，使山区孩子能够接受更好的教育，2019 年 8 月，青浦区教育工作党委副

◀ 开展为东标小学爱心送书活动

书记、局长程卫国，青浦区徐泾小学、华新小学校长及学区轮值校长一行 6 人到盈江县开展教育对口帮扶指导交流。当年 12 月，华新教育学区的几位校长也到结对帮扶学校开展教学交流活动，并赠送了无人机、摄像机、照相机等器材，同时学区还选派了多名优秀教师前往盈江县进行支教。这一年的 6 月，青浦区人民政府合作交流办工作人员向太平镇三分场小学、东标小学带去了各类捐赠图书 2000 余册，并在现场为孩子们分发书籍，勉励他们好好学习；12 月，青浦区爱心助学促进会到苏典乡九年一贯制学校开展了"送温暖、献爱心"调研捐赠活动，为学校捐赠了体育用品和民族文化用品数套，并向学校提供民族文化制作费及校外辅导人员费。看着校园里孩子们身着艳丽校服，在球场上嬉戏奔跑，我也很是替他们开心。

不忘初心　不辱使命

产业扶贫、劳务协作、饮水安全是助力脱贫攻坚的主要举措。为此，我在调查摸底的基础上，尽量将帮扶资金向这些方面倾斜。

蚕桑养殖是盈江县的"一县一业"，通过种桑养蚕，可以增加老百姓的收入。2018 年、2019 年，在征求县里同意的基础上，我统筹安排了上海市级统筹资金 2932 万元发展当地蚕桑产业，在全县建设了 6 个小蚕共育基地，在 12 个乡镇建设了 597 个蚕棚，目前项目已全部完成。截至 2019 年底，全县桑园种植面积达到 13000 多亩，蚕桑产业覆盖 55 个行政村、201 个村民小组，涉及蚕农 2645 户，其中建档立卡户 1205 户，据初步估算，建档立卡户均增收 3000 多元。

生活饮水一直是困扰当地的一个实际问题，由于山区路途偏远、管道陈旧生锈、建设成本过高、资金短缺等原因，老百姓的饮水安全得不到基本保障，有的老百姓甚至还在饮用不洁的井水。针对这一情况，我们安排帮扶资金 1100 多万元实施饮水安全工程，有效解决了老百姓的饮水安全问题。

动员建档立卡户外出务工是增加其收入，早日脱贫、防止返贫的有效手段。一户建档立卡户只要愿意外出务工，年收入足以超出贫困户标准线之上。在青浦区人社局的大力支持下，通过当地人社部门和各乡镇的宣传和引导，建

▲上海市援滇干部联
络组德宏州联络小
组到盈江县调研蚕
桑种植情况

档立卡户在克服饮食、气候等条件的情况下，陆续外出务工。2020 年 3 月，又有 20 名建档立卡户到青浦相关企业务工，有的甚至是全家一起外出。接下来我们将组织发动更多的建档立卡户走出盈江。

盈江县自然资源丰富，气候宜人，县内有许多的农特产品，但是苦于没有销路，许多农产品的销售还是局限于在省内，产品也只是简单地粗加工或由一些商贩来收购，农产品的附加值不高。为了使农产品走出省外，我们积极开展消费扶贫，组织县内农业企业到上海参加农产品展销会。2019 年 9 月，在青浦区和上海西郊国际的大力支持下，我们组织了县内十几家农业企业在上海西郊国际农产品交易中心举办了盈江县农特产品的推介活动，这次活动既扩大了当地农产品在上海的知名度，又为农产品后续打入上海市场开了个好头。除了推介活动，我们还积极联系青浦相关乡镇党政机关、事业单位、企业、社区居民开展消费扶贫，累计金额约 270 万元。盈江县的佛手瓜还入围了上海市"百县百品"行列。

真情帮扶　富有成效

德宏州是青浦区结对帮扶的州市，而盈江县的 3 个贫困乡镇分别由华新镇、重固镇、盈浦街道结对帮扶，青浦区的 20 家企业也与盈江县的 20 个贫困村进行村企结对。自开展结对以来，青浦区按照中央和上海市的要求，在资金、人才、项目等方面给予了大力支持，交流互访不断，每年都由区主要领导带队到结对地区开展扶贫协作，到目前为止，到盈江县开展互访交流达 35 批次 334 人次。

2017—2019 年，青浦区在盈江县结对帮扶的实施项目共有 89 个，内容涵盖种养殖业、贫困村提升、基础设施建设、蚕桑产业、饮水安全、厨房改造、教育扶贫、干部人才培训、劳务协作等。通过帮扶，使盈江县的建档立卡户从 11296 户 45005 人减至 86 户 306 人，贫困发生率降至 0.12%，达到了精准扶贫、精准脱贫的效果。

三年挂职时间已过半，还有许多脱贫攻坚短板要补，我将继续按照"中央要求、盈江所需、青浦所能"的总要求，牢记职责使命，深化沪滇扶贫协作各项工作。我相信，若干年后，当我们重返故地，一个崭新的盈江一定会呈现在我们面前。

云南，我与你的成长故事

王维维，1982年7月生。现任中共上海市青浦区水务局党委委员、副局长。2019年7月至今，为上海市第十一批援滇干部，担任云南省德宏傣族景颇族自治州政府副秘书长。

口述：王维维
采访：靳　斌　叶唯妮
整理：靳　斌　叶唯妮
时间：2020 年 2 月 14 日

　　我是 2019 年 7 月去的云南，我们一行共 123 人，是上海第十一批对口支援云南的队伍。云南被称为"彩云之南"，风景真的是太美了，虽然援滇才刚刚开始，我已经深深爱上了这个地方，对接下来的三年也更有信心、更加期待。

我与云南结缘之由

　　为什么会是云南？我之前也反复思考过这个问题。

　　也许，是一种缘分。我妻子是云南人，大学毕业后，原本分配在云南工作，但为了我和我们的家庭，最后辞职离开家乡陪我到了上海。所以，我内心对妻子和云南总有一份亏欠。作为云南的女婿，有机会为云南发展尽一份绵薄之力，也算是了却了一桩心愿。

　　我是 1999 年上的大学，2003 年毕业就到青浦水务局工作，做过项目经理、干过办公室、去过水利所等，在各个不同的岗位上，学到了很多，体会很深。我觉得平台对个人成长很重要，不管学历多高、能力多强，都需要有一个平台来展示，有了平台才有工作的基础和成长的条件。对我个人来说，这次援滇之行，无疑是一个全新的舞台和更高的平台。

援滇的主要任务是服务当地发展，当前重点是脱贫攻坚。2017年，习近平总书记提出打好全面建成小康社会三大攻坚战，其中第一条就是脱贫攻坚战。这是一种广泛的、保基本的民生发展，现在的上海乃至今后的全国都不太可能有这种任务和挑战。所以，我下定决心，去尝试全新的挑战，迎接更大的困难。

初入德宏之体会

我们青浦是对口支援德宏州，它在祖国的西南边，面积是云南省最小的，至2019年末共有130万常住人口，民风淳朴。相对整个云南省来说，德宏州的少数民族是比较多的，有五大世居少数民族（约占48%），最多的是傣族（约占26%），然后是景颇族（约占18%），另外还有阿昌族、傈僳族和德昂族，所以被称为德宏傣族景颇族自治州。同时，德宏州还是全国德昂族人数最多的地方，我们上海市还有专门针对德昂族的帮扶项目。

对德宏了解得越深入，我越觉得德宏不该穷。德宏整体条件很好，平原面积占17%左右，这个占比在整个云南省还算是比较高的（云南平原面积不到10%），地形条件有利，气候资源也得天独厚，属于南亚热带季风气候，是一个植物王国。因为病虫害比较少，物产又很丰富，种什么都会有收成。德宏还有我们中缅边境口岸中人员、车辆、货物流量最大的瑞丽口岸，名气很响，和畹町口岸同为国家一级口岸。德宏当时靠外贸就已经有了不错的经济基础，财政收入也有了基本保障。

德宏现在的发展也确实是越来越好，有几个层面我感触比较深，一个是干部队伍整体"精气神"越来越好，老百姓干事创业、积极奋斗的氛围和热情越来越高，另一个是一些龙头企业眼光更长远，越来越沉稳。我们从当地干部群众以及前几批援滇同志口中了解到，特别可惜的是许多当地本土企业，由于以前缺乏"专、精、特"的精神、干事创业的激情和风险防控的意识，经历过大起大落，交了很多"学费"。比如德宏有一家很有名的咖啡叫后谷咖啡，是中国第一个本土咖啡品牌，咖啡品质很好，曾经很辉煌，但企业在有了一定规模

▲ 王维维调研陇川县
景罕糖厂生产情况

后，就转型去投资了房地产，导致好几年都没法正常运转，包括有名的遮放贡米也有同样的经历。但他们都有在各自领域发展的优势和潜力，走上正轨后，目前发展势头也越来越好。所以我们在扶持企业过程中，经常强调习近平总书记讲的"要实事求是，不要好高骛远"，要稳得住心、沉得住气，专攻自己擅长的领域，把自己专注的事情做好，做到极致。

德宏真的很好，这里环境优美，车子只要开在路上，到处都是风景，还有舒适的气候条件，冬暖夏凉，更有淳朴热情的百姓。在国家对环境越来越重视的背景下，我对德宏的发展很有信心，也希望在德宏扎根的三年里，能够为德宏带来些什么、留下点什么。

回味其中的酸甜苦辣

虽然来到德宏时间不长，但经历了很多，有成功也有失败，更切身体会到了援建干部的不容易。很多人认为来到云南是享福，其实不是，作为全国脱贫攻坚的主战场，脱贫任务繁重，各级考核和督查不仅多，而且要求高。上海与云南70多个县开展结对，沪滇协作又是全国东西部合作重要的组成部分，任务多且重，国家、上海、云南对沪滇扶贫协作工作都有考核，往往一套表格要上报三四个地方，压力真的很大。

好在当地干部和群众热情、真诚，我们才能快速融入角色、投入工作。我们认为好的观念和成熟的经验，一下子让人完全接受确实很难，还很有可能会"水土不服"；还有就是援建项目管理，在项目选择、过程推进等环节，都要充分考虑两地差异，发挥援助资金最大效益。俗话说"老大难老大难，老大重视就不难"，我们在积极融入当地的同时，也使出了浑身解数，做了很多力所能及的事，提了很多建议，在各级领导层面展现了我们团队积极主动作为的姿态，也争取到了很多支持。

我们最有特色的是"两不愁三保障"里的教育，德宏的教育在云南小有名气，2019年清华北大加起来有7个，尖子生不算少，但托底的学生教育条件还有很大差距。比如芒市勐戛镇大新寨小学，学生宿舍破旧不堪，设施简陋，床位也严重不足。教育作为一个地区和民族发展的希望和未来，非常重要。我们青浦对德宏的教育支持力度很大，每年对口支援的老师有10多名，都是为期一年（以往多为两三个月），都是实打实地走进课堂，上公开课、示范课等，形式多样，当地老师也能一起参与，不但授人以鱼，还授人以渔。我们在梁河创办了一个九年一贯制学校，记得刚到学校调研时，他们给我看好多小朋友落床摔伤的照片，真的很揪心，主要是宿舍用的床不好，低年级学生睡姿不好很容易掉下来。后来我们多方争取，联系到上海水利建设集团，按照上海小学生的高低床标准集中更换，2020年采购了300张，花费20多万。以后，每年进一批学生，还将采购一批，直到全部更换到位。我们在爱心助学方面也做得挺好，以前青浦对口红河时，我们就有很多自发成立的助学会，对当地的孩子进行"一对一"长期支持，每年资助600—800元，现在我们也在逐步向德宏发展。这些钱虽然不多，但都能真正贴用到孩子身上去，对他们的生活和学习帮助很大。

医疗交流我们做得也很有成效。这次一起挂职的干部中有一位卫健委的副主任叫季春华，经常带我到医院去了解情况，我们引进的项目或服务都非常有针对性，贴近百姓需求。比如从上海邀请过来的相关领域专家，不单单坐诊，还开展相关培训，既有实效，也收获了口碑。我们还在德宏推广中医推拿，就拿急性腰椎炎来说，我们邀请的上海交大附属第六人民医院吴耀持主任，都说他能让病人"躺着进来，走着出去"，其手法和疗效在当地确实很受追捧，标准手法还有理疗技巧的推广和分享也很有成效。

农业方面是我们的重头戏。德宏有很大一块是农业，上海的投入不是单纯地给资金，而是需要结合项目，并且当年建成，还要和当地发展良好地衔接起来，发挥资金的最大效益。因此，来到德宏半年，我们跑的最多的是田间地头。我们团队中有一个干部叫怀向军，他把青浦的茭白引到德宏，由于气候条件有利，不仅种植周期短，基本不需要用药，口感特别好，还能与我们练塘形成错季供应，非常成功。此外，我们还正在德宏试养南美对虾、螃蟹。要做好农业，不跑田头、不去尝试是不可能成功的，同时还需要考虑种植、运输、销售，甚至深加工等完整的产业链，都需要长期的探索和实践，我们依然任重道远。

另外，桑蚕养殖业是我们帮扶的重点，花了很多精力。我们都知道江南地区历来是种桑养蚕的好地方，但其实在德宏更有优势。同样一个茧，我们江南的能拉 700—800 米的丝，德宏的能拉到 1100—1200 米。德宏有 50 万—60 万亩甘蔗，甘蔗是懒人产业，种一季割三年，一年每亩大概 1000 元收益。而蚕桑养殖不同，不仅需要种桑叶，还需要每天喂养、消毒、清理，一环套一环，农民需要花费大量精力，基本上闲不下来，但回报也高，好的每亩收益可达到 7000—8000 元。所以推广桑蚕产业不仅能促进增收，还能有利于营造勤劳致富的良好氛围。在扶持过程中，我们把风险最大的环节放在了自己身上，就是小蚕孵化，等小蚕长到一定规模后再卖给农民。其实不仅是小蚕孵化，桑叶种植的土地选择同样有风险，这方面我也正着手开展相关研究。之前其实是发生过惨痛教训的，陇川县陇把镇吕良村 300 多亩桑树林，由于土地原先化肥农药使用过多，土壤性质受到了破坏，种出来的桑叶虽然看上去很好，但其实是有污染的，蚕宝宝食用后无法存活，导致农民亏损很大。我们还帮助引进了浙江一家龙头企业叫正信公司，他们的蚕丝出口欧美奢侈品市场供不应求，稳定的销售渠道也基本建立了。

此外，针对当地一家农业龙头公司（宏聚农业），我们想了很多办法予以

◀ 王维维（左二）陪同上海市合作交流办领导赴陇川县调研蚕桑养殖致富带头人

扶持。他们的蔬菜在北京、广州卖得很好，但还没有打开上海市场，我们把他们的蔬菜推荐到西郊国际农产品交易中心和江桥蔬菜批发市场，很受欢迎。另外还指导他们建立冷库和追溯系统，将田头蔬菜种植情况实时传送到西郊国际中心，现在上海市场已经成为他们的主要销售方向，利润也更为可观。最近，我们还帮助他们与练塘一家企业达成合作，利用德宏与练塘茭白错季供应的优势，把德宏茭白卖到上海来，附加值特别高。

义务教育、基本医疗、农业产业等各方面工作都在稳步推进，在服务当地发展的同时，我们自己也学到了很多，积累了很多宝贵经验，大家都是斗志昂扬、干劲十足。再讲一个小插曲，刚到德宏不久，为了把当地好的农产品卖到上海，加大消费帮扶，我们努力促成了200多万销售额，但由于缺乏经验，仅考虑了运输成本，争取到由圆通负责，300元礼包实实在在挑选了300元产品，其他的包装、损耗费用最后都只能自己贴钱补亏损。

我与德宏的美好未来

2019年国家宣布建立云南自由贸易区，德宏是重要片区之一，迎来了最好的发展前景。德宏与缅甸有500多公里边界线，2020年又恰逢中缅建交70

◀ 王维维（后排左四）参加芒市拼多多百香果园项目签约仪式

周年。省委省政府、州委州政府也对德宏发展提出了要求：三年实现 GDP 翻一番。围绕这个目标，进行了任务分解、措施细化，并针对干部老化、财政紧张、营商环境等瓶颈问题形成了具体方案。

我很看好德宏的未来。我经常和当地同事说，青浦十年前和现在德宏州的状况很相似，很多经济指标在上海市都是倒数三四名，当时青浦区委、区政府提出财政收入五年翻一番时大家都很怀疑，但干部们心往一处想，发扬"抢、拼、实"的工作作风，最终实现了三年半财政收入翻一番，取得了如今的跨越式发展成果。青浦当年能够创造的奇迹，德宏也有望实现。

对于我个人而言，我珍惜当下的经历，也憧憬美好的未来。来到德宏州以后，要说有什么进步，目前看来，我觉得最起码适应能力更强了。也希望能为德宏留下点什么，以后想起自己特殊的三年经历，还有那么几件做过的实事、几个共同奋斗过的朋友值得回忆。同时，无愧于组织的培养期望，无愧于家人和朋友的关心和支持，无愧于自己的青春和努力。

崇高的使命　珍藏的岁月

　　胡炯，1971年9月生。现任中共上海市青浦区卫生健康委员会党委委员、副主任。2002年至2005年，为上海市第四批援疆干部，担任新疆维吾尔自治区阿克苏地区乌什县卫生局副局长。

口述：胡　炯
采访：张伟锋
整理：张伟锋
时间：2020 年 5 月 28 日

　　2002 年 7 月底，根据组织上的安排，我作为上海市第四批援疆干部的一员，告别了家人和同事，离开了家乡，从青浦经过几千公里的飞行来到了西部地区国家级贫困县之一——阿克苏地区乌什县，开始了三年的援疆帮扶工作，当时我的心里还是有点紧张和激动的。

　　现在想想，差不多已经是二十年前了。这三年左右的时间感觉好像很短，一会儿就过去了，在当时，特别是刚开始到那边的时候，觉得三年的时间还是很长的，而且在这个过程中也是比较艰苦的，有时还有些枯燥，但是想想这中间经历过的许多事情，这三年也是非常充实和幸福的。

　　三年的援疆工作是我到现在为止印象最深的一段时光，可能在这三年里，我并没有做过多少特别的事情，只是按照要求完成组织上交办的各项工作和任务，但是在这中间发生的很多事情，现在想起来，还是非常清楚的。

最感到骄傲的一件事

　　乌什县在新疆维吾尔自治区的西南部，阿克苏地区的西部，塔里木盆地的西北方向，作为天山南麓的边境山区，气候条件比较恶劣，交通也不方便，各种资源也比较短缺，农业基础设施比较薄弱，有时还会出现自然灾害，当地老百姓的生活水平还是比较低。

当地的人口主要是以少数民族为主，一部分农牧民还没有摆脱贫穷，教育和卫生设施相对落后，群众的卫生健康意识还比较淡薄，这也在一定程度上影响了经济社会的发展。我们援疆工作的主要任务，就是要把上海这边成熟的管理经验以及先进技术带到当地去，提高当地老百姓的身体健康水平，促进经济社会的发展。

刚到乌什县，我就面临着既要适应当地的环境，又要适应新的工作岗位带来的新要求，而另一方面，援疆的时间很短，需要我快速完成身份转变进入角色，投入到工作中去，并没有太多的时间能够让我慢慢地一点点了解和摸索。

我接手的第一项重大的工作是组织开展当地两年四轮强化免疫工作。强化免疫主要是指在针对某种传染病的发病或流行情况和人群对该传染病的免疫状况进行分析后，短时间内对某年龄段人群进行的普遍免疫，它是对常规免疫工作的加强，与计划免疫共同构成了免疫体系，筑起传染病防控的有效手段。可见这项工作直接关系到乌什县老百姓以及少年儿童的身体健康。刚接到这项任务的时候，我感觉责任比较大，一开始还有些担心，怕还没有完全适应过来，就要承担这样的大项目，会对工作成效带来一定的影响。还好我在上海工作的时候，就比较熟悉这一方面的业务工作，对于工作本身来说，我并不是一个新手。在当地同事的帮助下，我就根据在上海项目开展时的经验和做法，结合当地的实际情况，摸索出一套有效的方法，传授给当地的各级卫生干部，让上海高水平的卫生工作理念和方法，通过我来移植复制到新疆乌什县，使新疆人民也能享受到更好的卫生服务。

为了完成这项工作，真正让当地每个老百姓能够得到好处，我与县委、县政府以及卫生局的有关领导和同志一起投入到强化免疫工作中，研究制定实施方案，编制时间进度安排，把任务细化到每个月每个星期，针对每个环节，以及可能出现的问题，事先研究明确具体的应对预案，通过下基层、走村庄等各种方式，把经验和方法传授给一线工作的同事，自己也主动挨家挨户，到农户家中进行宣传引导，提升老百姓对强化免疫工作的认识，提高他们的依从性。

对于强化免疫工作的效果，我也认真负责地开展工作督导，对免疫人群进行监测。通过详细的组织安排和全县卫生工作人员的共同努力，乌什县四轮强化免疫的接种率达到了99%，地区抽查服苗率达100%，这一成绩在全国都是非常优秀的，得到了地区上级领导的肯定和鼓励。

最值得回忆的一件事

2003年4月，"非典"在我们国家的一些地区开始出现，这是一场来得比较突然的传染病疫情，影响了社会生活和经济发展，带来了一定的社会恐慌，新疆也面临着输入的风险，正在防治工作全面开展的时候，组织上安排我到县卫生防疫站主持工作。

我虽然对卫生防疫工作比较熟悉，也分管过许多的条线工作，但是全面主持防疫站的工作还是第一次，而且又是在这样一个比较特殊的时期，卫生防疫站承担着非常重要的防疫工作，可以说是处在抗疫的一线，责任和压力都非常大。虽然这么说，但是对于组织上的工作安排，我并没有考虑太多，作为一名医疗卫生工作者，这是我必须承担的责任和义务。

第一次主持卫生防疫站的工作，这既是一次挑战又是一次锻炼的机会，对

◀ 胡炯（右二）与乌什县卫生局干部在饭店检查食品卫生情况

于我来说，首先需要做的是摆正好自己的位置和态度，在专业上要尽可能严格把关，提高工作要求，严格按照规范，在管理上则要充分发挥广大干部群众以及各类人员的作用，形成全站一盘棋、一股劲的局面。面对疫情防控的紧张形势，重要的一点就是在全站上下明确当前的工作重点，要把"非典"防治工作放在每个人最重要的位置。明确了工作的思路后，在管理上，我以抓好站科二级管理作为工作的切入口，理顺了防疫站的各级管理机制和工作制度，在全站树立起了"以人为本"的管理理念，充分调动中层干部和全体职工的主观能动性，发挥大家的创造力，与他们一起投身于传染病防治工作中，共同管理好卫生防疫站各项工作。

根据全国疫情发展的形势以及上级防控工作的具体要求，我牵头各相关业务科室，主持制定了《乌什县 SARS 防治工作预案》，在这其中明确了各相关部门的职责、工作要求以及具体的工作任务，使"非典"防治工作制度化、规范化，形成了各部门各司其职，全社会共同参与的防治工作格局，也对可能出现的突发状况明确了应对的策略。

为了努力提高当地防治工作人员的业务素质，我根据自己所学的知识，编写教材，组织培训了三批次的业务人员，让他们能够在很短的时间里，比较快地掌握流行病学调查、预防性消毒和个人防护等方面的知识以及具体的操作方法，打造一支技术过硬的专业队伍。根据处置预案，组织开展应急演练和培训，进一步加强防疫站里各个部门之间的协同与配合，提高工作人员的业务能力，整体提升疫情防控的效率。

乌什县全县共八乡一镇，卫生院的发热门诊设置布局以及实际运行并不是非常合理和规范，有些设施设备也比较陈旧，工作人员的防控意识也并不到位，这对于"非典"疫情的防控是潜在的风险。为了做到万无一失，我带领督导组的成员走遍了全县的发热门诊，进行现场指导，督促各单位严格对照规范要求执行各项防控措施，特别是对发热门诊的医护人员等"防非"工作第一线人员的个人防护等重点加强了督查力度，确保守住第一道防线。

大家从上到下普遍对于"非典"这种新发生的传染病缺少认识，也在心理上存在一些恐慌，尤其是对于社会公众来说，情绪上都不太稳定。我知道，传染病的防控需要全社会共同的努力，仅仅依靠医务人员是远远不够的，也需要广大老百姓的理解和支持。做好防疫工作，重要的还是要提高社会公众对疾病的正确认识，知晓疾病的具体传播途径和防范措施，让他们清楚地知道传染病是可防可控的，消除对疾病本身存在的恐慌心理。我也大力推进开展面向公众的健康教育工作，制作各种形式的宣传资料，不断丰富宣传手段，利用电视宣传媒体对全县人民做了"防非"知识讲座，并通过广播、巴扎天（赶集日）定点宣传等方式，让更多的老百姓能够第一时间获取到相关知识。

同时我也在干部大会上对全县领导干部进行了"防非"知识的培训，让领导干部也能在思想意识上都有一个全面的提升，促使全县的人民群众都能了解和掌握"防非"的防控知识，广泛动员全社会共同参与，打一场全民"防非"的阻击战。最终，在全县人民、全体医务人员的不懈努力下，我们县取得了抗击"非典"的阶段性胜利。

这是我第一次主持工作，临时接受这么重要的任务，在大家的支持和帮助下，打赢了抗击"非典"的阻击战，这对我是一次难得的锻炼，为我之后做好援疆的工作打下了基础，也让我产生了更大的信心。

最让我感动的一件事

"非典"疫情过去了，通过有效的防范病毒并没有输入当地，也在一定程度上锻炼了我们县的医疗卫生队伍，整体提高了当地的医疗卫生水平，也为今后的传染病防控工作积累了不少的经验。后来有一次，乌什县阿克托海乡发生了一起传染病疫情，这是一次真正的实战和考验，也是一次对我的考试，考我对突发事件的处置能力，包括协调组织等各方面。

为做到全面有效地防控疫情，我组织了 12 名卫生专业技术人员，对阿克托海乡六村的村民及中小学生进行了全面的普查，一家一家地跑，入户走访检查了 806 人，并对 300 户农民的住宅、畜圈进行杀飞克喷洒。

防控传染病，关键是要拼速度、抢时间，为了快速落实防疫措施展，我们每天都要很早起来，赶到乡里进入农户家，有时都没空喝一口水，中午也会经常错过吃饭的时间，有时就拿个馕，饿了的时候咬几口。有一天，一位新疆维吾尔族的老妈妈知道了我是从上海来的援疆干部，为了防疫工作都吃不上一顿饱饭，中午就专门煮了家里仅有的几个鸡蛋给我。当我从老妈妈手中接过还有些热的鸡蛋时，心里是非常感动的，我感到新疆人民对我们上海干部的感情，这也更加激励我，一定要尽全力做好自己的工作来报答这份情义。最后，通过我们的努力，有效地阻断了传播媒介，传染病的疫情得到了有效控制，恢复了正常的生活工作秩序。

在边疆的这三年，不管是工作的条件还是生活的环境，都是比较艰苦和复杂的，新疆的开发为我们提供了这样一次难得的机会，锻炼了我们这些从上海过去的援疆干部。有些复杂的情况是我们在前面想不到的，并不能把上海的一套照抄到那里，需要结合当地的实际情况，充分发挥现有的资源，创造性地完成工作任务。虽然条件有限，但是也打开了我的工作思路，更加注重创新与开拓。

三年的时间，说长很长，说短也很短，正是这难忘的三年援疆工作、学习和生活，让我进一步认识了我国开发大西部战略和边疆民族的地区特点，通过艰苦的锻炼和考验，培养了我的意志品质，也增强了我办事的能力。从新疆回来之后，我其实在心里一直惦记着那里的同事、当地的老百姓，还有医疗卫生事业的发展，也一直和他们保持着联系。援疆三年，是组织上交给我的光荣使命，也是我这一生永远不会忘记的时光。

三年援疆：一段青春燃烧的岁月

　　高健，1968年3月生。现任中共上海市青浦区朱家角镇党委书记。2005年至2008年，为上海市第五批援疆干部，担任新疆维吾尔自治区阿克苏地区阿瓦提县招商局副局长。

口述：高　健
采访：蒋金辉　袁　佳
整理：蒋金辉　袁　佳
时间：2020 年 4 月 10 日

援疆至今，已经过去了整整十二年。这十二年里，每次看到我书架上摆放的一瓶沙子（我在塔克拉玛干沙漠抓的），我的思绪就会回到新疆，回到那段青春的岁月。回想起来，那里有太多感人的时刻。

三年的援疆工作、生活，不仅是一种付出和奉献，也是个人开阔视野、丰富人生的一次机遇，是对我人生的一次考验。

打消顾虑，赶赴千里之外的新疆

2005 年，我当时在青浦区重固镇政府财政科工作，担任财政科科长。有一天，区委组织部的同志找我谈话，说是下一轮援疆干部需要一位懂经济的干部，考虑到我之前和现在的岗位，想把我派到阿克苏地区阿瓦提县，开展为期三年的对口支援工作，让我慎重考虑一下。当时，对口支援工作还没有现在成规模和那么大的舆论影响。我一开始是较为犹豫的，有些拿不定主意，从未到过新疆，根本无法想象新疆的工作生活场景，不知道能不能适应环境和胜任工作。我担心自己去了新疆也完成不好任务，有损上海青浦的形象。于是，我把组织部门找我谈话的情况，向当时的重固镇党委书记杨峥同志作了汇报。杨书记鼓励我要敢于接受挑战，放下包袱，相信自己一定能够完成光荣任务。杨峥书记的谈话打消了我的顾虑，坚定了赴疆的信心。同时，我也得到了家人，尤其是妻子的支持，当时家里上有七十开外的母亲，下有读小学的女儿，妻子的支持让我更加踏实安心，下了决心赶赴千里之外的新疆工作。

当年的 7 月，我们上海第五批援疆干部 56 人，在上海组织部门和所在单位、亲人的欢送和嘱托下，带着家乡父老的殷切期望，也带着不舍的亲情踏上了征程。

初担重任，迅速进入工作状态

到了新疆，我们感受到了新疆阿克苏人民的热情，在载歌载舞的欢乐氛围中，我们开始了为期三年的援疆工作。

我们援疆的主要任务，一是实施上海对口支援的各类项目，二是完成所挂职单位的对口工作。经过短暂的集体培训，我所在的援疆第六小组九人，奔赴到了阿瓦提县各自的岗位。我挂职的是新疆阿克苏地区阿瓦提县，担任县招商局副局长。

阿瓦提县，位于新疆维吾尔自治区中西部，阿克苏地区的西南部，塔克拉玛干沙漠西北边沿，天山南麓，气候异常干燥，主要以维吾尔族为主，在总面积 1.3 万平方公里的县域内，大部分是沙漠地区。这个县，除了纺织厂外少有规模企业，农民收入以农副业为主，农村分布散落，土坯房比比皆是，交通设施落后，干旱缺水。三句话可以概括阿瓦提县的特点：农业大县，工业小县，财政穷县。

阿瓦提县的经济主要以农业生产为主，第二、三产业薄弱。但是当时县里已高度重视工业化，积极抓经济，全方位对外开放。大规模招商引资已经成为上下共识，由此招商局也是在当时的形势下由经委剥离刚成立不久，承担起全县的招商引资工作。

让我印象特别深刻的是，在我初来乍到还没完全适应和熟悉当地工作环境的情况下，筹备起当年参加第二届乌鲁木齐国际贸易洽谈会的囧事。当时因主持工作的副局长家里突发情况回河南老家，招商局群龙无首，我只能硬着头皮赶鸭子上架，独立着手开始准备。面对地区招商局一次次催电，我急得不知如何是好。代表我县的参展主题是什么？参展商品带什么？而且当时局里人员少，还根本没有预算经费，既要准备各项参展物资，更要落实经费的保障。我也只能硬着头皮上，带着局里两位干部，为了申请经费在县委、县政府来回奔跑，终于在快临近开始前准备就绪。由于时间紧，再加上要节约经费，我和局里两位同志带着参展资料和展品，赶到了 1400 公里外的乌鲁木齐市，参加了这次国际贸易洽谈会，算是完成了赴疆后的第一项工作任务。

完成这项工作的过程，让我体会到新疆地区工作条件确实是艰苦，参加展会是地区下达的硬任务，但县里财政困难、经费少，局里一帮人既要干事又要筹措经费，不足部分还要跑企业寻求资助。新疆和沿海地区发展的差异确实比较大，地方干部的工作环境也确实艰苦、不容易。这一次经历，也让我很快进入了工作状态。

深入基层，把好援建项目各道关

新疆的生活条件十分艰苦。记得 2005 年进疆的第一个冬季，雪下得特别大，白茫茫一片。这对于我们南方人来说，是基本看不到的风光。但是对当地

◀ 高健（右一）在冬季看望贫困户，并送去过冬的油、面、煤等物品

▲ 高健（右二）与同
事现场研究巴格托
拉克乡的新农村
建设

人来说，一场大雪意味着一场攻坚仗。当时，县里组织"防冬防饿送温暖"活
动，为过冬困难的老乡送煤、面粉和油。我也跟随着局里的同志一起下乡，目
睹农村的生活艰难和贫困，增强了我工作的使命感。

进疆以后，根据小组分工，我开始主要负责县里医疗卫生系统调研工作和
项目资料收集、归档工作。三年时间里，每个在阿瓦提开展的援建项目，我都
要经常下乡对各个项目的原始资料进行收集，对建设过程留痕和竣工验收进行
归档，确保每一个援建项目都有一份完备的档案，为项目移交、正常使用和日
后修缮提供真实详尽的档案。

随着项目建设的不断深入，我主要负责上海援建阿瓦提县巴格托拉克乡卡
尔库杰克村新农村建设的督导工作。项目总投资 1000 多万元，涉及乡村道路、
安居房、沼气、饮水等 12 项内容，工程量大、时间跨度长。按照联络组的部
署，我需要负责项目调查、选址、立项、设计等，这对于我来说是一个新的挑
战，特别是参与援助项目建设也是第一回，没有经验可以借鉴，可援疆的责任
让我明白，必须要做好样板工程，让老乡满意，向组织交出合格答卷。这段时
间里，我常常下乡村、下工地，尽心尽力把好工程的质量关、进度关、资金拨
付审核关。

智力援疆，把先进的理念留下来

在我看来，援疆不能仅仅是援建几个项目，更要把我们沿海地区的工作经验、工作方法留下来。

来到新疆援建单位后，我一方面感受到新疆干部大力发展工业的迫切性和勤恳工作的奋斗精神，另一方面我也感到由于处在工业化初期，这里招商的盲目性和粗放性较为普遍。作为招商局的副局长，必须摆正位置、发挥所长、尽心尽力地做好招商引资工作，多为县域经济的发展作出贡献。为此，我着重调查研究，在实践中加以思考。我几乎走遍了县域内的工业企业，详细了解阿瓦提县的地域分布、资源、交通、基础设施等，分析招商引资的现状形势，找问题、找差距。根据企业走访，我撰写了关于招商引资企业现状的调查报告，在全县推进新型工业化大讨论中，我又撰写了题为《不断加大招商引资力度，努力推进新型工业化进程》的文章，获得了一致好评。

在提高招商引资的服务效能、改善营商环境、加快行政职能转变方面，我也做了积极的探索。2005 年，经我牵线组队，县招商局实地考察了上海青浦区行政服务中心和阿克苏行政服务大厅，通过考察学习，提出了改善阿瓦提县的行政服务环境的建议，并制定了阿瓦提投资服务中心建设方案，着手筹建阿瓦提行政服务大厅。2006 年，根据区域招商引资的形势，在经过一段时间的工作和思考后，我又撰写了关于完善招商引资工作的建议，并在一次局务会议上提了出来：重视工业小区及配套建设，重视对招商引资政策的研究和规范，重视对客商的资信审核和严格监管合同执行，重视对招商引资体制机制的创新，营造充满活力的招商软环境等。这些提议得到了局班子成员的一致认可。

在局长的支持下，我就着重完善内部工作规程和效率的提高，起草了单位工作制度汇编，对招商引资基础资料的行文规范、工作程序等方面加以梳理，逐步建立起规范有序的工作流程。

在援疆期间，我负责招商局参加各类招商交易会的方案制作、筹备工作，筹备并制定参加乌洽会、西交会、喀交会的工作方案，协助参与了北京国能发电、浙江建鹰等重大项目的洽谈工作。还积极开展调查研究，分别就提高行政服务效率、落户企业现状调查、推进新型工业化与招商引资关系撰写了调查报告。

2008 年是我援疆的最后一个年头，为了进一步提升阿瓦提县招商引资形象，我负责编制了新的招商引资宣传册，对招商引资优惠政策的整理、宣传文字的推敲、宣传图片的收集和审定等，尽可能为全县的工业化发展多做一些工作。

牵线搭桥，筹措资金解困扶贫

进疆以后，我切身感受到南疆少数民族地区在社会基础建设和人民群众基本生活、医疗、教育条件等方面与沿海发达地区存在的差距。开展帮困工作，力所能及地为当地解决一些实际困难，尽可能为新疆地区多做一些实事，这也是我援疆的一个心愿。

2006 年春节回沪休假期间，我与青浦区另一位援疆干部陈林德同志一起，把当地的真实情况和存在的困难，向区委组织部和政府协作办作了一次汇报。经过我们俩的共同争取，得到了青浦区委、区政府的大力支持，在我县援助资金已纳入市统筹的基础上，再向阿瓦提援助 100 万元，主要用于援建阿瓦提教

◀ 高健（左）和当地贫困户在即将落成的新居前合影

师培训中心。2007年项目如期开工建设，2008年顺利完工并通过验收。应该说，这个项目的投入使用为当地教师队伍的培训发挥了积极的作用。另外，我还为阿瓦提县二中的电教室筹集了大约10万元的电脑设备，极大地改善了学生学习信息技术的条件。

同时我也努力提高招商引资装备建设。招商局成立时间晚，经费紧张，设备落后，进疆后我就主动邀请派出单位（上海市青浦区重固镇）前来实地考察，取得理解和支持。我的派出单位重固镇先后向招商局捐赠别克商务车一辆、部分电脑和办公装备，总计价值50万元，商务车还是当时县里机关第一辆，为提高办事效率、改善招商环境发挥了一定的作用。我还联系了重固镇工商联，牵针引线，促成10位企业家结对帮困20位阿瓦提高中生，三年里捐赠了6万元，使这些贫困的优秀高中生能顺利完成学业。在得知招商局扶贫点贫困户居无定所的情况后，我又通过联系派出单位出资，主动为三户贫困户建造了新居，让贫困户也住上了抗震安居房，并先后多次为贫困户送去现金和生活用品。

下乡劳动，难忘浓浓同胞情

阿克苏地处南疆，而阿瓦提县维吾尔族占80%，是典型的少数民族地区。广袤的戈壁、一望无垠的大沙漠、个个都能起舞的新疆人，这些特有的风土人情，是没在新疆生活过的人无法体会到的。

记得进疆的第二年秋天，县里组织机关干部下乡与老乡"同吃、同住、同劳动"活动，这是当地的一个传统。也许是尊重我们援疆干部，在下乡前征求我的意见，我当时一口答应，欣然接受，因为我想我既然是机关干部，就不能搞特殊，而且这也是体验当地民风的很好机会。我们局和发改委的机关干部一早直奔乡下，和当地农民一起在田里采摘棉花。从刚开始的新奇，到不一会儿就气喘吁吁，腰都挺不起来了，中午时分和老乡一起啃几口馕，虽已是秋天，但新疆中午的阳光依旧毒辣，一天下来体力就吃不消了。阿瓦提是全国长绒棉之乡，当地基本都以棉花种植为主，由于棉花种植的机械化程度低，尤其是采摘阶段都以手工为主。我们只是体验般地劳动，一天下来已是口干舌燥、精疲力尽，可想而知当地农民的辛苦。

临近黄昏时，我们入住老乡家里，接待我们的是村主任家。热情好客的维吾尔族村主任家已经全家动员，女主人和儿女们已在生火做饭，熟练地双手擀着拉条子（也叫作新疆拌面），而我们一行围坐在客厅的桌边开始喝茶吃水果。在这里，秋季的晚上已经有点凉了，我们真正体验了一番"围着火炉吃西瓜"的情景。等了一会儿，女主人端上了热气腾腾的拉条子和煮羊肉，这味道啊……这是我在新疆期间吃得最多、最香的一顿，印象很深。村主任一家热情好客，捧上了自酿的"穆塞莱斯"，弹起"热瓦普"，跳起"麦西来普"，让我领略了维吾尔族同胞的能歌善舞、热情好客、淳朴善良。晚上，主人腾出主房让我们睡炕上休息，虽然条件不比县城好，但主人的诚意和周到着实让我感动。对新疆的美好，对维吾尔族同胞的好感，就在这点点滴滴的细节中留下了难忘的记忆。

三年的援疆经历，让我感受最深的是，在帮助他人的同时也使我对人生的价值有了更新的认识。新疆工作的磨炼，令我人生观、价值观得到了进一步提升，新疆的经历无疑开阔了我的工作视野和格局，培养了我坚韧的奋斗意志，以及使我适应不同岗位环境的能力得到了提高。

返疆至今将近十二个年头，回来后我始终在朱家角工作，从事过不同岗位的工作，其间难免有辛酸苦辣，但更多的是获得成就的喜悦。可以说，我之所以能不断在当前工作上取得些进步，是援疆经历丰富了我的人生阅历，是新疆的干部群众，尤其是阿瓦提招商局的领导和干部给予我的关心和帮助，使我克服困难、磨炼意志。从此我和新疆结下了不解情缘，我们当年一起援疆的同志都会经常动情地讲到"三年援疆，一生新疆情"。

祝美丽的新疆繁荣富强！

天山脚下的援疆岁月

　　陈林德，1966年5月生。现任上海市青浦区规划和自然资源局副局长。2005年7月至2008年7月，为上海市第五批援疆干部，担任新疆维吾尔自治区阿克苏地区阿瓦提县建设局副局长。

口述：陈林德
采访：沈佳文
整理：杨　磊　沈佳文
时间：2020 年 2 月 28 日

我于 2005 年 7 月至 2008 年 7 月，作为上海市第五批援疆干部，前往阿克苏地区阿瓦提县担任县建设局副局长。

刚到新疆　老知青感人心

出发之前，上海市委组织部组织了专门的培训，明确了此次援疆目的要求，要团结少数民族同志，和少数民族一起建设新疆。我深感责任重大，使命光荣。

进疆后，受援单位把我安顿在一个花园小区的一套住房内，当时，我的楼下住着一位满头白发、有点驼背的老人，每次碰到她都是很热情，会主动跟我说上几句问候的话，那种语气就像是我的母亲，听来觉得格外亲切。时间长了，慢慢地也熟起来了，闲聊中得知这位老人是江苏的老支边，1962 年来到新疆工作。由于地缘关系，加上老人是老支边，于是我对这位老人也更加敬重。其实老人早就知道我这位新邻居是从上海来的援疆干部，所以每次见到我都是那样和蔼慈祥。

当说起四十多年前的往事，老人依旧非常激动。上班一担肥，收工一担草，业余时间打沙枣，晚上开会剥棉桃，这似乎成了老人永远抹不掉的记忆。她指着唯一一条曾经是通往市区的大道告诉我，这条路的路基就是他们当年用肩膀一担一担挑起来的，路两旁的万亩良田也是他们当年用双手开垦出来的，那一排排高耸挺拔的白杨树就是这段历史的见证。说起这些住地窝子、吃地瓜饭的艰苦岁月，我问老人会不会后悔，她告诉我更多的是欣慰，正因为当年他们那一代人的付出，现在才有了收获。老人并不奢望上苍给她太多的回报，只期望新疆的明天一天比一天更好，这或许就是一位老支边暮年最后的心愿吧！

回想自己进疆以来的日子，远离繁华的都市，远离家乡的亲人，来到这个陌生的异域他乡，一切都要从头开始，漫天沙尘、孤独寂寞的确让人感到不适应，但所有这一切与老支边们相比，又显得那样苍白、渺小。阿克苏这片热土，虽然和故乡千差万别，但随处可见当年老知青、老支边们战天斗地的踪迹。岁月留不住他们青春逝去的脚步，他们不屈不挠的精神却激励着我们克服困难，奋发有为。敬佩他们的同时，我也暗下决心：未来的路要更坚定地走下去。

迅速融入　边调研边把关

在阿瓦提县的三年援疆工作中，我主要致力于项目建设和扶贫帮困。2005年，我几乎走遍了每一个乡镇进行调研，为落实援助项目打基础。

项目建设方面，我负责全县援建项目的流程管理，参与每一个土建项目的全过程实施和质量监管。根据援助项目的进展情况和联络组对援助项目实施的要求，对即将开工建设的援助项目严格把关。在深入施工工地的时候，发现了一些问题，因此制定了援疆项目招投标管理补充办法和阿瓦提县援助项目管理办法，从制度入手来规范各种程序，严格项目招投标管理，严把项目经理资质审查关，为援疆项目的顺利实施营造良好的氛围。

全力投入　上海白玉兰重点扶贫村建设记

我在新疆的重点工作是积极主动地配合县联络小组领导做好阿瓦提县援疆项目的实施——建设上海白玉兰重点扶贫村，其中我主要负责抗震安居房的建设。阿瓦提县处于塔里木盆地，是地震多发带。而当时农民房子的墙是"笆子墙"，是用红柳枝和泥笆搭建而成的，居住条件非常差。

为了更加直观、迅速地了解当地实际情况，也为了和当地老乡打成一片，我承担起了全县白玉兰村建设的前期调查摸底、选址和多浪乡塞克孜吾达克村的联络工作。2006 年底，南疆天寒地冻，我带着翻译来到了多浪乡塞克孜吾达克村，召开全村的户代表会议，宣传白玉兰村建设的基本情况和建设白玉兰村的现实意义，引导农民积极参与支持白玉兰村建设。我用最简单的话大概讲解了一个多小时，农民们理解了之后群情振奋，纷纷表示支持。同时，我也实地察看了援疆项目选址现状，掌握好第一手资料，为我们援助项目的顺利实施打下基础。

项目建设过程中，我同县援疆领导和多浪乡的干部们一起研究实施方案，充分发挥建设局各职能部门的优势，经常深入建设工地以便及时掌握建设动态，现场督促检查，共同参与解决建设中出现的各种问题，严格把好工程质量关。

2007 年 11 月，抗震安居房竣工，多浪乡塞克孜吾达克村的部分农民搬进了混凝土建造的新居，他们都像过节一样兴奋不已。

沟通联络　扶贫先扶教育

我的另外一块重点工作就是教育方面的扶贫帮困，发挥桥梁作用，积极沟通争取援助。在前期调研的时候，阿瓦提县边疆农村的教育现状与繁华都市的差别，让我们每一个人都感到震惊。

2005 年的冬天，我记得一次座谈会上，我了解到有一个叫阿依古丽的新疆姑娘，成绩非常优异，但是她父亲因车祸不能工作，母亲患有肾病，两个弟弟还年幼，母亲告诉她读完初中只能辍学下地劳动，家里已供不起她上高中了。阿依古丽从小就有一个愿望，那就是自己能考上大学实现自己的理想。她的细声诉说深深地打动了我的心。校长告诉我，像阿依古丽这样成绩优异的学生不止一个，都因家庭贫困而面临辍学的境地。我想，贫困落后是可以改变的，这也是阿依古丽的祖、父辈们梦寐以求的，但这种追求只有在现代文明的

▶ 陈林德（前排右一）
在徐泾镇机关干部
结对捐资助学仪
式上

接力下才能实现的。

于是经过几天的联络，20 名贫困学生的名单传到了上海，每个学生的家庭都有一个不幸的故事，这些故事深深地牵动着上海的 10 位机关干部的心，他们慷慨解囊，资助这 20 位贫困学生念完高中，帮助他们圆上各自的梦想。虽然他们都没有到过新疆，但他们的心和我一样都牵挂着这里的一切。

之后，我们弄了一个简单的结对助学仪式，阿依古丽们真挚地唱了一曲《感恩的心》，从他们的歌声中我感受到了他们的谢意与希望。现在我已记不住那一张张青春的脸庞，但希望爱心能照亮他们的前程。

2006 年，我在下乡工作中发现 4 万多人口的乌鲁却勒镇居然没有一所幼儿园，非常吃惊，就萌生了帮助解决该镇幼儿园问题的念头。回上海过春节期间，我专程拜访了徐泾镇商会的领导和一些民营企业家，并在 2006 年 8 月把这些民营企业家请到了阿瓦提。当他们看到该镇的现状后，5 位民营企业家当即捐资 30 万元，乌鲁却勒镇人民政府配套 30 万元，幼儿园终于开工建设了。2007 年 10 月，我回上海出差时，又联系商会募捐到 2 万元，解决了幼儿园的教学设施。这一年的 11 月，600 多平方米的阿瓦提县乌鲁却勒镇幼儿园通过了竣工验收，取名徐泾商会幼儿园，终于改写了乌鲁却勒镇这个阿瓦提县的大镇没有幼儿园的历史。

同年，我在调研过程中还发现阿瓦提县全县没有教师培训中心，于是和另一名同区援疆干部积极争取，在上海市青浦区人民政府捐资 90 万元、阿瓦提县财政配套 60 万元的基础上，教师培训中心得以顺利建设。2007 年 6 月，建筑面积 1800 平方米的阿瓦提县教师培训中心正式开工建设了，全县 3000 多名中小学教师以后终于有了接受培训的场所。

还有一件事是，2007 年我得知阿瓦提县的高中没有一台电脑可以给学生学习使用，便联系上海市青浦区人民政府捐赠了 25 台电脑给阿瓦提县二中。当年 12 月 3 日，电脑正式安装完成，二中学生们梦寐以求的微机课终于开课了，50 名高一学生脸上挂满了幸福的笑容，我心里感到很欣慰。

双向交流　助力推动沪阿两地心连心

2006 年，我所在的单位阿瓦提县建设局，由于县财政困难，办公设施较落后。按照局主要领导提出的改善建设局办公场所的要求，我和上海的派出单位积极沟通，争取到 50 万元援助资金，给建设局监察大队配置了无线对讲系统，更新了局办公室 8 台电脑，添置了打印机、数码照相机，购置了一辆别克商务车，为之后的工作开展提供了硬件上的支持。

为了提高我们局业务骨干的业务水平，在我援疆的三年中，连续选派了 10 名业务骨干到上海进行为期 10 天的学习考察。通过学习考察，这些骨干们开阔了视野，看到了自己的长处和不足，更加坚定了建设新疆、建设家乡的信心。

我一方面让阿瓦提的干部们了解上海、了解青浦，另一方面也想让青浦的人民了解新疆、了解阿克苏，于是经过我的牵线搭桥，2007 年 11 月 24 日，阿克苏塔里木歌舞团在上海市乡镇中一流的影剧院——徐泾镇影剧院进行了专场演出，当时精彩的演出轰动了徐泾镇，新疆维吾尔族的民族文化也感染了徐泾人民。

心生敬佩　帮圆维吾尔族老党员心愿

在援疆的过程中，有位阿不都沙吉提老汉让我印象深刻。2006 年的

▲ 陈林德（左三）在凯克热布依村阿不都沙吉提老汉家

　　"七一"快到了，按惯例，每个局机关都要下乡看望慰问老党员。有一天下午，我与当地同事约好去扶贫村看看。一辆破旧的北京吉普车颠簸地行驶在乡村小道上，车过之处十几公分厚的尘土扬起数米高的尘浪，遮天蔽日。驾驶员告诉我，车门随时可能会掉下去，让我牢牢地抓住车门。南疆的乡村村貌几乎村村相似，如果没有当地同事一同去，根本找不到目的地。清一色的笆子墙、土块房，村落的周围被白杨树、柳树包围着，棉花田野一望无垠，景色辽阔。

　　经过一个多小时的跋涉，我们来到了凯克热布依村，等候多时的村干部们和我们寒暄几句之后，便领着我们走访老党员的家。阿不都沙吉提老汉是一位有着四十多年党龄的老党员，雪白的山羊胡子显示了岁月的沧桑。当我们握住老汉干枯的双手时，老人显得有点激动，一时说不上话来。他家园子不大，三间土块房已是裂痕纵横。后院有一头小毛驴吃着干草，三头小山羊见到生人到处乱跑，这便是阿不都沙吉提老汉全家所有的家当了。

　　交谈中得知，阿不都沙吉提老汉的儿子一生下来就是个侏儒，儿媳妇也是个残疾人，一个3岁的小孙女还算活泼健康。家里仅有四亩棉花地，平时要靠政府救济才能勉强度日。村干部们告诉我，阿不都沙吉提老汉虽然家境贫困，但平时有政府的救济他总是先让给其他的贫困户。老人毕生唯一的心愿，就是能拥有自己的砖房，为此已经筹备了三年多，省吃俭用攒了许多红砖，眼下还缺一万多元盖房的人工费和门窗费。我悄悄地告诉同事，让我来实现阿不都沙吉提老汉这个一生的心愿吧。临别时老人拦在门口死活都不让我们走，原来他儿子已经在后院准备杀羊招待我们，在同事的再三劝说下，老汉才放我们离去。一个月以后，我又去了趟阿不都沙吉提老汉的家，三间抗震安居房已快要完工了。回来的路上，我的心情始终难以平静。

不忘边疆　力所能及再做实事

三年的时间转瞬即逝，回顾三年来的援疆生活，在本职工作中，我认为不枉此行，尽我的所能为新疆的建设贡献了自己的力量；本职工作之外，我更是深深怀念这三年的经历，乡镇群众的热情好客深深刻在我的脑海里，临别的时候，他们的依依不舍让我感动。如果现在再让我去援疆三年，我依然会毫不犹豫地前往。

2015年，我又回了一次阿瓦提县，当时乌鲁却勒镇徐泾商会幼儿园需要扩建，我便和徐泾商会的人再次联系筹措到10万元来帮助扩建。一路上看到了新的房产开发小区、多浪河生态走廊和村支部，都非常漂亮。看到这些城市化进程中的成绩，我感到非常高兴、欣慰，这些变化中也有我们援疆干部的一份贡献。

我想正是通过这样的不断援助，让新疆人民切身体会到了党的温暖。通过一代代人的努力，我相信新疆的明天会越来越美好。

初心所致 使命不止

陈栋辉，1976年7月生。现任上海市青浦区白鹤镇人民政府副镇长。2008年7月至2010年12月，为上海市第六批援疆干部，担任新疆维吾尔自治区阿克苏地区阿瓦提县建设局副局长。

口述：陈栋辉
采访：朱蓓蕾　朱　鹰
整理：朱蓓蕾　朱　鹰
时间：2020 年 5 月 6 日

援疆岁月已经过去很多年，但每次回忆起援疆的日子都会有不同的感受，酸甜苦辣，都曾经历过。我是第六批援疆干部，这批共有 61 位来自不同单位的干部因为援疆走到了一起。三年时间说长不长，说短也不短，碰到了各种各样的困难，也经历了很多没有经历过的情况，尽管辛苦，但还是交出了一份满意的答卷。

初至阿瓦提

2008 年 7 月 27 日，与亲人、朋友话别后，我们在上海展览中心举办了简朴的欢送仪式，踏上了援疆之路。随后，在地委书记朱昌杰等领导干部的热烈欢迎中来到了阿克苏地区。7 月 28 日，我们开始了为期一天半的培训，我对阿克苏地区的环境及发展情况有了初步的了解。因为时间紧，任务重，在短暂学习之后，没有多做停留，按照组织要求，我们 9 人马不停蹄赶到了阿克苏地区阿瓦提县。我在阿瓦提县住的地方是当地的一个老小区，小区内几乎没什么绿化，唯一的绿化就是杂草。阿瓦提县属于温带大陆性气候，干旱少雨，寒暑变化剧烈，温差大，日照时间很长，晚上 8 点太阳还没有下山，这对于南方人而言是未曾见过的现象；七八月的天气干燥炎热，鼻子非常难受，经常流鼻血；风沙大，无法睁眼睛，一开口讲话，就有沙子飞进嘴里，路上浮尘很厚，穿鞋走过，连脚带鞋都陷在尘土里。

在阿瓦提县，我主要负责房管所、招投标和办公室工作。当时，阿瓦提县整体经济条件落后，生活水平不高，百姓的居住条件也比较落后，到处可见农民的"土坯房"，有的农民家里真的是"家徒四壁"，甚至连窗户也没条件装，那里的冬天零下 20 摄氏度，这些农民就用一张薄膜纸糊在窗户上挡风御寒。我曾经在考察的路上经过一个树林，见到的一处房子至今还记忆犹新，在这里我把它叫作"房子"，实质上就是一个木头搭建的棚子，到处透着风，里面住着一家当地的农民，他们长期居住在这里，以放牧为生，看到这种情况我挺心酸的。为了使自己能在短时间内适应环境，能更快更好地开展工作，我随身带着一个小本子，走到哪里记到哪里，一碰到问题就记录下来，然后抽空去请教当地同事，他们也会耐心地为我解答。当地政府的工作人员工作都非常用心细致，令我印象最深的是那些年轻人，吃苦肯干、任劳任怨。为了更快与当地干部及百姓进行交流，工作再累我每天都坚持学习几句当地语言。就这样，我开始投入当地的工作中。

深入小区　改善物业

在阿瓦提县我负责房管所相关工作，由于当地已建住宅小区规模差距大，遗留的问题也多，物业服务水平差距比较大，我决定组织带领房管所工作人员对本县居住小区物业管理工作进行专题调研，深入各个小区入户考察。记得那段时间里平均每天要走几万步路，穿梭在各个小区里，挨家挨户地调研，每天早上起床腿脚都酸痛无比，不想站起来，尽管很辛苦，但还是坚持下来了。在调研中我们发现，最大的问题是理念问题，当地人并不理解"物业"是什么，也不清楚什么是"物业服务"。偌大的小区只有门卫和保洁，并无其他物业服务，小区内几乎没什么绿化，配套设施也跟不上。语言不通在调研过程中成了我们遇到的一个难题，碰到汉族人的话在沟通上基本没什么问题，如果碰到少数民族同胞的话，沟通就比较困难，连比带画都要用上。为了提高工作效率，如果碰到少数民族同胞，我们会请一个当地的工作人员做翻译。继入户调研之后，我立即请各小区物业管理单位代表和居民代表召开座谈会，深入了解各小区物业管理模式和现状，发现物业自身在管理和服务上存在着的问题，结合所有的问题，我们加班加点完成了《阿瓦提县物业管理行业专题调研情况》报告，并根据调研情况一一提出整改意见和建议，逐一落实、整改、完善，也取得了初步的成效。我知道，想让阿瓦提县的物业管理服务水平在短时间内向大城市看齐是不可能的，但是我可以做的是在有限的援疆时间里，改善目前的小区物业水平，让当地百姓对"物业服务"有一个初步的概念理解和体验。

建安居房　助农圆梦

新疆地处地震多发地带，在阿瓦提县"土坯房"随处可见，存在极大的安全隐患，所以安居房建设是我们援疆工作的重点。记得那是 2009 年夏天的一个下午，我们阿瓦提县援疆小组 9 人准备到离县城三十多公里的乌鲁却勒镇第一亚吾西村去考察调研建设安居房。走出办公室，火辣辣的太阳直射当头，无法睁开眼，阿瓦提的夏天真的是酷热难挡。我们一行乘坐了两辆车出发，车子从一出发就开始一路颠簸摇晃，高高低低的路上扬起漫天的尘土，根本无法看清后方的路。长时间行驶在颠簸的路上会浑身酸痛，特别是在第二天睡了一觉以后，酸痛感会更加强烈。过了一两个小时，车终于到了吾西村，刚下车就看到一个村民向我们走来，我依稀记得他的名字叫买合木提。他是一个非常瘦弱、身材矮小的中年人，用维吾尔族的礼节跟我们打招呼，嘴里说着"亚克西曼"（你好）。随后，他带领我们来到了他家。走进他家的院子，第一眼看见的就是院中的"土坯房"，墙壁上还透着几个大窟窿，院子围着羊的栅栏也是歪歪扭扭的，勉强支撑着。站得脚酸了，我们什么也没多想，就在买合木提家的空地上席地而坐，用普通话跟他讲："我们是从上海来的援疆干部，到你们这里是来为你们提供帮助的，为你们改善生活条件的，我们会在你们这里盖坚固的房子，让你们住得更安全更舒适。"跟他阐述完来意之后，买合木提呆看着我们，我们这才意识到用的是普通话，他听不懂。经过陪同的村干部一番解释之后，买合木提弄明白了我们的来意，握住我们的手不停地说着"热合买提"

◀ 抗震安居房建设

（谢谢）。经过一番考察之后我们准备离开了，买合木提送我们到村口，临上车的时候他还握着我们的手，看得出来，他非常希望我们能尽早地建好抗震安居房。

　　时隔一年多以后，我们恰巧要到吾西村验收，一路上一排排白色的抗震安居房格外亮眼。刚到村口准备下车，远处出现了一个似曾相识的身影，我就想起了一年前那个瘦弱黝黑的中年人买合木提，他依然用维吾尔族礼节欢迎我们，一路上高兴地迎接我们进入院子。院子里的改变让我们眼前一亮，当年去考察的时候，买合木提家破旧的院子让我们记忆深刻，如今破旧的"土坯房"已经换成抗震安居房，小羊们的栅栏也变坚固了，村里的整体面貌都改善了不少。记得当时建造安居房的时候我们也碰到了不少困难，安居房都是用现代建房标准来建造的，所需的原材料当地比较少，需要远程运输，路途远、运输成本高、缺资金等都是当时建抗震安居房时候面临的问题，解决这些困难着实花了很多精力。当时看到村里的变化，我觉得在工作中所有的苦和累都值得了。

发动群众　建林果示范园

　　阿瓦提县是农业大县，几乎没有工业，当地农民主要是种植棉花，但种棉花的收入不高。为了使农民增收，改善生活水平，我们经过考察研究，决定先逐步推广种植枣树。为了减轻农民负担、降低种植风险，我们采取政府补贴的形式鼓励农民种植枣树。枣树的小苗成长需要两年，三年后才能开花结果，所以一开始种植枣树在农民中的接受度不高。由于枣树的收益刚开始慢，资金短缺，在初期就碰到了资金困难问题，我们除了申请州、自治区和中央的补助之外，还结合各自派出单位的优势来解决资金问题。我的派出单位是青浦房地局，当时我向局领导汇报了情况及碰到的困难，领导非常支持我的工作，在很短的时间内我就争取到了一笔资金。我利用这笔资金购买了化肥，有了化肥，枣树的成长就有了基础保障。随着各项资金及技术的到位，枣树慢慢开始有了收益，农民的种植热情也越来越高涨，大家信心十足，枣树种植初见成效。当时选择种植枣树，正是结合了当地的气候情况，枣子可以制成干果，保质期长，便于销售，干果比鲜果更有竞争力。

新疆的水果很美味，但是保鲜运输还是存在一定困难的。当时在搭木托格拉克乡建立了 150 亩的示范园，示范园粗具规模后，大大提高了农民种植果树的积极性，在推动阿瓦提县特色林果业发展的同时，切实提高了农民收入。现在我们上海这里吃的枣子大部分都是新疆的，吃着新疆的枣子我就会想起阿瓦提县的林果示范园，新疆的枣子走出了家门，走向了全国各地。

扶贫帮困　干部企业同出力

援疆期间，我下乡结对了贫困生。我结对的是一名中学生，为他送去大米、清油等生活必需品和助学金，在学习、生活中也尽力去帮助他。我非常清楚，物质的帮助是暂时的，扶贫先要扶志，所以我经常在思想上引导他们克服困难、努力学习。对于贫困学生而言，我送去的不只是一些物品和资金，更是一份关怀和期望，物资只能帮助他们一时，唯有在今后的生活中树立强大的信心和坚强的毅力才是根本。在我援疆期满回沪之后，我曾经援助过的孩子还会打电话来向我问好，交流学习情况、阿瓦提县的变化，等等。

阿瓦提县地广人稀，盐碱地多，工厂企业少之又少，由于当地居民受教育水平不高，整体就业率不高。在这种情况下，我们青浦有两家企业选择在当地办了厂。比如青浦的金博集团、龙人集团（就在我们隔壁县），用实际行动带动贫困群众脱贫增收。在条件艰苦、交通不便的地方办企业是一件非常不容易的事情，虽然公司也有自己的逐利点，但是面临的困难还是很多的，例如当地百姓受教育程度有限，员工流动性也是比较大的，交通不便，不利于产品运输，等等。我很佩服这些上海的企业家的精神，他们尽己所能在扶贫。之后随着招商引资工作的推进，会有更多的企业入驻阿瓦提县，提高当地居民的就业率，提升生活水平。

援疆数年　终身受益

在疆期间，我参加了一百多次的小组专题学习讨论，参加过现场的调研三十几次。通过这些讨论与调研，我也认识到了做好对口支援工作的重要性。几年来我争取地区联络组组织当地的干部到上海进行规划培训名额，安排过4位当地同志到上海参加了为期半个月的城市规划设计管理专业培训。我的派出单位也给了我大力支持，组织安排了两批20名建设局干部职工到上海、江苏、浙江等地进行学习考察，开阔了他们的视野，使大家进一步提高了业务能力，取长补短，增进了交流，也加深了沪阿两地的感情。当地干部在参加完业务培训交流后，都会跟我谈谈他们的收获和体会，每个人都说学到了很多东西，业务水平也提高了不少，每次听到这些回应我都很高兴，前期联络及安排都见效了。

援疆期间我也是阿瓦提县联络小组项目管理组成员之一，我们援助项目多、任务重，涉及设备援助、捐资助学、两地考察、建设项目等在建和已完成的共45个。在项目实施过程中，为了能推进项目建设进度，我们经常到各大工地，鞋子磨破、灰头土脸、擦伤撞青是家常便饭。记得援疆期满，要回上海的时候，当地百姓来跟我们握手道别，临走的时候他们不停地说谢谢，车子驶离的时候，他们还在跟我们挥手道别，这个画面我至今记得。

援疆这几年，我得到了当地政府和受援单位的很多支持，他们工作上支持我们，生活上关心周到，为我的工作、生活都创造了很好的基础，是我做好援疆工作的基础保障。援疆工作能顺利开展与派出单位的帮助也是分不开的，各

◀ 团建交流合影（后
排右二为陈栋辉）

种援疆资金的落实到位给了我很大的工作底气。援疆期间，当地干部同志拼搏奋斗的精神是值得我们去学习的，他们吃苦耐劳的精神值得敬佩。在这三年的援疆工作中，我们一直和当地干部接触，时间越久，在他们身上看到的闪光点也越多。

经过这次特殊的人生经历，我的工作能力提升了，意志力也变强了，对我个人而言，仅仅用"收获"来形容这几年的援疆工作是不足以表达它的分量的。援疆经历，使我终身受益。

赴一片沃土　许一个诺言

　　许诺，1975 年 12 月生。现任上海市青浦区经济委员会副主任。2015 年 8 月至 2018 年 12 月，先后担任中共新疆维吾尔自治区克拉玛依市信息化管理局党组成员、副局长，克拉玛依市委网信办党组成员、副主任，克拉玛依市经济和信息化委党组成员、副主任。

口述：许　诺
采访：张亦弛
整理：张亦弛
时间：2020 年 3 月 20 日

2015 年 8 月，我有幸成为上海首批支援克拉玛依的干部之一，来到克拉玛依这座在戈壁滩上建起的美丽石油城，开启了在我生命中烙下深深印记的 40 个月的援疆生活。"援克不做客，援疆做干将"这是牢牢贴在上海支援新疆克拉玛依分指挥部办公室墙面上的一句口号，这句话是 15 位援克兄弟给克拉玛依许下的一个诺言。

缘起父辈，珍惜来之不易的宝贵机会

1997 年开始，上海就开始援疆工作了，最初主要是援阿克苏，之后调整为援喀什。乌鲁木齐和克拉玛依属于经济比较富裕的城市，他们提出智力援疆、技术援疆的要求，中组部把任务分别交给了北京和上海，上海主要是支援克拉玛依。

2015 年第一批援克拉玛依的人员主要是老师、医生和专业干部，我挂职的岗位是克拉玛依市信息化管理局副局长，要求正科级和计算机中级，符合这个岗位条件的干部不太多，因为 1999 年职称改革后，公务员不再评职称，同时兼备职称和职级的干部不多。我当时在区组织部编办工作，领导发现我具

◀ 种下"友谊之树"

备这个条件，便找我谈话，要求必须征求家属意见，我第一个电话就打给我父亲，因为我们家和新疆很有渊源，我父母都曾经支边阿克苏，1966 年进疆，1979 年回的上海，可以说是把整个青春都献给了新疆，新疆成为他们的第二家乡。我也随父母在新疆生活过两年，虽然在新疆生活时还很年幼，没有留下什么深刻的印象，但是内心深处对新疆有着很深厚的感情，也保存着一份独有的向往和热爱，所以对能够成为援疆的一分子，心中还是感到十分激动和兴奋的。我父亲听到这个消息后十分支持，他对新疆的感情很深厚，返沪后几十年间也回了新疆十几次。第二个电话打给我爱人，她主要担心我的安全，但还是比较支持的。

　　2015 年 8 月 27 日是我们出发的日子，26 日晚我几乎彻夜未眠，因为第一次离开家乡，还要待这么久，心中还是比较忐忑的。27 日早晨 7 点多，在领导做了动员后，我们就乘上大巴赶赴机场了，我记得当时还没有直航，是先飞乌鲁木齐再转机前往克拉玛依。到了乌鲁木齐，当地已经做好了接待准备，我们在乌鲁木齐市区简单了解了一下当地的风土人情。记得当时从乌鲁木齐到克拉玛依的飞机不大，飞得很低，让我第一次从空中领略了新疆的风貌，与家乡江南水乡的风貌相比，这里更多了一分豪迈、粗犷，也让我心中涌起了一份干事创业的豪迈情绪。

初入新疆，首先面临的就是适应的过程。为了更快融入新的工作生活环境，和大部分援疆同志一样，在克服气候不适应、饮食不习惯等诸多困难的同时，最为重要的就是学习民族宗教政策，维护民族团结。通过认真学习新疆三史以及和当地干部群众交流沟通，我很快对新疆和克拉玛依的风土人情、生活习惯、气候地理条件等情况有了比较深入的了解。同时加强业务学习，全面学习了国家、自治区和克拉玛依市关于信息化方面的政策及文件精神，熟悉克拉玛依市信息产业发展现状和发展规划思路。这段时间的忙碌和充实，也帮助我冲淡了思乡的情绪和初入新疆的忐忑迷茫，很快工作和生活就步入了正轨。

从无到有，做好全体伙伴的后勤保障

我们是上海首批援克拉玛依的，共有 15 名援友，包括指挥长姜冬冬，5 名来自长宁、5 名来自青浦的专业干部，再加上 4 名医生。到达克拉玛依后，当地的接待做得比较周到，宿舍里的个人用品和电器都很齐全，两人一间，我的室友是二中的英语老师周安星。宿舍楼里设有会议室、阅览室、健身房等，食堂供应早中晚餐，还给我们办了交通卡。当地对我们援疆干部十分体贴，把我们照顾得无微不至。

我记得虽然到达的当天因旅途劳顿，人感觉到很累，但是躺下后仍然睡不着，想着远方的亲人。给我爱人打电话时，她的情绪也有些波动，说话声有些哽咽，我说了不少安慰的话，其实既是安慰她也是安慰自己。

我们的指挥部经历了一个从无到有的过程，特别是在后勤保障方面，因为缺少前例和经验，也投入了很多的精力。刚到克拉玛依时，我们上下班主要靠公交车，从宿舍到市政府要倒两部车。而老师和医生就更为辛苦，特别是老师，上课比较早，上班时食堂还没开，早餐都来不及吃，只能每天晚上准备一些馒头之类的干粮。

为了给援友们提供较好的工作条件，我们把情况反馈到合作交流办，因为我们是中途选派的，于是和喀什前方指挥部联系，他们应急支持了些资金。对于指挥部的日常运行，我们也进行了分工，共分青浦、长宁和医疗三个组，青浦组负责后勤财务，长宁负责宣传报道，医疗组由于其特殊性，不太承担指挥部的事务性工作。我担任青浦组组长，承担起了分指挥部的财务和后勤保障工作，为小伙伴们的吃喝拉撒睡负责。

从一张白纸开始，指挥部的建设需要付出较大的精力和工作量，加之信息化管理局的行政工作也比较繁忙，只能尽量利用下班、双休日等时间，帮助指挥部建设和正常运作。

在这其中我印象比较深刻的有两件事，第一件就是指挥部开设对公账户时，遇到了未曾预料到的困难。机构开户需要组织机构代码证，由于我们分指挥部这个机构不是一个正式的单位，克拉玛依没有遇到过这样的情况，不知道应该如何办理，因为仅凭一个成立机构的文件很难操作下去。后来通过自治区市场监管局的协调，经过了比较曲折的过程，才成功办理了组织机构代码证，银行账号也终于办好，财务工作开始走上正轨了。关于钱怎么用，由于 15 个援友都未曾从事过财务工作，经过大家集思广益，从记流水账开始，逐步制定了比较完善的财务制度。我还记得刚开始经费报销要到喀什，相隔 2000 多公里，一来一去要大半天时间，所以只能利用开会的机会，顺路带去，做统一报销。

第二件事是为援友们采购必要的生活工作用品，做好后勤保障。为了给小伙伴们及时提供后勤支持，我自己的宿舍也成了临时的物资储备仓库，定期补充物资，为援友们提供采购、仓储、配送的一条龙服务。在援克指挥部，兄弟们都笑称我是指挥部的大管家。

牢记使命，投入智力援疆的紧张工作

上海援克工作与其他援建工作不同，不带资金不带项目，工作重点是智力援疆，而这样的智力援疆模式无先例可循，也无现成经验可借鉴，全靠我们自己摸索。

到克拉玛依后，从上班第一天开始就感受到克拉玛依的工作节奏和上海一样快，我们和当地干部是一样的作息时间，都是早上 9 点半—1 点半，下午 3 点半—7 点半。2015 年 8 月 28 日，我们到克拉玛依正好是周五，连同周末，

◀ 接待上海来访领导
（左一为许诺）

就进行了两天的培训，主要是了解当地的风土人情和宗教知识，31日周一就正式上岗了，上班第一天信息化管理局就召开了班子会。在短短一个月内就先后接待了美国驻华大使馆商务参赞考察团、"一带一路"留学人员国情考察服务团克拉玛依行、江苏省经信委大数据异地灾备考察团和新疆维吾尔自治区经信委"农业云"项目团等。在接待过程中，不仅对克拉玛依信息化建设有了系统全面的了解，也对克拉玛依信息化工作标志性项目"中石油数据中心""华为云计算中心""智慧医疗"及"智慧交通"等有了较为深刻的了解，为后续开展工作奠定了良好的基础。

在2015年12月局里安排的出差期间，虽然对信息业务条线尚不熟悉，我还是主动与青浦区科委、上海市电子政务办、上海市委组织部培训处和上海张江高新园综合管理部等有关部门领导座谈及电话联络，谋求克拉玛依在信息产业培训、数据备份、干部在线教育和园区管理等方面能得到上海的帮助与支持。我还利用集中休假机会，积极与上海各有关单位进行对接；在指挥长带领下多次到上海张江集团有限公司、上海张江高新园管委会和上海市图书馆等有关单位，商讨园区挂牌、人才柔性交流以及数据备份等相关事宜，并与上海市经信委就信息化项目全面援克达成初步共识，借信息化创新克拉玛依国际论坛之机，就克拉玛依信息化建设顶层设计、规划、智慧城市、智慧园区、信息安全及大数据等一系列项目开展具体对接，并签订战略框架协议。

我始终坚信，作为一名普通的共产党员，就是要做应该做的事。记得2016年4月举行"相约星期六　健康大讲座"活动时，我主要负责后勤保障工作，当时我的腰痛旧疾开始复发，只能忍着疼痛，继续与上海企业进行对接，最后实在是痛到腰直不起来，坐车都困难，才在上海进行了检查，查出是腰椎间盘突出症，医生建议住院治疗，但由于工作任务繁重，只能一拖再拖。

融入当地，搭建民族团结的友谊桥梁

在做好业务工作的同时，我也积极投入到民族团结和维稳工作中。根据自治区要求，援疆干部要与少数民族家庭结对认亲，做到民族团结一家亲，与结亲对子同学习、同劳动、同吃、同住。我当时入住了当地一户维吾尔族家庭，深入体验了他们的日常生活，也感受到了维吾尔族同胞的热情好客。在我家属来克拉玛依探亲期间，我也带着家属上门去拜访，开展家庭间的聚会和联谊，努力把亲情融入两个家庭之间。

我也积极参与单位安排的各项维稳工作，24小时维稳值班、社区值班、

◀ 开展爱心助学、传递大爱扶危帮困（后排右四为许诺）

走访入户等成了日常工作的常态，克服单位领导少、指挥部接待任务多以及经常出差等困难，严格遵守单位的各项制度，确保值班期间不出事。党的十九大期间与单位其他干部职工一样，放弃节假日和双休日休息坚持上班，积极参与联点社区的各项维稳工作。我还积极参与了沪克两地共同组织开展的各类关爱行动，通过为困难群众开展爱心募捐、"圆梦1＋1"爱心赠书活动，与当地家境困难的小朋友结对，开展爱心助学等活动，传递上海援疆工作的正能量。

三年多的时间，我对这座美丽的石油城由陌生到熟悉，由忐忑不安到安心工作，由归心似箭到恋恋不舍。援疆工作使我更加成长成熟，这是我人生旅途中最值得纪念、最有意义的一段经历。回沪后我也一直回忆起这三年多的工作生活，怀念在克拉玛依一起战斗生活的战友情。我会在今后工作中充分发挥自己在这一段时间积累的经验、感情，去做好人生中的每一件事，去完成好每一项工作。

我和草原有个约定

　　谭伟，1974 年 8 月生。现任中共上海市青浦区商务委员会党组书记、主任。2010 年 7 月至 2013 年 8 月，为上海市第一批援青干部，担任中共青海省果洛藏族自治州班玛县委常委、副县长。

口述：谭　伟
采访：张海宁　胡　晨
整理：张海宁　胡　晨
时间：2020 年 6 月 29 日

　　2010 年，中央在第五次西藏工作座谈会上提出了要支援青海藏区。那年 7 月，我作为上海第一批援青干部，来到青海省果洛州班玛县，担任县委常委、副县长职务。我当初立下一句誓言："要尽心尽力服务这片美丽的草原，不辜负党和政府对我的重托，不辜负这片草原对我的厚望。"如果能够给班玛县留下一些值得纪念的东西，也就无愧于那段挥洒汗水的岁月了。

秉持初心前行，无愧岁月激情

　　当年，国家做出了支援青海藏区的决定后，上海市委组织部开始了选拔援青干部的工作。当我得知能够和其他 6 位同志代表上海作为第一批援青干部时，内心激动不已。市委组织部的孙宇老师问我为什么选择援青，我说，我是在组织的关心和培养下成长起来的年轻干部，如果组织有需要，我一定会到条件最艰苦的地方去。现在回想起来，正是这份初心，奠定了我三年援青工作的基础，激励自己不断坚守下去，为青海藏区脱贫攻坚主动做一些事情。

　　那时的青海藏区情况没人讲得清楚，只知道青海省果洛州有"四个最"：一是平均海拔最高，达到 4200—4300 米。二是气候最恶劣，年平均温度只有

◀ 谭伟（左四）陪同
班玛县委书记刘波
（左三）在吉卡乡
调研

零下 4 度，没有绝对无霜期，一年四季都会下雪。三是经济最不发达，人均年收入只有 2400 元。四是藏族同胞比例最高，当地 95% 以上都是藏族。从这"四个最"就能看出，青海的条件确实非常艰苦。去了之后，也确实验证了这些信息。班玛县城和州政府所在地都没有一条像样的柏油路，没有一幢像样的楼房。一年四季都会下大雪，夏天也会下珠子般大的雪。冬天非常冷，洗的衣服常常会结起 10 多公分的冰柱子。有一次我们在从州政府返回县里的路上，突然风雨交加，下起了雪珠子，车不小心开始打滑，险些翻下山去。还有一次在去外地出差的路上，洪水冲毁了道路，车子在草滩上行驶时迷了路，汽油也所剩无几，幸好司机凭着经验开了出来。在这之后，我们每次出去，就在车上常备睡袋，随时准备在车上过夜。

到班玛县的第一个月，我跟着县委领导跑遍了全县八乡一镇和各委办局，深入乡村和牧户走访调研。为了尽快把全县的基本情况和经济发展摸透，我边适应高原环境边工作，因此也吃了不少苦。到了高原上，人会感觉到头很重脚很轻。有一天晚上，我突然感觉到呼吸困难，穿着军大衣直冒冷汗，平时心慌、气喘挺挺就能过去，那是我第一次感到害怕，后来总算靠着吸氧扛了过去。我总结过经验，不要老想着自己在高原上，就当自己在平原上一样，越放松才能越快适应。那里的风景是真的美，有着一望无垠的草滩，每天看着蓝蓝的天、开阔的大草原，自己心胸也更开阔起来。遇到困难时，想想自己的初心，想想长期驻守在那里的干部，别人能干好的，我肯定也能干好，忍着忍着也就过来了。

用心用情用力，当好"桥梁"和"纽带"

其实，对于援青干部而言，我们到了当地，更多的是发挥桥梁和纽带作用。当时，班玛县的财力非常低，整个县一年只有 1000 万的财政收入，但支出却高达四五亿元。中央和上海市给我们的要求就是"开好局、起好步"，做到"两个倾斜"（向基层和农牧区倾斜）和保证"四个基本"（保证藏区牧民群众基本生活、基本生产、基本教育和基本卫生需求）。刚到那里，没有项目怎么办？光靠自己肯定是干不成的。于是，我想到了自己的大后方——上海市以及青浦区的各级单位。当时，市里的要求是全力以赴、不折不扣地做好对口支援工作。三年间，市里统筹援助资金约 4000 万，援建了班玛县 7 个项目。青浦区援建了 16 个项目，投资了近 700 万。正因为有了他们的支持，才有了我在青海三年援青出彩的一些工作，解决了当地党委政府和牧民群众急需解决的一些问题。

班玛县是三江源头，水资源很丰富，但水质不好，得结石的人很多。因为当地的医疗水平差，有些人甚至会因为开了一次结石不幸离世。另外，有些当地同胞很务实，担心孩子读书不如放牧有用。于是，我以基本医疗和教育为切入点，为农牧民解决实际问题。

我选择援建的第一个项目是多贡麻乡卫生院改扩建工程，这也是竣工最早的一个项目。新建卫生院的面积约为 300 平方米，环境整洁，设施比较齐全，改善了全乡 2300 多名牧民群众的就医环境。第二个援建的项目是总投资 532 万元的班玛县幼儿园。当时，很多当地学校把幼儿当小学生去教，3 岁的小孩背着书包坐在小学教室里听课，那种教学方法出乎我的意料。我曾经在华新镇分管过教育，知道不同年龄段学生的生理特点、心理特点不一样，幼儿主要是以快乐成长为主。因此，我就按照上海的标准为班玛县援建了一个幼儿园。同

◀ 谭伟（左一）在班玛县幼儿园项目施工现场

时，由青浦区教育局按照上海的标准捐赠了相应的设备。新的幼儿园建筑面积近 1700 平方米，配备了活动室、保育室、食堂、室外运动区等，成为班玛县第一个标准化幼儿园。

硬件跟上后，思想观念也得跟上。我在援建幼儿园的时候，就启动了幼师培训计划，从当地小学里面挑选了 12 名素质比较好的老师到青浦，由区教育局统一安排到相关的幼儿园跟班培训。后面又选了一批医生，安排他们到青浦中山医院跟班实习。最后，就固定形成了每年组织两批当地医生和教师来青浦培训的模式。对他们来讲，到上海一方面是开眼界、学技术，但更重要的是学思想、转观念，最后把上海好的经验和做法带回班玛。

在班玛县，出行不便和常年缺电是影响当地同胞正常生产、生活的两大难题。在知钦乡调研时，我发现这里的群众以放牧为生，住得也很分散，加上山路崎岖、道路不通，日常交通基本靠走。针对这一问题，我立即想到了青浦华新一家生产摩托车的企业。经过沟通后，华新镇和新大洲公司专门派了技术团队到这里考察，根据高原缺氧特点定制和捐赠了 50 辆摩托车。这批摩托车因为轻便灵活、通达性强，特别适合在高海拔地区、大草原上使用，在基层干部和牧民群众中十分受欢迎。

◀ 谭伟（戴墨镜者）
在知钦乡开展联系
群众服务基层活动

　　过去，班玛县不在大电网里面，八乡一镇主要依靠玛柯河的小水电站供电，水电站因为安装技术不过关，只有一台机组能发电。每到 10 月份一进入冬季，河水冻住就发不了电。我住的宿舍里，每天只能靠柴油机发电两小时，解决一些最基本的日常需求。有时候在当地同胞家里调研，只能用牛粪作为燃料，点着煤油灯，屋子里熏得到处都是味道。有一次，我们到全县海拔最高的达卡乡调研，看到乡政府大院里在建办公楼，施工队因为受不了恶劣条件跑了。那个地方不通电话、不通电，一到晚上漆黑一片，人的生命安全都会受到威胁，能守在那儿的干部很少。又有一次，在灯塔乡班前村检查藏式碉楼家庭宾馆建设项目的时候，这个村的党支部书记、全国劳模尕玛求告诉我，他有个小小心愿，就是希望给村里配几盏太阳能路灯，方便游客和当地群众，让大家晚上走路时更加安全一些。

　　如果用电问题能够得到解决，既可以稳定干部队伍，还可以解决老百姓的生活困难。回来之后，我就想尽快解决这个问题。巧的是，我离开青浦的时候，就听说青浦工业园区有家企业是生产太阳能移动电源和路灯的。在和他们多次沟通情况后，青浦工业园区、热电公司和纽福克斯三家单位，共同向班玛县八乡一镇捐赠了 100 盏太阳能路灯和 400 套太阳能移动电源，主要提供给了不通电的乡镇和村委会。我记得，当时有个吉卡乡的藏族同胞，在拿到太阳能移动电源时激动地对我说："我很高兴，政府能够给我们发这么好的东西。以后无论我们搬（帐篷）到哪儿都能用，感谢政府，感谢上海人民！"

坚持惠民利民，从"输血"变"造血"

玛柯河把班玛县城一分为二，在河的东岸是赛来塘镇采青滩游牧民定居点，里面安置了 5 个乡 297 户藏族同胞，是全县最大的生态移民定居点。由于被玛柯河隔断，藏族同胞到县城需要绕道并翻越峭壁山路近 5 公里，交通非常不便。而光有定居点，没有后续产业支撑等于没有就业，牧民们还是会选择回去重新放牧。高原上很难长出蔬菜，当时唯一可以吃到的就是萝卜。有一次，在亚尔堂乡调研时，我偶然发现有一个河南人在那儿种蔬菜，说明蔬菜还是可以种的。这一下激发了我对援建产业项目的想法。

我看到河滩边上还有大量的空地，正好可以利用起来，于是就选择把钱用在基础设施上，援建了定居点配套设施及产业项目。一个是新建了玛柯河中桥和道路项目，解决了藏族牧民群众的出入交通问题。另一个是新建了 12 个蔬菜大棚，既能保证蔬菜供应，也能解决就业问题，让他们能够"住得下，稳得住，能发展"。

班玛县是"果洛柯森"发祥地，也是红军长征走过的地方。柯森、格萨尔等藏族民俗文化底蕴丰厚，红色旅游资源丰富，藏式碉楼技艺是国家级非物质文化保护遗产。我看到当地的藏式石刻、藏香、唐卡、面具雕刻、碉楼模型等手工艺品制作很有特色，也有一定基础，就选择了班玛县旅游产业园区作为援建项目。整个产业园的建筑风格以藏式碉楼为主，中间是一栋 3000 平方米的主楼，边上是 8 栋 200 平方米的碉楼。每栋楼分成两户，我把这些非物质文化遗产的传承人都请进去，一人一套在那里搞产业化。这样既可以解决班玛柯森文化、红军文化、碉楼文化等的展示问题，又可以为这些传承人进行集中展示和手工艺品产业化创造条件，推动班玛县的旅游产业发展。

为进一步提高援助资金的带动效应，加强资源整合，我们当时还援建了班玛县一个农牧民社区服务中心项目。服务中心里入驻了人力资源、社保、扶贫、农牧等部门办公，是当时全州规模最大的一站式服务大厅，为全县牧民群众办事提供了便利。同时，这个项目还与县委党校项目捆绑，有效解决了班玛县各类培训和接待的需求。

一次果洛行，一生果洛情

在班玛县工作的时候，当地的藏族同胞亲切地称我为"谭扎西"。"扎西"是藏族对男子的尊称，他们认可一个男同志各方面比较优秀，会用"扎西"来称呼，可以说是我们民族团结最好的写照。

当地同胞也有很多精神值得我学习。"缺氧不缺精神"是当地干部和百姓常说的一句话。青海藏区环境恶劣、条件艰苦，干同样一件事，别的地方付出一分努力，在那里可能就要付出十倍的代价。这种"人一之，我十之"的实干精神在夏吾杰县长身上得到了很好的体现。夏吾杰是我在班玛县工作时的第二任县长，他雷厉风行、要做就必须做好的工作作风至今仍影响着我。那时候，夏县长和我一样都住在招待所里。吃好晚饭后，我们经常一起散步，有时候就会下基层现场办公。有一次，我们沿着人民路散步，走到最南端的时候，马路正在拓宽延伸，有两幢房子正好压在道路红线上。于是，夏县长就叫来了建设局局长和发改委主任，现场落实退界问题。

还有一个项目，也是晚饭后的现场办公碰撞出来的火花。当时，县政府家属区边上有一块很大的空地。县里原本准备要用来做一个"景观工程"，里面弄一个喷水池，再弄一些假山。当时夏县长问我有什么意见，我说："第一，班玛县到处是山，没必要再弄假山。第二，班玛县是三江源，也不缺水，小孩子到水池里面玩也有安全隐患。我们班玛县到底缺什么？缺的是公共文化体育设施，缺一个能为全县老百姓开展文体活动的地方。"后来，夏县长采纳了我的建议，原先的"景观工程"项目被改建成了市民广场项目。政府有需要的时候，就在那儿搞活动。一到晚上，广场上就会聚集大量当地同胞，真的可以用人山人海来形容，他们有的跳锅庄，有的打篮球，非常热闹。

我印象最深也是最感动的一件事，就是我离开班玛那天。因为从班玛回西宁有800公里，路上要开12小时的车，所以天刚蒙蒙亮我们就准备出发。没

想到，班玛县的两百多名干部群众一早就等候在县政府前的广场上，里里外外围了好几圈，排着队来给我送行。献哈达是他们的最高礼节，群众献给我的哈达挂满了脖子，挂不下了只好拿掉再挂。县里的四套班子领导也都出来送我，临走的时候，县委书记跟我深情地拥抱泣别。人在那种场景中，在那个瞬间，真的会感动到热泪盈眶。我觉得，确实无愧于自己三年来为班玛做的每一件事情，才与当地的干部群众建立了这么深厚的感情。

援青三年，我最大的收获就是磨炼了意志、历练了能力、收获了精神。在那样困难的地方，那样艰苦的高原都能熬过来，今后在工作生活中还有什么困难不能克服？我在当地干部和群众身上学到了"五个特别"的青藏高原精神、"人一之，我十之"的奋斗精神。回到平原上，还有什么理由不把工作做好？

离开班玛已经七个多年头了，七年来，我仍然关注着援青工作的一举一动。更重要的是，班玛的山山水水、老老少少都已经深深地印在了我的心里，难以忘怀。我深信，有党的好政策引领，班玛一定会越来越繁荣富强，班玛人民的生活一定会越来越幸福美满！扎西德勒！

班玛，我的故乡

乔惠锋，1971年3月生。现任中共上海市青浦区朱家角镇党委副书记、镇长。2013年至2016年，为上海市第二批援青干部，担任中共青海省果洛藏族自治州班玛县委常委、副县长。

口述：乔惠锋
采访：蒋金辉　袁　佳
整理：蒋金辉　袁　佳
时间：2020 年 6 月 6 日

2013 年 7 月 27 日，我成为上海第二批 17 位援青干部中的一个，接力光荣而艰巨的援青任务。这三年援建，是我人生当中最宝贵、最不平凡的经历。三年里经历的人和事，承担使命的光荣，让我觉得虽然付出了很多，但得到的更多。援青三年，是这辈子不可能再有的一段难忘经历。

初到高原，重新学会"生活"

没有去青海之前根本不知道果洛这个地方，也不知道班玛县。在网上搜索，知道果洛这个地方海拔相对比较低，班玛县又有果洛"小江南"之称，县城海拔在 3400 米左右，下面的乡镇都是在 4000 米以上。2013 年班玛人口在 3 万人左右，藏族的比例是 95% 左右，还有其他民族。

到了青海，因为是高原地区，我的生活完全改变了，可以说，吃、住、行这些生活习惯都要重新开始学。

大家都知道高原缺氧，长期缺氧对人体的伤害比较大。所以我们刚刚去的时候，说话、走路都要缓慢一点，还要稍微吸点氧，然后逐步减少吸氧的次数，慢慢地摆脱对吸氧的依赖。刚开始爬楼梯时，我爬了两层就要停下来，好

◀ 乔惠锋（左二）在
基层调研

好喘一喘、歇一歇再爬上去。记得有一次来了一帮记者，开始的时候这帮小伙子为了拍摄效果，拿着机器上蹿下跳，一点没事，可几天后，十几个人能够继续参与采访的不到三个了，其他人全都在挂盐水、吸氧了。

对我来讲，最大的问题还是睡不着觉。三年里，我基本没有在床上睡过。我在客厅放了个"贵妃榻"，可以斜躺在上面，这样心脏会舒服点，才能浅睡。如果平躺，心跳咚咚咚，感觉心要跳出来一样。有时候连续几天睡不着了，我就会吃半颗安眠药助眠，毕竟第二天还要工作。有一次，连续三个晚上没睡着觉了，特别想家，于是一早就给我老婆打了个电话，她还以为我起来早，其实我一晚上都没睡着，又怕家里人担心，不敢说，便跟她说早起早睡身体好。第一年下来我瘦了二十多斤。

整个县城没有自来水，平时用的水全都是从山沟沟流到蓄水池里面，再从蓄水池接到每家每户，不经过处理。每年七八月，班玛县是整个青海雨量最大的一个地区，可一下雨，水更没法用了。为什么呢？水里全是泥沙。不要说什么做饭了，就是冲个马桶都觉得不行，更没办法洗澡。我们就只能买矿泉水，除了喝的，用过的水还要存放在水缸里再利用。

吃也大有学问。在那里，很少能吃到蔬菜。蔬菜都是一个星期以前从西宁拉一车过来，供应整个县城，完了再去西宁运。因为这个原因，我们通常都是准备容易储存的土豆。因为实在吃不惯川菜，加上在高原为了把菜烧熟，只能多放油，慢慢地我学会了烧菜，厨艺很不错，同事们也都喜欢吃我烧的菜。

班玛大多是原始森林，国家电网当时还没有把电通到那里。班玛的供电模式是小水电，利用山上水的落差发电、供电。到了冬天，气温到了零下三十几度，水结冰，电就停了，就要过很长一段没有电的日子。第一批援青干部谭伟联系了青浦区工业园区一家做太阳能的企业，班玛也终于装上了太阳能。太阳能供电，没太阳就会没电，家里还得备一个手摇发电机应急。

深入基层，挖掘地方特色产业

青藏高原上的干部一直挂在嘴上的一句话就是"缺氧不缺精神，艰苦不怕吃苦"。每个地方民俗不一样、观念不一样、发展水平不一样，所以很多观念和理念、工作方法也不一样。在经过短时间的休整后，我认为要在这里顺利开展三年工作，首先要了解当地的风土人情，了解当地的工作作风，了解群众的诉求。到底贫困的点在哪里？所以，第一步就是要了解、融入，跟他们打成一片。

去了以后，我先跟下面委办局的领导多打听、多了解，在生活中跟他们融合在一块儿。一开始，我接触了一个本地干部，叫雅格多杰。他当时是班玛旅游局的局长，他父亲以前是班玛县的头人。在 1958 年之前，他父亲是当地一个非常有威望的人，1958 年后担任了县政协副主席。雅格多杰是本地人，还是果洛州摄影协会的会员，对这里非常熟悉，所以我就跟着他走了很多地方，用了好多天，把班玛县八乡一镇跑了个遍。有些乡是不能当天来回的，其中最远的一个乡离班玛县有 160 多公里，我们晚上就住在那边，住在帐篷里面。这个过程让我对每个乡镇的特色特点有了相当深的了解。我认识到，班玛生态非常好，而且又是高原，其他产业很难发展，但是旅游是一个方向。

有句话叫作"授人以鱼，不如授人以渔"。离开我们县城 50 公里，靠近四川省有一个村叫班前村，那里有藏族特有的一种民间建筑，叫作碉楼。整个碉楼全部用石头垒建，其中一幢房子有 800 多年的历史，吸引了很多建筑学专家

◀ 乔惠锋（左）在基
层与牧民交流

来考察。这里风景漂亮，有梯田，还有一定的文化底蕴，搞旅游是非常适合的。我就争取了 100 多万专项资金，计划改造 3 所藏式碉楼，请了旅游局和县里的同志去四川藏区旅游做得很好的丹巴县学习。打造精品旅游，打造民宿让游客住下来，就要满足游客的基本需求，要有一整套服务的标准，包括餐饮、食品安全等。刚开始，当地有些群众并不配合。我不得不喊上旅游局局长、村书记，反复向他们灌输理念，做思想工作。改造过程中关于厕所改造的问题，我就从县城到班前村，来回跑了不少于十次。我们做了很多工作，告诉群众要给客人提供好的服务，卫生设施一定要做好。最后他们终于同意了，接受了厕所的改造。其间还发生了很多事情，譬如楼梯改造、牛棚改造等，现在回想起来，虽然工作很难，但也是一桩桩趣事。

另外，班玛县是红军长征走过的地方，这是宝贵的红色旅游资源，但是由于财力有限，基础设施建设相对欠缺。我先后向上海市援青指挥部争取了 700 多万元资金用于"红军沟"红色旅游设施建设。

班玛的藏雪茶是一种保健的植物，长期喝有降血压、降血脂、抗衰老等作用。但由于各种原因，打不开市场。在走访中，我发现他们制茶过程没有标准：一口大铁锅，简单地炒炒。我跟他们说，要让市场认可，一定要有制作的标准，包括食品安全，等等。后来，我跟县里面几个领导沟通后，确定让藏雪茶往标准化这个方向来操作。通过朋友牵头，我先联系了浙江省杭州的制茶公司，考察学习整个制茶过程，又派县里面的技师到他们公司去学习制造工艺，并帮忙采购了制茶设备。有了先进的工艺、标准，进入市场还需要包装营销。我请了青浦一家知名的包装公司，为藏雪茶设计外包装，还做了一些营销方案和策划。2015 年，藏雪茶在上海市"茶博会"上亮相，得到了消费者好评，后来还获得了中国茶艺博览会金奖。现在四年过去了，最近我听说他们又要买一些设备，要让藏茶变成班玛县今后的支柱产业，很高兴班玛县找到了一个产业发展的方向。

扶贫扶智，着重解决"小、急、难"问题

果洛到西宁市或者成都，两边都是 800 公里以上的路程，而且只有一个交通工具，那就是汽车。班玛位置比较偏远，距离大城市又远，城市对它的辐射基本上没有，而且交通非常不便。所以说，人才在班玛县是特别稀缺。很多体制内招的人，工作了一段时间后就跳槽，跑到别的地方去了。所以，我认为培养当地的农牧民的人才，包括教育人才等，是当务之急。我当时就想，扶贫先扶志，扶贫必扶智，如果要提高农牧民的生活水平，首先要提高他的技能。我把这个想法跟青浦区领导反映，得到了区委、区政府的重视。当时规划了一个农牧民技术培训中心，结合当地的一些产业，比如说班玛县的黑陶制作、藏雪茶、唐卡等对农牧民进行培训。农牧民技术培训中心的位置就在产业园里面，实现了培训、制造一体化。建成后成为果洛州农牧委培训中心最好的一个点，也是设施最完备的一个地方。以前班玛县的很多培训，都要到几百公里以外的果洛州，甚至更远到 800 公里以外去培训。现在我只要把老师请过来，在当地就可以开展培训，可以组织更多人参与培训。

通过组织协调，我每年都会联系青浦区派出教育代表团和卫生代表团到班玛县进行讲学和义诊活动，效果非常好，当地农牧民相当欢迎，这项工作近十年来已经形成了一个习惯。我还派了班玛县的教师和医务工作者到青浦区参加培训和学习，逐步提高他们的综合素质和能力水平。

◀ 乔惠锋（左一）在基层调研时和牧民交流

　　在一些"小、急、难"方面，青浦区及其他社会力量也给予了极大的支持和帮助。比如说青浦区亚士漆企业无偿捐赠 35 吨外墙涂料，为改善班玛的城区面貌雪中送炭。通过企业，捐赠了 120 盏太阳能路灯，让县城晚上亮起来。我刚刚去的时候，班玛晚上是黑不溜秋，仅有的一部分路灯，有些也已经坏掉了。有一天晚上，我想看看班玛县晚上到底什么样的。结果走了大概十分钟，很多野狗蹿出来，当时特别害怕，回到家里面就不敢出来了。县城亮起来以后，也让当地老百姓晚上可以出来跳广场舞，开展一些小的聚会，丰富了老百姓的业余生活。

以心相待，结交更多藏家"亲戚"

　　去青海之前，第一批的一位援青干部就跟我讲，你有个姐姐在那边。我说怎么可能，我没亲戚在这里的呀。后来因为工作关系果然接触了，原来是青海省发改委支援合作处的处长，叫乔惠，跟我的名字相近。三年下来，我们保持了非常好的亲情。有一天，我从班玛县出来到西宁去办事，开了一天车，路上有一些交通事故，所以到西宁市的时候将近晚上 9 点了。出来前，乔惠已经跟我约好，那天他们家聚会让我参加。后来因为堵车，我就跟她说你们先开始，

◀ 乔惠锋（后排右二）
在多贡麻乡慰问

我晚一点。结果我到了那边，发现他们一家人还在等着，都没有吃饭，说"家人"没到，还有个"弟弟"没到，我当时非常感动。其实我当时还不明白这个"弟弟"的含义，直到有一次聚会才知道。那天，乔处长的一个同学指着我说，他是你弟弟吗？她说是我弟弟呀。她同学愣了一会儿说，你弟弟不是那个（去世）了吗？那时我才知道她弟弟十几岁就去世了，而且听说长得还跟我有点像。真是一种缘分啊！就这样，我和乔处长的这种感情一直保持着，我觉得这是一辈子的亲情，也代表了一个青海省领导对于一个援青干部的关心。那时候我们不管到省里也好，到州里也好，到县里也好，所有的青海干部对我们援青干部都是格外关心。

"结对认亲"是班玛联系群众的一项创新工作。我在班玛县认了9个"亲戚"，其中有一家印象特别深刻，是多贡麻乡的一户家庭。他们家在山沟沟里面最深的地方，路非常难开，车子是斜着开进去的。这家孩子也多，一共7个，又住在深山里交通不便，也没什么收入。我跟乡里面商量了一下，想把这家人从山里搬出来，乡里就在马路旁边给他们找了个地方，我又通过朋友援助了一些黄沙、砖块，把房子建了起来，并对这家人家进行了资金上的扶持。这三年，虽然相对来说我对每户人家帮扶资金量不是很大，但也确实为一些家庭解了燃眉之急。当地老百姓说到上海、说到青浦，就像说到自己的亲戚一样，这对我来说，也是引以为豪的一点。三年间，我还联系到上海的一些爱心人士，对一些特别困难的家庭，每年都会有一定的资金帮扶。每次我都要亲自把这个钱送到人家手里面，虽然路途比较远，稍微辛苦一点，但是你去和不去完全不一样，他能感受到我们对他的一种关心。我现在有很多照片，都是到牧民家里去的时候拍的。

三年间，家里承担了很多应该我去承担的责任。我儿子那年读初一，13岁。上海市委为我们送行那天，我们都像去当兵的战士一样，一个个坐上了大巴车。在人群当中，我看到儿子扭头在哭。这时候，我也忍不住掉眼泪了。往旁边一看，车里面所有的援建干部全部是饱含眼泪。原来一直觉得儿子还是一个不懂事的孩子，那个时候，觉得他也长大了。我当时跟儿子有个约定，也是为了激励儿子，我说："老爸援青三年，你从初一到初三也是三年，三年以后呢，我们一起毕业。"

援青的三年，班玛人从与世无争到慢慢开始想发展、要发展了，当地干部对一个地方的发展意识也更强了。基础设施投入加大后，整个城乡的面貌也有了变化，特别是一些产业项目注入以后，整个县城有了生机。2019年我回了一趟班玛，看到每个地方呈现出来的面貌都非常好，人的状态都和以前不一样了。

2020年4月，班玛县摘掉了贫困县的帽子。我觉得要做到真正的脱贫，就要保持这样一种持续的发展。希望通过产业致富，让班玛县能够成为青海一个旅游胜地。那里有特别好的旅游资源、特别好的生态资源、特别好的人文资源，作为我们中华民族多民族文化里面的一种特色文化，要充分展示、体现出来，让所有的人都知道班玛这个地方。

我心中的班玛情

　　凌冠军，1970年8月生。现任上海市青浦区白鹤镇人大副主席、总工会主席。2013年7月至2016年7月，为上海市第二批援青干部，担任中共青海省果洛藏族自治州班玛县委办、县政府办副主任。

口述：凌冠军
采访：马　宁　朱　鹰
整理：马　宁
时间：2020 年 4 月 26 日

说起援青之行，我总有说不完的话。2013 年 7 月，我经组织选派成为上海市第二批援青干部，担任青海省果洛藏族自治州班玛县委、县政府办公室副主任一职，开始了三年的援青之旅。援青工作虽然短暂，但雪域高原给我留下的深刻印象以及当地同胞和我结下的深厚友谊，至今令我难以忘却。

心向藏区梦开始，援青初心得以践

说起对口支援，上海从 2010 年就开始对口援建青海省果洛州。参与援青工作之前我在青浦区委老干部局工作，每次看到区委下发报名参加对口支援的通知时，我都积极响应。我记得是 2013 年 4 月的一天，突然接到组织部门打来的电话，通知我已经入围援青干部的大名单，让我做好准备，第二天就参加体检。接到电话，当时我的心情真的是非常激动。那时候，我儿子马上就要高考了，也算是我们家里的一件大事，我其实不想错过儿子成长路上关键一环的，但是家里人在得知我可能要援青的消息后，还是很支持的。组织上的关心加上家人的支持，我成功入选了第二批上海援青干部名单，踏上了三年的援青之路。

▲ 前往班玛县的路上

　　2013 年 7 月 27 日，是我们出发的日子，原计划是下午的航班飞西宁，但由于空中管制航班延误了。在等待的时候，候机厅播放了一条新闻，说是一位游客到西藏旅游，上高原之前患了感冒，由于高原地区含氧量低而导致肺气肿不治身亡。听到这个消息，氛围一下变得有点凝重，我也多少有点担心高原地区恶劣气候对身体造成影响。晚上 11 点多我们到达西宁，天气有点干燥，整体来说还是比较适应。经过一天的休整，29 日我们坐车去青海省果洛州政府所在地玛沁县。

　　前往玛沁县的山路平均海拔 3700 米，有差不多 400 公里路，其中还有1000 多个弯弯绕绕的山路，车子速度开得很慢。当天晚上，州委、州政府给我们上海援青干部举行了隆重的迎送会。听了当地领导对我们即将开始工作和生活的第二故乡的经济社会发展情况以及当地风土人情介绍后，我对藏区的贫困、自然条件之恶劣有了初步的了解，也让我对这片神圣的土地充满憧憬。

　　第二天早晨，我们上海援青干部按照各自对口帮扶的县分六组又出发了。我对口支援的班玛县距出发地大约 350 公里，平均海拔超过 4000 米。高海拔地区一路颠簸，让我有点昏昏沉沉，头还很疼，很沉重，一路迷迷糊糊到达县城。刚下车，站都站不稳，走路还有点飘，当时负责接待我们的领导一看，就知道我们已经有了较大的高原反应，叮嘱我们先回宾馆休息一下再办理工作交接。简单地休息了一会儿，我们就进行工作交接，当天下午对所有上海援建项目进行了现场踏看。晚上，县委又为我们举行了迎送会，会上第一批援青干部讲了他们三年多来工作、生活回顾和感受。他们在发言的时候数次哽咽、数次落泪，听得我十分动容，来过的干部都说一句话"缺氧不缺精神"，那我也要做好三年扎根藏区的思想准备，努力学习、踏实工作。

31号早上我们出发回西宁，为了节约时间，绕过千条弯弯路，我们选了一条路程近一些、路直一些的回程路，但海拔却比之前走过的路都高。中午经过海拔4700米的阿尼玛卿雪山时，刚开始大家心情挺好，过雪山时还拍照留念，但是不一会儿就下起了滂沱大雨，然后雷电、冰雹各种恶劣天气轮番出现，后来又下起大雪。听司机讲，7、8月的天气没有想象的那么好，甚至有可能一天就出现四季，而且这段路是著名的"搓板路"，你坐在车上的时候，整个身体都在半空中"振荡"，我们都开玩笑说，肯定是老天爷在考验我们援青干部的诚意，才让我们走这么颠簸的路，遇上这么恶劣的天气。后来一路上的"运动"，让我的高原反应更加强烈了，等车子开到吃饭地的时候，基本上已经瘫坐在车上，一点胃口都没了，我深深体会到当地极端恶劣的自然环境。

初到岗位困难多，调整心态共磨炼

经过前前后后大约一个星期的培训，我们正式踏上了工作岗位。当时由于干部周转房还没有造好，当地政府给我安排了"最好"的莲花宾馆入住，可住进去后却发现卫生间顶上一直在渗水，黄黄的，还一直往下滴。刚到岗位的头三天，由于高原反应时不时发生，对我整个人的精神状态还是有点影响的，本来我是碰着枕头就能入睡的，结果连着三天睡也睡不着觉。当地饮食习惯，包括水质各方面都与我们这里不一样，让我感觉特别水土不服，咳嗽一直没有停，实在拖不住了，就去医院检查，医生告诉我说有支气管炎，肺上也有点炎症，这些问题在高原还是要重视的，让我尽快回西宁休养一阵再回来工作。刚到县里工作，哪能因为一点小病就回西宁，于是软磨着请医生给开

◀ 凌冠军（右一）向上海援青干部联络组领导介绍对口援建项目建设情况

了一些药。回到办公室时碰到我们一起援青的乔惠锋副县长，看到他与我也是一样的"德性"，我们两个人商量了一下，最后决定还是先吃点药，再拖一拖，把当前一些应急工作办好之后再下西宁休整。当时那个时期，工程建设验收窗口期很短，我们的工作必须抢在极端天气来临前进行，所以选择留下继续工作。

在县里工作时候，好像是一个星期六的早上，我有点闹肚子，8点醒来想到街边饮食店去改善一下伙食。班玛县和我们青浦时差大约两个多小时，当时天还是黑的，街上没什么人，早上气温还是比较低，我走路的时候一直在咳嗽，出宿舍门刚走到政府小院时，突然从两旁草丛中直愣愣地冲出半人高的七八条大土狗，瞪着大眼向我叫。我看到这么多大狗还是有点怕的，手边也没"武器"，吓得只好后退，这几只狗也跟着我，我只能乖乖回到了宿舍，吃起了"康师傅"。过了短短的一个多月，我瘦了十斤，把储藏的一些"夏季过冬"能量很快消耗掉了。我们又在高原上坚持了半个多月后，接到上海援青联络组通知回西宁参加工作会议。结果，刚回到西宁的第二天，身体上的不舒服症状全部消失了。现在想想，高原上的气候真的让没去过高原的人很难适应，但是我们每一位援青干部还是坚持下来了。

支援班玛显真情，高原雪域勇担当

在来之前我了解过班玛县，班玛县隶属果洛藏族自治州，地处自治州的东南部，东南部与四川省阿坝、壤塘等县接壤，西部与四川省色达县为邻，地域面积 6000 平方公里，辖八乡一镇，2013 年时人口约 3 万人，藏族占总人口的 95% 以上。工作一段时间后，我想应该对班玛县情况了解得更丰富一些，全县基本情况掌握得更全面一些，这样也方便我们开展对口援建的各项工作，尽快为三年上海援建工作做好项目储备，所以，我们第二次正式到县里工作后，就对全县基本情况开展调研。大部分百姓讲藏语，我们当地干部就兼职翻译共同参与调研工作，及时给我们答疑解惑，也方便了我们快速熟悉风土人情。白天我们去下辖的各个乡镇，到当地同胞家里详细了解乡情民意，搜集第一手资料，在走访过程中也对当地风俗习惯有了更深的了解。我们见过的每一个当地同胞都对我们的工作相当支持。调研工作结束后，我与同事商讨研究制定了三年援青工作项目计划，为我们以后援青工作绘制出了蓝图，也让我有了明确的方向。现在回想起那时候调研走访，当地同胞质朴、亲切、可爱的特点我还记得很清晰，每一个面孔都历历在目。

援青的三年，我们一直在为班玛县积极争取援建项目，大概涉及城镇建设、基础设施、基层政权、社会事业、特色产业、民生保障、技术支持等方面，大大小小的有 24 项，这些援建项目一定程度上解决了县里一些"急、难、愁"问题，也让当地群众实实在在得到了实惠。通过我们青浦区委、区政府的大力支持加上我们的不懈努力，还广泛吸引了一些社会资源参与到援助建设当中。比如：县里农民生产技术落后，专业技术人员少，搞不了农民技术培训，生产力十分落后，青浦区委、区政府就投入 500 万元援建一所农牧民技术培训中心，给牧民学习技能、增加就业机会创造了条件；一家爱心企业无偿捐赠了 35 吨 105 万元外墙涂料，另一家企业赞助 120 盏太阳能路灯用于城乡改造，为城区面貌和"明亮"工程雪中送炭；还有青浦区有关镇、教育局、卫计委、红十字会、慈善基金会等单位捐赠了一些基础设施设备、医疗器械、教学设备、交通工具、过冬衣物等，为当地教育、卫生、养老事业送来了"及时雨"。

▶ 青浦区科协帮扶班玛县"赛复流动科技馆"捐赠仪式（左一为凌冠军）

这些援建物资看得见、摸得着，都是些实实在在的项目，确实为班玛县精准扶贫发挥了重要作用。

　　说起来虽然援助项目丰富务实，但不光要"输血"还要"造血"。我工作的时候一直在想，怎么能让更多的青浦人走进果洛、熟悉班玛，怎么让更多的班玛人走进上海、了解青浦，怎么才能真正发挥我们这批援青干部的桥梁纽带作用。经过我们多次沟通协调，在上海市委、市政府组织下和青浦区委、区政府的精心安排下，两地领导也实现互访考察 6 次，很好地为两地对接援助工作奠定了基础。另外，我们充分利用青浦区资源，选派当地干部和技术人员到青浦，帮助他们提升业务和技能水平，一共组织了三批 26 人的县科级干部、医务人员和教师到青浦区挂职锻炼和进修学习，协助完成了两批全州住建、旅游系统干部到青浦区培训。现在看来，这些智力援助项目的开展，让当地同胞直接或间接地享受到了两地开展对口支援工作后带来的"红利"。

文化资源深挖掘，帮助脱贫见真招

　　说起班玛县，不得不提一下它拥有的自然风景。班玛县有个青海省最大也是中国海拔最高的原始森林——玛柯河林区。这个林区是长江水系的水源涵养林区，果洛藏族的发祥地，一到夏季，里面各式各样的野花开得漫山遍野，哗啦啦雪水流下，看上去很生机勃勃，当地干部群众告诉我们这是果洛"小江南"。在这个林区周边还有保存最完整的古碉楼群，已经被国家载入历史文化遗产名录，特别有参观和研究藏文化的意义和价值。我们调研后，觉得这么好的自然、文化资源应该与提倡的生态文明旅游结合起来，探索一条适合当地发展的旅游新模式，一方面保护了自然、人文遗产，另一方面也是开辟当地增收致富的新路子。我们与当地干部研究了相关方案，耐心做好群众解释劝说工作，同时也积极争取援青大后方的资金支持，先后有 100 多万专项资金到位，试点改造了三家藏式碉楼作为民宿，并对三户碉楼的经营者进行了培训。班玛红色旅游资源也很丰富。在一次考察活动中，听说班玛县是红军长征唯一经过青海的地方，红军长征点燃了革命烈火，是班玛县红色文化根源，红色资源更是爱国主义教育的瑰宝，我们也协助班玛县委、县政府修建红色旅游基础设施，让班玛的红色旅游资源"活起来"。

班玛县有丰富的森林和矿产资源，但在国家保护生态环境政策出台后，支柱产业被相继叫停，老百姓的生活很是贫困和落后。根据上海援青联络组的要求，我认领了远离县城 60 公里外马可河乡的三户"亲戚"，他们有的因长期患病或者没有生产技能成为极度贫困户。记得有位当地老师告诉我，她班上有位学生一年四季都穿着一身又破又旧的衣服来上学，她看着心疼，就从家里拿了件换洗的衣服送给这位学生，可是他也从未换过。后来，老师去家访，发现这个学生家里还有三个兄弟姐妹，他们都常年睡在地板床上，询问之下才得知没有多余的衣服供他们可以穿着出门。我们每次去看望"亲戚"时，他们都是在破旧的冬（夏）窝子前等候着，当我们把慰问物资和慰问金交到他们手上的时候，他们都会紧紧拉着我们的手说："谢谢党和政府，谢谢上海人民，谢谢你们。"在帮助贫困群众方面，我们也积极与当地政府协调，为他们提供力所能及的就业机会，帮助他们早日脱贫。在我结束援青三年工作的时候，马可河乡的乡长告诉我，我的一位"亲戚"已顺利从卫生学校毕业，并在县中心医院找到工作。我默默地为他们祈祷，希望他们家从此走向小康，也希望更多的贫困户能走出困境，过上幸福的生活。

▲ 慰问藏族贫困家庭
（右二为凌冠军）

奉献何曾计长短，高原永记上海青

　　在援青的三年里，我接触的每一名班玛干部都十分质朴，他们在高原始终秉持着全心全意为人民服务的宗旨，任劳任怨，勤勤恳恳，工作的点点滴滴无处不体现着一种"高原精神"。县政府办主任祁胜芳就是我最崇拜的同志。他比我大几岁，听他说从学校毕业后就一直在班玛县工作，平时接触下来发现他工作经验特别丰富。由于长期在高原工作，心脏又做了搭桥手术，县委领导建议他到海拔相对低的西宁去工作，但当时新任县长刚到位，为了辅助好新任县长，不影响政府的正常工作，他顾全大局，毅然放弃了县委安排他回西宁办事处工作的好机会。而且，作为政府办主任，同时还兼任机关事务局局长、信访办主任等职务，各方面都需要他沟通协调，每天还需处理几十份的公文，很是辛苦，但我也从来没听他有啥怨言，毫不夸张地说，一天到晚不是在工作，就是在工作的路上。这种甘于奉献的精神确实也深深感染着我，让我受益匪浅，这就是高原干部担当的情怀，值得我们每一位同志学习。特别是我们初到县里工作的时候，他知道我们远离家乡，到既偏又高的县里工作，在业余生活上特别枯燥，他就动员政府办的干部邀请我们双休日到他们家做客，一下子拉近了彼此之间的距离，让我们有了"第二故乡"的感觉，这样也为我们尽快融入藏区，适应藏区生活奠定了基础。所以近两年，由于工作的关系我两次到班玛县，在途经西宁休整的时候都要去探望下我的好同事、好朋友、工作上的"领路人"祁胜芳同志。他每次都拥抱着我说："兄弟，这里有你的家，以后多回来看看。"

我们第二批援青干部共有 17 名，当地同胞亲切地叫我们"上海青"，这个称呼不华丽，但它的特点就在于光明磊落，很好地体现了我们上海与青海结下的浓浓情谊。2016 年 7 月下旬，我们三年的援青工作基本结束。临行前，县委、县政府为我们举行了简短的欢送会。让我没想到的是，当地干部、群众自发地组织起几百号人来欢送我们。看着那样的情景，我也没忍住泪水。藏族同胞为我戴上一条又一条纯洁的哈达，一个又一个与我拥抱告别，看到他们纯朴的脸庞，我更加恋恋不舍。

三年的援青路虽然是短暂的，但是援青情是长久的、一生的，是我人生旅途中最重要的一段经历，值得永远珍藏和铭记。

初心不悔　情系果洛

　　浦浩良，1975 年 2 月生。现任中共上海市青浦区建设和管理委员会党委委员、副主任。2013 年至 2016 年，为上海市第二批援青干部，担任青海省果洛藏族自治州住房和城乡建设局副局长。

口述：浦浩良
采访：黄晓君
整理：黄晓君
时间：2020 年 4 月 13 日

作为第二批援青干部之一，2013 年 7 月我来到了青海果洛参加工作，有人问在那边是否很辛苦，是否后悔，我的回答永远是"不苦、不累、不悔"。

海拔高，意志更高

果洛州的平均海拔有 4200 米，到处是山；上海的平均海拔只有约 4 米，有印象的山不过是 100 多米的佘山。我们当时在青海的省会西宁休整了一天，就在当地领导和第一批援青干部的陪同下，沿着 101 省道坐车到果洛。那天我的感受就是风景特别好，路程特别长，路况很一般，据说这是到果洛的唯一一条公路。在我看来，说是公路，其实只是一条山路，而且只有两个车道，每次会车都让我心惊胆战。从西宁到果洛，我记得车子开了 9 个小时左右。我是第一次坐这么长时间的车，一大早出发，中间为了吃中饭停留了一次，到了傍晚我们才到达目的地。下车后，我就有一点高原反应，呼吸有点不通畅，脚步很沉，觉得很不舒服。实际上，出发前家人给我准备了红景天，但我没有吃，一方面是觉得自己的身体还不错，在西宁（海拔 2000 多米）调整的时候，没有不舒服；另一方面是考虑到即将要在果洛扎根三年，总要适应 4200 米的海拔。

▲ 浦浩良（右二）到
果洛建筑工地调研

很幸运，一个礼拜后，我就克服了高原反应。克服了"海拔关"，还有"语言关"。果洛地广人稀，当地的语言有青海话和藏语两种，青海话相比其他方言难懂一些，是西北那边的语言；藏语则有自己的音节，是完全不同于普通话的。语言这方面，我是适应得很快的，大概和我在外省市读过书有关吧。不到一个月，我靠蒙带猜就听懂了青海话，再后来我能"阿玛巴拉"说几句青海话了；藏语的话，简单掌握了几句日常用语，比如"乔带帽"（普通话谐音，你好）、"瓜真切"（普通话谐音，谢谢）等。局里的同事刚开始照顾我，和我沟通都是普通话为主，后来看我适应得快，就不管我了，直接用青海话沟通。我们开会，他们说青海话，我说普通话，倒是非常和谐。

在果洛，上海援青干部被称为"上海青"，而我被人戏称"上海亲"，主要是表达我能和果洛同胞打成一片。在果洛，我被任命为州住建局的副局长，联系单位是质量监督站、试验室。因为地域差别，自己还不能马上进入角色，我就真诚地请教同事。自己是"新手上路"，就要多请教懂行的人，让自己以最快的速度熟悉当地的情况，早日投入果洛的建设。另外我自己也有一个融入他们的秘诀，就是参加他们的各种活动。比如中午午休的时候，同事们会打打篮球，我就主动报名参加。虽然因为高原反应，我只能上场几分钟，没法像他们一样打球打满全场，但主要目的是融入他们。在场下，我也会给他们挥毛巾加油，这都让他们慢慢感觉，我是他们中的一员。

环境苦，人情愈暖

如果说果洛的海拔在第一天让我吃了点苦头，那么果洛同胞第一天就给了我满满的感动。那天我们刚下车，就远远地看到一群人聚集在牌楼那里，等走近才知道，是果洛同胞用藏族的特殊风俗热烈欢迎我们这些"上海青"。州领导为我们敬上青稞酒，为我们一行人献上哈达。看着周围果洛同胞热情洋溢的笑脸，我们都激动坏了，那点高原反应也被我完全忘记了。我当时想，既然戴上了哈达，来到了这片土地，那么就要尽自己所能成为一名优秀的果洛建设者，为果洛的建设添砖加瓦。

那天因为宿舍还在调配，我们被暂时安排在接待中心。第二天，是7月的最后一天，一大早醒来，我们出门就看到了"七月飞雪"，感受到了阵阵寒风，而不远处的两座山头早就变成了白色。果洛下雪了，在上海还是艳阳高照的季节。后来我才知道州上一年有11个月供暖，而即将到来的8月是唯一不供暖的时候。果洛同胞每天棉袄不离身，白天可以暂时系在腰上，晚上是一定要穿上的，我也习惯了这个天气、这个做法。

后来我更是慢慢感受到了果洛同胞的真诚大方，体会到了他们的热情好客。那时，我妻子和儿子来看我，同事们热情地招待，把我的家人当成他们的家人一样对待，衣食住行处处关照。周末，局里同事邀请我们一家人到草滩参加集体活动。在大片的草地上，我们一起热闹地联欢。为了表示对我家人的欢迎，办公室主任尼玛才让亲手做了青稞糌粑，也给我们演示了如何灌血肠（血肠是藏族的特色美食，是用新鲜的羊血灌入清洗干净的羊肠中，然后再煮熟）。在这个4200米的地方，我真切地感受到了第二故乡的温暖。

渐渐地，我习惯了到"大灶"（指食堂）吃牛羊肉、吃油泼辣子；习惯了到小商店买生活用品；习惯了公路出现塌方、前方的道路被山石阻断的情况……2014年3月7日，我至今还清晰记得，那是一个很平常的周五，我和同事在西宁参加项目评审，突然得知我们住建局回果洛的车子遭遇了翻车事故，事故导致二死一重伤，两名同事当场去世，还有同事在医院抢救……这场事故发生得太突然，大家都很悲痛，也让我猝不及防地直面果洛艰苦的环境。含泪参加完同事的追悼会，更坚定了我扎根果洛、奉献果洛的决心。

同事告诉我"果洛"藏语的意思是"反败为胜的地方"，虽然果洛自然环境恶劣，但是一代代果洛同胞在这样艰苦的环境下锤炼出了坚韧不拔的品质，而我们这些援青干部不远万里来到这里支援，相信在大家的共同努力下，果洛真的能成为"果洛"，将来肯定也能越变越好。

气压低，标准不低

果洛地处高原，整体经济发展水平较低，这是有很多原因的，比如受地理位置、气候、历史等因素影响。2010 年，确定了上海对口支援果洛，后来上海提供的援建项目，各方支援给果洛增添了发展后劲。2013 年，作为第二批援青干部，我们对援青项目开展了调研，到农牧民社区服务设施改造建设项目、学校、医院、旅游产业扶持项目等施工现场，认真查看了解各援建项目的进展情况。定期到施工现场检查沟通，要求项目主要负责人在保证工程项目质量和施工安全的前提下，确保工程进度同步走。

在调研的过程中，我在高原工地发现了一个普遍现象，那就是监理、工人的安全帽佩戴不规范，部分工人将安全帽松松垮垮挂在头上，甚至个别工人还有不佩戴安全帽的现象，整个工地的安全管理意识较为薄弱。我知道这样的问题看似很小，实际上是对生命的不负责。当时我就对工地的负责人、监理指出这个问题，要求他们立即整改。后来我想，工地负责人、工人不重视，那领导从上而下示范更有说服力，于是马上联系了上海的公司，专门订购了一批标准安全帽，建议住建局领导和上海援青干部进工地时一律戴上，在工地起示范作用。后来我们再到施工现场，发现佩戴安全帽已经是所有人的共识了。当地的项目参建方和管理部门还主动让我帮忙联系上海安全管理人员进行培训，对此我感到很欣慰，只有思想上重视安全，那么大家才能更安全。

在具体的检查中，我还发现果洛各援建项目建设单位缺乏项目管理经验，有重工程建设轻资料管理的现象。当我和其他援青干部一起重新梳理援青项目管理细则、强调项目管理中的档案管理时，这种做法遭到了一些质疑。他们觉得有些规定"太细"，认为有可能是"不必要的麻烦"，认为只要把工程完成就可以了，完全没有必要"多一层枷锁"。规范项目流程、提升项目档案管理是完善援青项目管理的必然要求，面对这些质疑，我相信只要加强沟通，积极引导和示范，时间终会改变质疑者的看法。比如消防审批，过去当地办理意识不高，但我们一直在和他们沟通，后来觉得消防审批重要的人越来越多，办理率明显增长。在援青项目档案管理这方面，在我回上海之前，果洛州已经成立了档案室，上海援青项目的档案库建设有了初步成效，基本做到每个项目都有建档，并经专人审核，最后统一归存。

我在建筑行业工作多年，在建筑工地管理方面积累的经验，也是从基层做起来的，来果洛的重要目的，就是和他们沟通交流，把上海的先进管理经验带到果洛住建系统。为此我结合自己以往的工作，结合果洛当地实际情况，带领同事完成了建设系统廉政防控体系建设，建立完善了建设工程项目管理办法，进一步规范了项目审定程序、规范资金支付流程、质量安全监管、项目档案管理等工作。为了强化制度管人管事，先后牵头制定了果洛州《关于进一步强化建设工程质量安全监管工作的意见》《建设工程项目规范管理办法》等制度体系，进一步明确严格落实项目法人责任制、招标投标制、工程监理制、合同管理制、竣工验收备案制、责任追究制、档案管理制等规章制度，全面推进质量管理工作。

空间远，情系果洛

在援青的这几年，派出单位领导和同事也给了我很多支持。在我从青浦来到青海后，时常关心我的家人；当我在果洛需要技术支援时，也火速安排了，青海—青浦两地工程建设系统架起了工作和友谊的桥梁。

2013年当地的试验室成立，我通过调研发现，中心从技术人员到设备都非常缺乏，也没有正式开展过各类检测活动。磨刀不误砍柴工，针对当地检测公司设备陈旧老化问题，我协调青浦建筑建材业管理所给果洛州唯一的建筑质量检测公司捐赠了价值14.66万元的检测设备，先进的设备才能提高检测水

▶ 浦浩良（左二）参加援青项目方案审核

平，这批仪器对检测公司帮助很大。

　　还有技术问题，2014年，经过我多次联系与协调，青浦建交委（后因机构改革，更名为建管委）派了建设工程质量检测中心的专家及业务骨干来果洛开展对口的交流考察和技术援助活动。记得当时好几位同志在路上就已经感觉头涨、呼吸困难，有不同程度的高原反应，但因为时间紧、任务重，他们努力克服高原反应，边吸氧边开展工作，从试验室的档案管理、操作规程、计量认证要求、检测报告要求等方面进行了详细的技术指导，并提出了许多建设性的建议。当时我们都很感动，不适应高原的人全身都是不舒服的。建设工程质量监督与执法的业务骨干对果洛州建设局提出的关于建设程序、施工监督中碰到的问题进行了详细解答，双方还对在建设过程中如何实施有效的监管，对两地出现的各种不同的违法违规现象如何进行监督、管理、查处交换了看法和意见。虽然地域不同，但是我觉得两地工程建设系统的同志们通过高水平的学习交流，拉近了彼此之间的距离。

　　2015年，我协调邀请工程质量、安全方面的专家来果洛，这次主要目的是协同住建局开展全州建设工程检查工作。专家组针对项目上存在的问题向各县建设管理部门和建设参建各方进行了详细讲解，并向果洛住建局提供了一份详细的检查情况报告。2016 年，考虑要进一步提升项目管理水平，我协调并邀请专家来果洛开展建设工程行政审批改革座谈会和建设工程程序管理、施工安全常见问题与防范措施等专项讲座。那几年每年都把专家"请进来"，对提升果洛州建设系统管理水平还是有点帮助的。

"请进来"很重要，但我们还要"走出去"。总的来说，果洛州城建管理人员的业务水平有所不足，相对上海，还有很多需要提升的地方。于是我想到送专技人员到上海培训，让他们接受更先进的思想、更专业的知识。2014 年 10月、2015 年 10 月，全州 58 人次参加了两期上海培训班，培训内容涉及工程项目管理、小城镇建设管理、建设工程招投标管理、建筑工程质量监督、建筑节能与绿色建筑等方面的专业知识。对于这些培训，大家都说有很大的收获，他们通过基础知识培训、案例分析、现场教学和实地观摩等方式，提升了业务水平。

时间短，一生牵挂

果洛州是高原气候，俗称"一年只有一季，一天有四季"，年平均气温只有 –4 ℃，对于这样寒冷的天气，我觉得自己要做点什么。于是通过多方联系，共筹集到 1940 件价值 73.72 万元的保暖衣服。对于这些衣服如何分配，怎样才能送到最需要的人手里，我们住建局领导班子决定把这些衣服分别送给一线环卫工人以及帮扶结对、结对认亲的低保户等弱势群体。最后全州六县433 位环卫工人和州建设系统帮扶联点的玛多县花石峡镇措柔村、"结对认亲"久治县哇赛乡国钦村、达日县建设乡 4 个牧委会的低保户、贫困户、"五保户"收到了这些无偿捐助。

果洛建筑业从业人员的收入不高，很难吸引优质专业人才加入。第一批援青干部付出了很多努力，经过他们的协调，上海市房地产学校每年开办果洛民族班，为果洛州培养建设行业中专生。不过在课程设置中，上海教材对高寒高海拔地区建筑施工管理的针对性不强，果洛因其特殊的地理位置，更强调抗震设防、高寒防护等结构性、功能性方面的施工管理，更需要提高对高原太阳能资源的利用，更需要注意藏式建筑特色的保护和传承。针对这些问题，援青干

▶ 捐赠保暖衣物给果
洛环卫工人

部又开始动起了脑筋，最后在联络组和上海房地产学校的支持下，校方课程调研组前往果洛实地考察，进行了更有针对性的授课。

后来我们第二批援青干部拿到了这个"接力棒"，如何更好发挥这些学生的作用？我提议让学生到果洛住建局的各个基层单位实习，并通过考察将优秀的学生留下来，在局各基层单位参加工作。通过这种方式，很好地将人才培养和果洛建设结合在一起，将果洛青年外出求学和家乡建设结合在一起，进一步弥补果洛州建筑管理人员的不足，较好地提升果洛州的自治管理水平。现在，上海市房地产学校培训的果洛学生毕业后一批批回到了家乡，为家乡的建设添砖加瓦。对于能够促成这件事，我很有成就感，感觉自己做了点实事。

2016 年，我儿子要参加高考，同事都劝我回家看看，但这已经是我援青的最后一年，而且果洛每年只有 5 月至 10 月能够开工建设，在建设的高峰期，我怎能离开。还是要感谢我的妻子和儿子，他们很支持我的决定。孩子高考前一天，我一夜睡不踏实，估摸着孩子进考场了，就给妻子打电话，了解一下情况，还好儿子挺棒的。

回上海工作有三年多了，经常会怀念果洛的工作和生活，思念果洛壮美的高原风貌，有时很想再吃果洛住建局"大灶"上的面食和油泼辣子。当然最牵

◀ 浦浩良（左二）看望捐助的学生

挂的还是当地的果洛同胞们，比如我的上级领导张文庆，他是将心血全部奉献在果洛的"青二代"，家在西宁的他，能够半年多不回家，坚持奉献在高原；比如办公室主任尼玛才让，他热情好客，称呼我为最好的兄弟；比如我捐助的学生直吉拉姆，她聪明好学，虽然家庭贫困，但是非常乐观……

我还时刻关注果洛的消息，比如听说果洛的机场通航了，从西宁到果洛原本只有一条公路，要过十几座高山，很多山只下雪不下雨，发生过不少让人痛心的事故，以后从西宁到果洛，也可以选择坐飞机了；也听说花久高速公路通车了，这是果洛自己的高速公路，有将近400公里长，实现了青海州州通高速的目标……

在果洛的三年给我留下了一生中最值得回忆的经历，这里高寒高海拔，艰苦却美丽而充满希望，这里物质匮乏却让我精神得到升华，这里民风淳朴，和我结下深深的友谊。三年援青，终生难忘。

对口支援果洛情

　　潘勇强，1977年4月生。现任中共上海市青浦区委办公室副主任。2016年至2019年，为上海市第三批援青干部，担任青海省果洛藏族自治州旅游局副局长。

口述：潘勇强
采访：杨俊茜
整理：杨俊茜
时间：2020 年 4 月 21 日

　　昨天，在朋友圈看到一条消息，青海省人民政府关于同意民和等 17 个县（区）退出贫困县的批复，文件批准了果洛的玛沁、班玛、久治、甘德、达日从全省的贫困县中退出，加上 2019 年已经脱贫的玛多，果洛已经全面脱贫。从果洛回来后，我经常会主动关心关注果洛的脱贫攻坚，也经常为果洛取得的发展和进步感到由衷的高兴，这次全州宣布脱贫让我感到尤其高兴。2016 年三四月间，组织上动员报名青海、云南的援建工作岗位，作为一名党员干部响应组织号召，是当时正常、真实和朴素的想法。当后来组织谈话确定我作为人选，授受上海市委组织部、市合作交流办面试时，还是有些犹豫不决和忐忑不安的。一方面是家里小宝刚刚一岁，大儿子当年正好面临中考，离开家庭三年有些放不下；另一方面是对果洛毫无概念，只知道是青藏高原的高海拔地区。也是后来组织和家人给了我莫大的鼓励和支持，才让我坚定了信心。如今从青海果洛回来已有大半年时间了，常常会想起在果洛工作生活的点点滴滴，想念援青兄弟和果洛的同事朋友。

对口支援　沪果情深

2016年7月，我们第三批援青干部奔赴果洛的时候，上海对口支援果洛已经有六年时间了，两地已经结下了深厚的友谊，所以从大的方面来说，各项工作的衔接和运作都比较顺畅，但专门支援旅游产业却是第一次。据说是果洛计划依托独特的资源优势，大力发展文化旅游产业，所以在对第三批的需求中特别提出要选派挂职州旅游局副局长的援青干部。

果洛具有丰富和独特的文化旅游资源，发展旅游产业具备条件。我们联络组到了果洛以后，通过调研走访，认为对口支援工作除了聚焦"两不愁三保障"以外，应当积极推动"输血为造血"，发展当地产业，才是扶贫脱贫的长久之计。而分析果洛的产业现状，能够大力发展的首推文化旅游产业，但发展旅游产业也面临着诸多困境。一方面是景区景点的基础设施、旅游配套产业等比较缺乏；另一方面当地交通也极其不便，从省会西宁到果洛只有国道，单程七八个小时，州内道路等级较低，不少还只是砂石路面。还有旅游管理和服务质量水平低下，管理部门和服务行业的业务能力缺少，从业人员受教育受培训比率低，服务意识差，服务水平低，等等，都是导致果洛旅游业落后的原因。

这样的现状，真的是既是机遇也是挑战，要做的工作很多。

一方面，我们觉得要想办法在体制机制的调整和完善上进行突破。果洛的优质旅游资源分布在各县，缺少统一规划和系统谋划，特别是缺乏市场概念、专业知识，虽然每年各自都有投入，分散式的零敲碎打，根本见不到效果。所以，我们联络组到了果洛以后，就开展筹划成立旅游发展集团、旅游客运公司的工作。在这个过程当中，我作为联络员参与其中，联系了青海省旅游投资发展有限公司、上海的锦江商旅汽车服务公司，还有我们青浦的国资委，咨询了国有企业的成立、架构、章程以及主要业务等，想办法在体制机制这方面有所突破。

另一方面，我们还想趁着旅游援青项目的机会做好规划建设。说到项目的规划建设方面，基本上都是以当地决策为主，当然我们作为援青干部，也是要积极提出意见的。对此，我在充分尊重当地干部意见的同时，也会更多地

▲ 潘勇强（左一）在果洛州进行调研

表达自己的观点，并且只要有机会就会在各种场合与他们交流想法、看法和建议，或许援青另一个层面的深意就是思想观念上的交流和碰撞吧。记得当时是 2018 年 4 月的时候，我还专门策划组织了上海旅游系统的 9 名专家到果洛考察调研，12 天时间走遍果洛六县的主要景区景点，一路实地考察，一路座谈交流，一路交换想法理念。当然还有连续三年组织干部到上海开展集中学习研修，这些都为当地学习旅游业务知识，掌握新理念、新趋势提供了一定的帮助。在果洛的这三年里面，在项目上建成最大的一个旅游扶贫项目就是位于省会西宁的飞地旅游扶贫项目果洛大酒店，建成以后资产划入了州旅游发展集团，由我们州旅游局的两位副局长分别担任董事长和总经理。以后大家如果有机会到青海西宁的话，建议住宿就安排到果洛大酒店，因为这是上海的援青项目，盈利资金是分配给贫困牧民群众的，去住酒店就是扶贫，就是为国家的脱贫攻坚贡献力量。

还有一点是要努力提高果洛旅游的知名度和软实力。"养在深闺人未识"，即使有再好的资源，没有宣传也是无法发展旅游产业的。为此，我们联络组把旅游的宣传推介作为旅游对口支援的重要工作进行推进和落实，三年里面充分利用上海国际大都市的平台，在旅游推介方面做了很多工作。在上海市旅游

▶ 果洛州旅游局结对
帮困活动

局、市合作交流办和黄浦区政府、申迪集团的大力支持下，连续参加上海国际
旅交会、上海旅游节开幕式巡游表演，在上海大世界和迪士尼旅游度假区举办
果洛文化旅游大型集中展示和推介活动，等等，大大提升了果洛旅游文化的知
名度。

世界观、人生观、价值观的深刻教育

2016 年 5 月，上海市委、市政府为援建干部送行，时任市委书记韩正对
援外工作和援外干部提出要求、勉励和希望，特别指出"能够亲身参与对口支
援第一线的工作，是一次极好的锻炼机会，也是人生成长的重要经历，同志们
将经受最深刻的党性教育，最直接的国情教育，最生动的民族团结教育"，这
段话到现在我仍然记忆犹新。三年援青对我个人成长的意义来说，就是让我接
受了人生最为深刻的世界观、人生观、价值观的教育。

不到青海就不会知道青海是一座精神宝库。青海虽然经济发展相对滞后，
但却拥有精神财富的高峰。"两弹一星"精神、青藏公路的开路精神、可可西
里的坚守精神都在青海。在果洛期间，我们参加了省委组织部组织的学习培
训，实地考察了海北州的原子城、格尔木市的慕生忠将军楼和青藏公路纪念

馆，并深入可可西里考察索南达杰保护站。我们走近他们，学习他们肩负光荣使命，面对困难甚至牺牲义无反顾，自力更生，忘我工作，无私奉献的精神风范。

不到果洛就无法深刻体会何为青藏高原精神。果洛是高原，高寒缺氧、气候干燥，饮食习惯的差别也很大。果洛的同事们说起高原反应的影响，有一句话是"吃饱没吃饱不知道，睡着没睡着不知道，生病没生病不知道"。在果洛工作，呼吸困难、胸闷气短、失眠和没有食欲是一种常态。在这样的环境下，我们援青干部经常自己调侃"第一年靠身体，第二年靠药物，第三年靠精神"。其实这样的状态，我们只是三年，当地的干部却需要经历一辈子。果洛很多干部夫妻双方、老人孩子三地分居，由于交通不便经常几个月无法团聚，为了工作长期无法照顾家庭。因长期在高海拔地区工作生活，他们都不同程度地患上了各类高原性疾病，时刻与病魔做着顽强的抗争。三年里面，我们就听闻好几位果洛的干部由于高原病突发而离世的消息。跟果洛的干部接触久了，我能深深地体会到他们对这片土地、对牧民群众的深情，以及强烈的使命感、责任感。高寒缺氧对身体的考验，长期分居对心理的考验，疾病缠身对意志的考验，我们感同身受。每位果洛干部都是活生生的榜样，给我上了一堂堂生动的党性教育课："舍小家为大家、长期坚守、默默奉献、无怨无悔"，让我深刻地认识和理解了"特别能战斗、特别能吃苦、特别能团结、特别能忍耐、特别能奉献"的青藏高原精神。

不到牧区就难以理解我们国家脱贫攻坚任务的艰巨。7.6 万平方公里，20万人口，人烟稀少，人迹罕至。除了集镇以外，都是茫茫大山和一望无际的草原，有时在草原上开车几小时也看不到一户帐房。草原上最多的是牦牛，草场是牧民赖以生存的所有来源，全部的收成基本就是靠天吃饭。2018 年冬季玉树、果洛就遇到了天灾，连续降雪导致牦牛没有草料，饿死冻死了大批牦牛。2017 年的时候，上海安信农保到果洛开展金融扶贫，后来经过研究协商在玛沁县、甘德县的几个牧业合作社试点开展牦牛保险，根据当年的气象气温指数测算赔付金额。出于扶贫的考虑，安信农保本来就准备做亏本买卖的，但没想到亏本远远超出了他们的预估，后来这项工作也就没有大范围推广。如果家人患病，实际上这种概率很高，果洛的包虫病非常流行，很多家庭就是因为得了这种病陷入贫困的。再说说医疗和教育，由于牧民居住非常分散，他们的生活基本是一种原始状态，住所主要是帐房，取暖和用火主要用牛粪，"治安靠狗"，"通信靠吼"，这不是玩笑话，牧民家里都养着几条凶狠的藏獒或藏犬，一旦有人或野生动物接近，就会狂吠不止，当然这些狗主要是防野生动物的。在这样的情况下，水电煤和现代通信的普及是不太现实的，所以在果洛地区建学校都是寄宿制、高标准的。前两天，我看到果洛的同事在朋友圈里发出来一张照片，在冰天雪地的茫茫草原上，一位父亲在前面骑着马，后面跟着两头牦牛，一头牦牛的牛背上驮着三个背着书包的藏族小孩，另一头牦牛驮着衣被等生活用品，照片的名字叫"开学啦"。再怎么艰苦，教育的问题通过寄宿还是可以得到解决，但医疗的困难更大。人才少、留不住是一个问题，更大的问题是牧民群众如果生病了从居住地到卫生院实在是一件不容易的事情。所以我有的时候在想，很多牧民生病了不愿意到卫生院看病，只是念经求佛，可能医疗的覆盖面是一个很大的原因，而要实现这个覆盖面的问题真的还有很长的路要走。

友谊地久天长

如果要问我，三年援青最大的收获是什么，我一定会说是真挚的、战友般的情谊。

在国家奋力脱贫攻坚全面建成小康社会的关键时期，我们24位上海援青干部奔赴雪域高原，使命光荣、任务艰巨。出发之际，我们的领队在内部会议上说，三年里我们要干出一番事业、拼出一种精神，要拿出上海腔调、体现上海水平，三年后回来也一定和必须"一个都不能少"。"一个都不能少"不是一句骇人听闻的空话。援建干部特别是青藏高原上的援建干部，每一批都是有人"光荣"的。身体在长期极度缺氧的情况下极其难受，三年里面多多少少都出现过感觉快要"熬"不下去的情况，于是吃安眠药、吸氧成了日常。山高路远，路上出情况的更多。2018年末，在一次联络组常规项目检查时，我和援青兄弟住建局的朱文忠、发改委的万刚同车，从玛多赶往达日，在翻越玛积雪山时遭遇车辆打滑，差一点滑出弯道，而弯道的另一侧就是悬崖，幸好有一个小土堆挡住了车辆，几个人受了点轻伤。类似的情况真的是数不胜数。共同经历过生死，还有什么感情能相提并论呢！三年里，24 位援青兄弟在异乡，工作上同心同力、奋发有为，生活上团结一致、亲如一家，遇到困难时相互照顾、嘘寒问暖，不是亲兄弟胜似亲兄弟。

果洛的领导和同志们喜欢把上海援青干部称为"上海青"。"上海青"是最早的上海支边人从上海引种到青海的小青菜，深受青海人喜欢。果洛的领导和同志们用"上海青"的称呼来表达对援青干部发自内心的喜欢。2010 年上海对口支援果洛以来，通过加强互动，两地的干部和从业人员宽领域、多层次、全方位地加强了交流，双方的友谊不断加深。果洛的干部把到上海回访叫作走亲戚，我们在感情上也跟他们走得很近。我在果洛州旅游局挂职的三年里，先后调换了 3 个局长、4 个分管州长，他们每一位领导都非常关心我，在生活上提供尽可能的便利，工作上提供最有力的支持。有一件事情最能说明情况。到果洛后，单位先后给我找了 3 个驾驶员，因为在当地工作，驾驶员非常重要，一方面是保障路上的安全，另一方面驾驶员是很好的助手。第一个驾驶员是新手，帮我开了三个月车，后来单位担心他驾驶技术不行就换了。第二个驾驶员帮我开了半年的车，因为是当地的藏族小伙，普通话水平有限，不识路牌，沟通也存在一些困难，所以后来也换了。第三个驾驶员是我们单位原来退休的同事，为人诚恳、务实勤快，又熟悉情况。其实，在当地找驾驶员是件很困难的事情，单位帮我安排了驾驶员，我已经感到非常感谢非常高兴了。但是，为了这件事我们的局长韩尚丽还是不放心，亲自关心，出面跟单位退休的老同志谈，足见当地的领导对援青干部的关心，还经常叮嘱我车辆要经常检查，轮胎即使有小问题也要更换，等等。这种关心就是把援青干部的事当成自己的事一样。

一次果洛行，一生果洛情。如果说人生是一场旅行，三年援青一定是我最具深刻意义的一次远行。因为在全面建设小康社会的历史时期，我来到了果洛，来到了脱贫攻坚的一线，贡献了自己的力量，人生因此而更有意义。

三年援青路　一生班玛情

　　高峰，1978年3月生。现任中共上海市青浦区民防办公室党组书记、主任。2016年至2019年，为上海市第三批援青干部，担任中共青海省果洛藏族自治州班玛县委常委、副县长。

口述：高　峰
采访：裴昌彬　胡吴顿
整理：裴昌彬　胡吴顿
时间：2020 年 6 月 12 日

　　2016 年 7 月，我作为第三批上海援青干部，来到了青海省果洛州班玛县担任县委常委、副县长，一干就是三年，这三年在班玛的工作、学习和生活经历，是我人生轨迹上非常重要的一部分。如今已经离开快一年了，但是只要有人提到青海，我眼前出现的不是蓝色的青海湖，也不是白色的茶卡盐湖，而是绿色班玛、金色班玛、红色班玛，以及藏区同胞们的一张张淳朴的笑脸。

初到班玛　任重道远

　　班玛缺氧，我刚到班玛的时候是 7 月份，是班玛的夏天。班玛的草原比较多，含氧量是最高的，但我仍然胸闷气短，还时不时流鼻血。一到晚上，人就头昏脑涨，心脏跳得快，一般都是迷迷糊糊地晚上十一二点睡着，两三点就醒过来，再睡下去，就这样反复，以浅睡眠为主。一个多月后这些症状终于有所缓解，但平时稍微剧烈活动，心脏就像敲鼓一样"怦怦"地加速跳动，让人头昏眼花、心悸难安。班玛干燥，风速大，降水少，海拔高，空气相对稀薄，阳光直接照到大地上，温差极大，水分蒸发快。皮肤干裂易出鼻血，要经常涂润肤乳，不然皮肤脱皮，冬天特别严重，夏天因为雨水多要稍微好一点。班玛寒冷，只有两个季节，一个是冬季，另一个是"大约在冬季"，白天温度瞬时会飙升到十几度，但是到了夜晚，气温很快又降到了零下几度，让人真真切切感受到了"早穿皮袄午穿纱，围着火炉吃西瓜"的高原模式。

当我看到班玛县城的落后面貌，我觉得不干不行，不快干也不行，心想在班玛工作也就短短几年时间，休息的时间长了，干工作的时间就短。为了尽快了解班玛县县情民情，我忍着身体的不适，即刻深入机关、企事业单位和8乡1镇开展调研，班玛地域面积大，相当于整个上海。三年间的交通达到15万公里，在走访每个乡镇了解经济社会情况后，掌握了大量第一手资料，对全县经济社会发展情况、地理环境、资源状况、民风民俗等有了较为全面的了解和认识。摸清全县情况后，充分结合全州及全县内外的发展大环境，科学地对全县的发展目标进行合理的定位，看看他们需要什么，我们能做些什么，保证了对口支援工作规划切合受援县的实情，就是我们一直说的"当地所需，上海所能"。

修路致富　路通业兴

班玛县总人口约3万人，其中80%都是农牧民人口。赛来塘镇是县政府所在地，距州政府大武镇300多公里，距省会西宁700多公里。境内最高海拔5000多米，大部分乡镇均在海拔4000米以上。一个县的面积相当于整个上海市那么大，境内多山，沟壑纵横，河流交错，相应的是交通道路设施发展水平不够，有时候考察一个援建项目，在车上来回颠簸就得三四个小时。刚刚到青海时，去果洛州的路还在修，300多公里全是砂石路，车辆行驶的时候粉尘大，非常颠，车子容易爆胎，这样的路太难行车了。

达卡乡是班玛县距离县城最远、海拔最高、气候最为恶劣的乡镇之一，全乡面积近1800平方公里，平均海拔在4300米以上，离县政府驻地135公里，是一个典型的地广人稀的乡镇。因牧民群众居住分散，县财力拮据，当地政府筹措资金的途径有限，达卡乡董仲村没能完全实现道路硬化工程，给当地群众的出行带来极大的不便。当地农牧民群众中有这样的话戏谑达卡乡董仲村的道路："四轮（指汽车）不如两轮（指摩托车），两轮不如双脚（指走路）。""晴

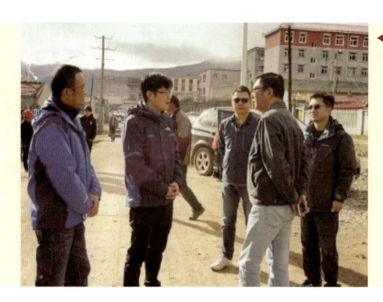

▶ 高峰（左二）陪同
援青联络组组长、
州委常委、副州长
倪斌一行查看援青
美丽乡村项目现场

天一身灰，雨天一身泥。"这样的话实实在在地反映了当地路难行的局面。在一次援青工作座谈会上，听到当地的干部说达卡乡董仲村路难行，我心中五味杂陈，这样的路是群众心中一道坎，也切断了群众脱贫致富的路。会后我驱车前往130公里外的达卡乡董仲村进行实地调研，当我行车在通往达卡乡董仲村的唯一一条简易砂石路的时候，真切感受到崎岖难行，当下就决定要把这条路变成董仲村走上富裕的道路。到村后，我立即召集驻村干部组织村委会班子成员和村民代表召开专题会议研究道路硬化工程，及时协调衔接项目资金，重点解决资金筹措难的问题，不遗余力地改善了董仲村的通村道路。之后，我又陆续多次到其他乡镇去看村级道路，看看是不是也存在跟董仲村一样的情况，后经多方协调衔接，完成了其他村道路硬化工程的落实。

现在，班玛县的达卡乡、马可河乡、灯塔乡、吉卡乡等总投资400余万元的乡村道路建设项目已经完工。

连心架桥　助力班玛

为找准援青工作的着力点和突破口，在去班玛县前，我就通过网络媒体和阅读介绍青海、果洛、班玛的资料和书籍，深入了解省情、州情和县情，从思想上提前进入角色。到班玛县后，我主动牵线架桥，组织青浦、班玛双方人员多次考察互访，千方百计为班玛县争取资金、项目，为当地群众办好事、做实事。整个援建过程中，主要围绕这几个方面。

扶贫助医。当地的人民医院的医护人员只有几十个，只能进行简单的医护治疗，大病没法治疗，意外死亡、生病、夭折，加上牧民看病意识不强，患肺科病、妇科病、消化内科病的患者特别多。由于班玛的水源少，自来水容易被冻住，牧民经常食用地表水，地表水人畜混用容易被污染，到今年我已经离开快一年了，县城的居民才开始使用地下水。牧民冬天在冬窝子的石头房里，一般是靠路边的，条件稍微好一点，会有固定的水井，夏天要去游牧，是住帐篷里的，草场在哪里，就把夏窝子驻扎在哪里，就是喝地表水，地表水容易被狗、牛、羊污染，容易得各种各样的疾病，最严重的就是包虫病。包虫病就是虫子从嘴巴进入肚子里，孵化后钻到肝内就是肝包虫病，钻到脑子里就是脑包虫病，被当地人称为"虫癌"，很容易人传人，是一种高原病。我深刻认识到包虫病对班玛牧民群众的严重危害后，立即响应州、县两级打响包虫病防治攻坚战号召，积极和青浦区赵巷镇、徐泾镇等协调联系，争取到 60 余万元用于购买治疗包虫病的移动 B 超机和其他各类医疗器械。联系"大后方"援助 150 万元用于开展班玛县包虫病病源筛查和病源防控及宣传教育工作。又联系青浦区政府和工业园区，落实资金 700 多万元，用于班玛县藏医院改造，2019 年我离开的时候刚刚修建好。落实青浦区医疗团队每年来班玛开展医疗救助，班玛医生每年到青浦培训学习，尽自己最大的努力和可能，想方设法地保护班玛牧民群众的生命健康安全。

5 月的上海已进入初夏，而青藏高原上却是冰雪初融，我和同事金伟前往马克河乡则多村生产二队看望要洛一家。马克河乡地处山地、沟谷地，以畜牧业为主，是班玛县海拔较高的地区，进乡的公路也是这两年才修通的，由于平均海拔 4200 米以上，车爬动力明显不足。我们来到要洛家，他们一家五口人，要洛的儿媳妇得了包虫病。在县政府的帮助下，他们在院子里打了口水井，全家人喝上了地下水，要洛的儿子当上了护林员，一家人有了稳定的收入来源。

扶贫助学。援建工作中最重要的工作就是改造学校。我们集中力量一年改造两三所学校，当地小朋友从一年级开始就是住宿的，硬件改造好，为他们的学习生活方面提供了便利。我得知多贡麻乡寄宿制小学共有学生270人，但基础设施配套不足、标准不高，满足不了师生需求，就联系了上海的各界爱心人士，2016年筹集资金950万元，用于改善学校基础设施；2017年又筹集资金150万元，用于修建护坡，改造校舍外立面及校园亮化工程。2018年，班玛所有学校都能够达到标准化了。援建项目极大地改善了学校的基础设施情况，为当地牧民群众解决了子女教育问题的后顾之忧。多贡麻乡小学校长说，现在就是留得住、学得好，把孩子送过来后家长们也放心。如果孩子送过来穿不暖、吃不饱、学习学不好，家长肯定不会再送来。现在家长每个星期过来接娃，都会参观一下学校。同时我还与青浦的"爱心助学社"取得联系，请青浦的爱心人士去捐赠班玛建档立卡户家庭困难孩子的学费问题，每年有二十几个小朋友结对成功，现在已达到100多个了。

当地的素质教育很薄弱，特别缺体育、美术、音乐老师。我联系了青浦区教育局，请他们派人来班玛做师资培训，上示范课。同时还组织当地的骨干教师到青浦展开针对性学习，并指导教师将所学内容运用到课堂上。"培训后我们都觉得收获很大，学习到了先进的教学理念。"本地老师这样说。

◀ 多贡麻乡寄宿制小学学生合影

　　我和同事金伟去看过多贡麻乡寄宿制小学项目，当时孩子们正在体育课上自由活动，看到我们都围了过来。我和金伟陪孩子们玩游戏，看着孩子们一张张淳朴的笑脸，我心中万分感慨。孩子们也用他们最淳朴的声音说："谢谢上海，谢谢青浦。"

　　扶贫助老。2017 年，由青浦区红十字会联系援助，在多贡麻乡举行了"关爱班玛县贫困群众慰问物资发放仪式"。现场捐赠棉衣 800 余件，价值十几万元，将"温暖"送至牧民手中。100 余位贫困牧民群众来到仪式现场，用他们最淳朴的笑容表达着感激之情。同时乡村建设、生态畜牧、文旅发展、脱贫攻坚、学校标准化以及青青录播室、班玛爱心教育基金、爱心助学社结对、人员培训、残联服务中心援建项目等一个个爱心项目也分别完成。在对口帮扶活动中，我们会常去"亲戚"家中多坐坐、多问问、多想想，把"结对认亲"帮扶活动做好、做扎实，为帮扶对象出点子、找路子、谋发展，帮助困难群众尽快脱贫。班玛的贫困牧民收到了来自千里之外的关怀和祝福，增进了两地之间的浓厚感情，也激励着贫困牧民群众坚定信心、奋发图强，早日过上幸福美满的生活。

　　班玛县的养老院是通过国家扶助资金进行改造的，总共有 3 个养老院，当时改造完成后没有配备设施设备，孤寡老人没法入住。我得知后赶紧联系青浦区民政局寻求援助，每年援助几十万的设施设备。到 2019 年，3 个养老院都已投入使用，当地的孤寡老人顺利住进了养老院，真正实现了老有所养、老有所依、老有所乐。我去看过老人们的房间，查看居住条件、卫生状况，了解他们的饮食起居、日常生活、身体状况，并鼓励他们要养好身体，未来的日子将会越来越好。

授人以鱼　授人以渔

　　班玛又叫红色班玛，是全省唯一一个红军长征经过的地方，班玛县委、县政府依托资源禀赋，把红色旅游视为重要发展项目，视为班玛县"三色班玛"（金色班玛、红色班玛、绿色班玛）建设的重头戏。但由于地处三江源核心保护区，县域经济发展势头不足，使红色旅游基础设施建设一直处于缓慢爬坡阶

◀ 高峰（右）慰问结
对建档立卡贫困户

段，也影响了红色旅游的对外品质和整体水平。知道这一情况后，我积极发挥
援青干部的桥梁纽带作用，及时向上海市这个援青"大后方"请求支援，先后
争取 880 余万元援建资金，用于红军沟红色旅游设施建设。如今的红军沟，长
征雕塑立起来了，红军标语和红军墓保护起来了，红军长征纪念馆建起来了，
整个红色旅游基础设施提高到一个新的水平。2017 年 3 月 29 日，班玛县红军
沟革命遗址成功被中宣部授予"全国爱国主义教育示范基地"称号。班玛县
红色旅游将以崭新的面貌开门迎客，为当地农牧群众开辟一条增收致富的新
路子。

　　班玛县多贡麻乡玛当吾村是个贫困村，建档立卡户较多。为了使他们早日
脱贫，结合牧业区牛粪资源多，果洛植树造林、种草和农业对有机肥需求大的
特点，我联系了青浦区重固镇、赵巷镇和金泽镇与其结对，援助资金进行产业
帮扶。筹建了班玛县多瑙有机肥厂，目前厂房已在建设中，预计年内就能投产
见效，多贡麻乡的脱贫工作推进将更加扎实。同时结合班玛藏雪茶发展实际，
我多方联系培训制茶技师，提高技艺水平。值得骄傲的是，班玛县藏雪茶荣获
了"2018 中国（上海）国际茶业博览会金奖"，为班玛特色产业发展再添活力
后劲。

在确定援青项目时，我既要考虑当前，更要立足长远，注重加强衔接、适度超前，防止重复建设，集中力量解决制约受援县发展的"瓶颈"问题，有目的、有侧重点地在文教、卫生、道路、技术、人才等方面多确定一些援青项目，增强受援县"造血"功能和自我发展能力的援青目的。三年来，共落实结对帮扶资金 2000 多万元，促成了青浦区 9 个乡镇与班玛县 8 乡 1 镇和部分企事业单位及慈善机构的对口帮扶工作，促进了班玛县与内地在经济、文化、教育以及党建方面的合作。特别是促成了班玛县贫困家庭青年来沪就业，为贫困家庭增加了收入。为了提高当地业务骨干的业务水平，我和青浦人社局取得联系，在我援疆的三年中，每年都选派业务骨干到青浦学习考察。通过学习考察，这些骨干们开阔了视野，增长了见识，看到了自己的长处和不足，更加坚定了建设班玛、建设家乡的信心。

三年的援青磨炼了我的意志、锤炼了我的党性。三年里除了留下爱与温暖，还留下了致富路；三年里除了授人以鱼，还授人以渔；三年里总觉自己获得的太多太多，做的太少太少。三年了，班玛早已是我的家，总觉得我对家人还可以做更多，有许多为家人做的事原本还可以做得更好。三载援青，一生情谊。祝愿班玛的明天会更好，扎西德勒。

班玛，来过不路过

金伟，1978年2月生。现任中共上海市青浦区城市网格化综合管理中心党组成员、副主任。2016年7月至2019年7月，为上海市第三批援青干部，担任中共青海省果洛藏族自治州班玛县委办、县政府办副主任。

口述：金　伟
采访：蒋雯雯
整理：蒋雯雯
时间：2020 年 4 月 7 日

高原初体验

"为贫困群众做实事，为三色班玛添光彩"，怀着这颗初心，我来到了班玛，有幸成为班玛打赢脱贫攻坚战的一名亲历者和见证者。

我们是 2016 年 7 月 24 日从上海乘飞机出发的，落地西宁曹家堡机场。西宁给我的感觉还是挺繁华的，毕竟是省会城市。而且由于当时是夏天，氧气相对比较充足，尽管西宁的海拔有 2200 多米，属于高原地区，但是除了有点头晕以外，一开始的高原反应并不算强烈。

到西宁报到以后，当地给我们开了会，进行了为期三天的培训，然后就坐车去我支援的果洛州班玛县。从西宁到班玛县大概有 800 公里，当时汽车开了 12 个小时左右。走的是山路，随着海拔的不断升高，高原反应也随之越来越强烈。同行的有我即将接替的上一批援青干部，一路上他都在跟我交接工作，伴随着颠簸的山路和强烈的高原反应，一下子确实有点懵，感觉到压力有点大。这种压力来自全新的工作、陌生的环境以及身体的不适。

从低海拔的上海到海拔 4000 多米的班玛，对身体的挑战还是很大的，我们不是去旅游的，待几天就会回去，我们是要去三年的，所以如果经常吸氧的话，容易造成依赖性，只能靠自己慢慢去适应，或者说是慢慢去克服可能更贴切一点。我们都说高原反应有"三个阶段"和"三个一样"。"三个阶段"是指第一年靠身体扛，我们都经过严格的体检；第二年靠的是药物扛，睡不着就吃药缓解；第三年吃药也不行了，就靠毅力扛。"三个一样"就是睡着没睡着一个样，吃饱没吃饱一个样，生病没生病就这样。什么意思呢？睡着没睡着一个样，就是指睡觉质量特别差，就算睡着也是浅睡眠，一般一两个小时就会醒一次，处于迷迷糊糊的状态；吃饱没吃饱一个样，就是指缺氧导致人的饥饿感特别不明显，觉得吃也可以，不吃也可以；生病没生病一个样，就是指身体一直会有鼻塞、头晕等感冒现象出现，似乎一直处于生病的状态，记得刚到班玛的半个月里，我都没敢洗澡，生怕真的感冒了。

以上种种高原反应加上对家人的牵挂，让我在不到一个月的时间里就瘦了十多斤，青藏高原给了我独特的见面礼。

扶智加扶志

班玛县全年平均气温在 4 ℃左右，夏天最热的时候也只有 20 多度，地域面积 6300 多平方公里（相当于一个上海），2016 年时人口只有 3 万左右，95% 是藏族，可以说是地广人稀。作为援青干部，让上海的援建项目顺利落地、早日产生效益，从而更好地帮助当地发展，早日让贫困群众脱贫是我们的主要任务。援青三年来，我依托青浦"大后方"和爱心企业（人士）的支持，共落实计划内对口支援项目 43 项，总投资 12892 万元；筹集计划外资金物资 2000 多万元。

三年的援青经历，也让我明白，扶贫工作并不是简单地"输入"，要真正实现脱贫，关键还是要激发当地"产出"的内生动力，就是要使扶贫模式从"输血式"向"造血式"转变。要实现这一转变，就要做好"扶智"和"扶志"相结合，为脱贫工作提供思想上、人才上的保障。为此，除了完成计划内的援建项目，我还在"扶智"和"扶志"方面做了很多努力，比如组织青浦的教师、医生来班玛开展师资培训 295 人次、医资培训 180 人次，组织班玛的党员干部和技术人才到上海学习进修 130 人次，为当地留下一支带不走的干部人才

▲ 金伟（第二排右八）带队果洛州首批藏族青年来沪就业

队伍。另外重点是做好以下三方面的工作：

第一个是就业。2018 年，我联系了 5 家企业参加了由援青联络组和果洛州人社局联合主办的"上海市对口支援果洛州就业专场招聘会"，提供了 100 余个就业岗位。经过面试、筛选、体检，第一批 22 名当地青年获得了来沪务工的机会，其中 11 名是贫困人口。这样的招聘会既使他们获得了就业机会，又帮助他们走出大山，拓宽眼界、转变观念。现在他们当中的有些人仍然留在上海工作，也有一些利用他们在上海学到的技术，回到家乡，带动一批人去脱贫，这让我感到非常欣慰。前段时间看新闻，知道他们计划在上海设办事处，这样以后组织人员来沪务工的机会就更多了。

第二个是教育。果洛州那边的孩子读书，小学到高中是免费的，都是由国家资助的，但是之后的继续教育，无论是大学、大专还是高等职业院校都是自费的。这些费用对于当地很多贫困家庭来说是一笔不小的负担。为此，我联系了上海团市委资助了 25 名贫困大学生，每人补贴 2000 元；还联系了青浦的爱心助学促进会，共帮助贫困生就学 200 余人次。后来我们还成立了一个教育基金，账户设在当地教育局，首批基金约 15 万，专门补助一些困难学生，尤其是考入大学的。

◀ 金伟（右三）踏勘有机化肥厂施工现场

　　第三个是发展。这个发展主要是指产业经济的发展。相比较我们平原地区，班玛县的自然资源不是特别丰富，加之交通不便，所以产业发展的难度比较大。当地牧民大都养殖牦牛，全县大概有 25 万头牦牛，我们结合这个实际，筹建了一家有机化肥厂。这是我去的第三年开始筹建的，是援建计划外的项目。我是 2019 年 7 月回来的，这个有机化肥厂当年 9 月份正式投入生产，一期投资 400 万，接下来还有二期，总投资大概 800 万，资金是由青浦财政拨款和爱心企业捐赠的。有机化肥的主要原料就是牛粪，也算是就地取材。牛粪通过发酵，生产出不同的有机化肥。这样一个有机化肥厂，可以解决 3 个合作社的劳动力就业问题，产出的有机化肥又可以提供给蔬菜种植基地、林业基地等。本身蔬菜种植基地也是我们的援建项目，正好可以对接起来，应该说是一个比较成功的、能够激发内生动力的一个扶贫项目。

　　班玛县有一个"红军沟"，原来叫子木达沟，这是红军长征唯一经过青海的地方，当地群众为了表达对红军的怀念，把子木达沟改名为"红军沟"，这就是"三色班玛"中的"红色"（"绿色"：班玛有青海唯一的高原原始森林；"金色"：班玛的果洛州是佛教圣地，拥有一个金色产业园）。2017 年的时候被中央宣传部命名为爱国主义教育基地。这是我们班玛县的一个红色旅游资源，为了充分利用好这个资源，更好发展班玛旅游经济，我联系了青浦旅游局，举办了三期关于旅游业务的专题培训班，包括厨师、导游、酒店服务等多项内容，为班玛的旅游业培养了一批专业人才。

大家与小家

三年来，除了规定的休假以外，只有带队进修或者为了项目才会回青浦，其他时间基本都是在班玛，所以对家庭的照顾是比较少的，对家人会有愧疚。

班玛县是 2016 年 12 月份才通的国家电网，之前都是靠一种小型的水力发电机发电，所以一到冬天水结冰了，就经常停电，网络信号也经常没有，跟家里的联系不是非常方便，可以说援青的这三年，对于我的家庭来说，是我作为儿子、丈夫、父亲的角色缺失的三年。

记得刚来青不久，有一天，手机突然响起来，来电号码是父亲的手机号，令我有些意外和不安。父亲在电话里告诉我，母亲前一天住进了上海肿瘤医院，要做手术，为了不让我担心，不影响我的工作，所以没有提前告诉我。听完电话，我恨不得立刻赶回母亲的身边，但那时正逢第一次援青项目现场检查，脱不开身，只能在心里为母亲祈福，希望她手术顺利。那一夜，我又失

◀ 金伟（右一）走访慰问结对帮扶对象多俄一家

眠了……

在班玛我也有两户"亲戚"，都是当地的结对帮扶对象，其中一户特别困难。户主叫多俄，她的丈夫之前是乡村干部，在一次行动中牺牲了，儿子没有工作，儿媳妇得了包虫病，还有两个学前的小孩子需要照顾。一家人靠卖酥油茶为生，年收入不到 3000 元，家庭条件非常艰苦。还记得第一次到他们家走访的时候，看着这个家徒四壁的家庭，我是看在眼里，急在心里。回到住地后，我立刻行动起来，一方面协调当地政府，帮助他儿子找了个护林员的工作，让他们家有了稳定的经济来源；另一方面出资给他们家打了一口井，从源头上防止包虫病。后来，每次回访，看到他们一家蒸蒸日上的生活，看到他们脸上洋溢的笑容，我心里就特别安慰。知道我要回上海了，他们都特别依依不舍，特别深情。

班玛的很多干部都不是当地人，都是青海省其他地方调过来的，我们有很多相同的地方，比如都是一个人住在班玛，全身心扑在工作上，大家经常晚上开会，一开就开到半夜。我们也有一些不同的地方，作为援青干部，我们一般是三年一轮，而青海的很多干部调过来以后，很多一待就是几十年，把自己的一辈子都奉献给了班玛。比如县委书记夏吾杰，他调到班玛工作已经十年了，印象中他回到自己在西宁的家时间最长的一次是因为做肾脏手术，那也只是休养了一个多月就又回到了工作岗位。当地干部这种舍小家为大家的奉献精神以及对工作的全情付出的执着精神让我特别钦佩和感动，是我学习的榜样。

我的班玛情

经过三年的高原洗礼，脸晒黑了，头发白了，但是当时"为贫困群众做实事，为三色班玛添光彩"的初心并没有变，也庆幸三年的付出对得起自己的这份初心，算是给自己的援青生涯交上了一份满意的答卷。离开前，我觉得应该要再为班玛留下点什么，于是就以个人名义向当地的 4 所学校捐了一些书，记得当时孩子们拉着我的手，要我以后一定还要再来看他们，我特别感动。

之前有记者采访我的时候，我就说过我们去援青是应该的。为什么这样讲呢？因为果洛州是三江源的源头，三江源又是"中华水塔"，"君住长江头，我

◀ 金伟向当地学校捐
赠图书

住长江尾"，我们共饮着长江水。其实在20世纪七八十年代，班玛县是很富裕
的，当地有一种叫沙金的矿产资源，但是为了保护生态环境、保护青山绿水、
保护"中华水塔"，确保我们下游的人们可以喝到干净的水，他们放弃了沙金
的开采，加之高原地区其他资源的匮乏，经济自然就落后了。所以我说比起我
们援青的付出，当地对我们的奉献更大，我们已经富裕起来的地区现在来支援
他们，带动他们一起发展经济是应该的。记得去援青之前，当时的领导就嘱咐
我们："要带着感情去支援，而不仅仅是去完成一项任务。"这句话我一直铭记
在心，也一直是这么做的。

　　班玛，对于这片我工作生活了三年的土地，我有深深的眷恋和别样的情
怀。我带着情感来到这里，同样也在这里收获了深厚的"班玛情"。通过这次
支援，我结识了一群人生的好兄弟，同甘共苦的三年、共同奋战的三年，是
我们终生难忘的特殊经历。我经常说，班玛我们来过，但绝不会路过，这就是
我们的第二故乡。所以虽然现在人回来了，但是还是很关注班玛的发展。去年
底，班玛已经通过了省里的脱贫考核，成功脱贫，一想到这里也有一点点自己
的小作为，就觉得特别高兴和自豪。还有在县委书记的微信里看到现在已经通
过网络直播的方式销售藏雪茶了，相信随着一批批援青人员和当地干部群众的

不断努力和奋斗，班玛的明天一定会更美好！

这段特殊的支援经历，也让我的人生观和价值观有了进一步的改变。说难听点，以前努力工作可能是为了让自己和自己的家人过上更好的生活，但是援青之后，怎样做才能让更多人的生活变得更好，是我经常思考的问题。从小我到大我，从小家到大家，这种思想上的转变，站位上的提升，是援青的经历带给我的，是班玛的干部群众那种不畏艰难、坚持奋斗的精神带给我的，是雪域高原的宽广和神圣带给我的。与其说我是去支援的，倒不如说我是去锤炼的；与其说我是去奉献的，倒不如说我是去接受教育和洗礼的。这种深刻的感受，没有经历过的人是无法体会的。

三年班玛行，一生班玛情。

后 记

　　2020年是全面建成小康社会之年，根据习近平总书记关于"脱贫攻坚不仅要做得好，而且要讲得好"和中央关于党史工作"一突出、两跟进"的要求，经中共上海市委同意，市委党史研究室组织全市各区党史部门，在各级党委领导下，编写的"上海助力打赢脱贫攻坚战口述系列丛书"，经过各方的通力合作，与大家见面了。

　　本书是"上海助力打赢脱贫攻坚战口述系列丛书"中的一本。《青浦的责任》以亲历者、亲为者口述的形式，再现青浦对口支援工作的历程。本书的编写得到了区委组织部、区合作交流办和全区各镇（街道）、委办局、人民团体等供稿单位以及云南省德宏傣族景颇族自治州扶贫办的大力支持和配合。编撰期间又突遇新冠肺炎疫情防控工作，各撰稿单位在做好疫情防控的同时，认真做好口述者采访工作，并及时完成了文稿的整理、撰写任务，为保证该书按照时间节点完成提供了保障，在此，我们一并向所有鼎力支持的单位和个人表示感谢。

　　由于我们水平有限，不当之处在所难免，希望广大读者给予批评指正。

编 者

2020 年 8 月

图书在版编目(CIP)数据

青浦的责任/中共上海市青浦区委
党史研究室编. —上海:学林出版社,2020
ISBN 978 - 7 - 5486 - 1692 - 4

Ⅰ.①青… Ⅱ.①中… Ⅲ.①扶贫-经济援助-工作
概况-青浦区 Ⅳ.①F127.513

中国版本图书馆 CIP 数据核字(2020)第 185666 号

责任编辑 张予溯 吴耀根
封面设计 范昊如

上海助力打赢脱贫攻坚战口述系列丛书

青浦的责任

中共上海市青浦区委党史研究室 编

出 版	**学林出版社**	
	(200001 上海福建中路 193 号)	
发 行	上海人民出版社发行中心	
	(200001 上海福建中路 193 号)	
印 刷	上海盛通时代印刷有限公司	
开 本	720×1000 1/16	
印 张	22.5	
字 数	34 万	
版 次	2020 年 10 月第 1 版	
印 次	2020 年 10 月第 1 次印刷	

ISBN 978 - 7 - 5486 - 1692 - 4/K · 192
定 价 128.00 元